汽车检测技术

主　编　丁在明
副主编　王浩伟　肖　尧　许子阳
参　编　张世军　刘建群
主　审　王国林

北京理工大学出版社
BEIJING INSTITUTE OF TECHNOLOGY PRESS

内容简介

《汽车检测技术》主要介绍了汽车综合及安全检测线检测流程，并对各工位的检测项目和检测方法进行了详细介绍，包括 7 个学习任务：汽车外检及资料输入，汽车发动机检测，汽车制动、侧滑及悬架检测，底盘测功及车速表检测，灯光、尾气及喇叭检测，车底检测，转向系及车轮平衡检测。学习任务包括三大部分：知识准备、任务实施、拓展学习（根据需要设置）。

本书通过理论与实践一体化教学，以小组合作或独立工作的形式，使用检测仪器设备和汽车检测维修资料等，按照标准规范流程对各系统进行正确的检测。

本书可作为交通类高职高专院校汽车维修技术各专业教材使用，也可用作汽车行业岗位培训自学用书，同时还可供汽车维修人员阅读参考。

版权专有　侵权必究

图书在版编目（CIP）数据

汽车检测技术 / 丁在明主编. —北京：北京理工大学出版社，2023.1重印
ISBN 978-7-5682-0623-5

Ⅰ.① 汽… Ⅱ.① 丁… Ⅲ.① 汽车–故障检测 Ⅳ.① U472.9

中国版本图书馆 CIP 数据核字（2015）第 101611 号

出版发行 /	北京理工大学出版社有限责任公司
社　　址 /	北京市海淀区中关村南大街 5 号
邮　　编 /	100081
电　　话 /	（010）68914775（总编室）
	（010）82562903（教材售后服务热线）
	（010）68944723（其他图书服务热线）
网　　址 /	http://www.bitpress.com.cn
经　　销 /	全国各地新华书店
印　　刷 /	北京虎彩文化传播有限公司
开　　本 /	787 毫米×1092 毫米　1/16
印　　张 /	17
字　　数 /	395 千字
版　　次 /	2023 年 1 月第 1 版第 5 次印刷
总 定 价 /	43.00 元

责任编辑 / 张慧峰
文案编辑 / 多海鹏
责任校对 / 周瑞红
责任印制 / 李志强

图书出现印装质量问题，请拨打售后服务热线，本社负责调换

高等职业教育"十二五"精品规划教材·汽车类

编审委员会

主　任　李建军

副主任　王国林　丁在明　张宏坤

委　员　李　勇　冯益增　许子阳

张世军　刘文国　崔　玲

顾　问　王福忠　赵　岩

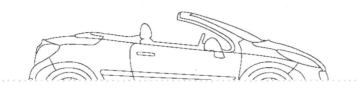

前言

为了贯彻《国务院关于大力推进职业教育改革与发展的决定》（国发〔2005〕35 号）和教育部《关于全面提高高等职业教育教学质量的若干意见》（教高〔2006〕16 号）文件精神，积极推进课程改革和教材建设，紧密结合目前汽车维修行业实际需求编写了本教材。

本书从高等职业教育的要求出发，坚持以企业需求为依据，以培养学生能力为本位，以促进学生就业为导向，注重专业知识的前沿性和实用性，突出汽车专业领域的新知识、新工艺和新方法。本教材较系统地介绍了汽车及各系统的检测方法和检测线工艺流程，内容上力求深入浅出，语言通俗易懂，理论联系实际，图文并茂，极有利于学生的学习与掌握。

本书由山东交通职业学院丁在明担任主编，王浩伟、肖尧、许子阳任副主编，张世军及山东潍坊宝利汽车有限公司刘建群参与了教材编写工作，山东交通职业学院王国林院长担任主审。其中，丁在明编写概述、学习任务 1 和学习任务 5，王浩伟编写学习任务 2，张世军和刘建群编写学习任务 3，肖尧编写学习任务 6，许子阳编写学习任务 4 和学习任务 7。

由于编者水平有限，加之时间仓促，书中难免存在不少缺点和错误，恳请广大读者给予批评指正。

编　者

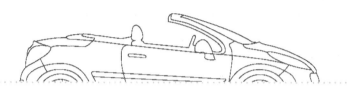

目录

概述

一、国外汽车检测技术发展状况 ··· 1
二、国内汽车检测技术发展概况 ··· 2
三、我国汽车检测站概况 ··· 3
　（一）汽车检测站的任务和类型 ·· 3
　（二）汽车检测站的组成与检测项目 ······································· 4
　（三）汽车检测站的工艺路线流程 ·· 6
　（四）全能综合检测线工艺路线流程 ······································· 6

学习任务 1　汽车外检及资料输入

一、知识准备 ·· 8
　（一）汽车外观检查项目 ··· 8
　（二）汽车资料输入 ··· 16
二、任务实施 ·· 16
　项目（一）检查车辆标志、车辆唯一性 ································· 16
　项目（二）检查全车灯光、仪表及仪表报警指示灯 ·················· 18
三、拓展学习 ·· 20
　（一）机动车安全性能检验及车辆外观检查的检验项目及内容 ··· 20
　（二）机动车综合性能检验及车辆外观检查的检验项目和内容 ··· 23

学习任务 2　汽车发动机检测

一、知识准备 ·· 26
　（一）发动机密封性的检测 ·· 26

（二）发动机功率的检测……………………………………………………32
　　（三）发动机点火性能的检测…………………………………………………37
　　（四）发动机起动性能的检测…………………………………………………40
二、任务实施……………………………………………………………………………42
　　项目（一）汽缸压力的检测……………………………………………………42
　　项目（二）汽油机进气歧管负压的检测………………………………………44
　　项目（三）点火性能的检测……………………………………………………45

学习任务 3
汽车制动、侧滑及悬架检测

一、知识准备……………………………………………………………………………52
　　（一）汽车制动性能检测………………………………………………………52
　　（二）汽车侧滑性能检测………………………………………………………64
　　（三）汽车悬架检测……………………………………………………………69
二、任务实施……………………………………………………………………………73
　　项目（一）用平板式检测台检测汽车的制动性能、侧滑性能及悬架
　　　　　　　性能…………………………………………………………………73
三、拓展学习……………………………………………………………………………77
　　（一）GB 7258—2004《机动车运行安全技术条件》对汽车制动
　　　　　性能的要求………………………………………………………………77
　　（二）汽车制动性能……………………………………………………………78

学习任务 4
底盘测功及车速表检测

一、知识准备……………………………………………………………………………81
　　（一）汽车底盘测功试验台的结构与原理……………………………………81
　　（二）汽车驱动轮功率检测……………………………………………………82
　　（三）汽车车速表检测…………………………………………………………84
二、任务实施……………………………………………………………………………86
　　项目（一）汽车底盘输出功率检测……………………………………………86
　　项目（二）车速表检测…………………………………………………………88
三、拓展学习……………………………………………………………………………91
　　（一）试验条件…………………………………………………………………91
　　（二）道路试验…………………………………………………………………92
　　（三）主要仪器设备……………………………………………………………94

学习任务 5
灯光、尾气及喇叭检测

- 一、知识准备·····97
  - （一）前照灯的检测·····97
  - （二）尾气检测·····103
  - （三）噪声的检测·····117
- 二、任务实施·····120
  - 项目（一）汽车前照灯检测·····120
  - 项目（二）汽车尾气检测·····124
  - 项目（三）汽车喇叭检测·····129
- 三、拓展学习·····130

学习任务 6
车底检测

- 一、知识准备·····136
  - （一）工具准备·····136
  - （二）检查流程·····137
  - （三）车底检查内容及标准·····137
- 二、任务实施·····139
  - 项目（一）车底检查·····139

学习任务 7
转向系及车轮平衡检测

- 一、知识准备·····153
  - （一）转向系的检测诊断·····153
  - （二）车轮平衡的检测诊断·····157
- 二、任务实施·····162
  - 项目（一）车轮的动平衡检测·····162
  - 项目（二）车轮的定位检测·····166
- 三、拓展学习·····171
  - （一）定位参数·····171
  - （二）误差说明·····173

附 录

附录一 机动车运行安全技术条件 GB 7258—2014 …………………… 174
附录二 汽车技术等级评定的检测方法 …………………… 211
附录三 汽车维护、检测、诊断技术规范 GB/T 18344—2001 …………………… 216
附录四 汽车运输业车辆综合性能检测站管理办法 …………………… 227

参考文献

概述

人们发明了汽车，汽车现已成为现代人工作、生活不可缺少的交通工具之一。它在为人类造福的同时，也带来了大气污染、噪声和交通安全等一系列问题。众所周知，汽车本身是一个复杂的系统，随着行驶里程的增加，其技术状况会不断恶化。因此，在不断研制性能更加优良的汽车的同时，还要借助维护和修理，使其恢复技术状况。汽车检测技术就是在汽车使用、维护和修理中对汽车的技术状况进行测试和检验的一门技术。

汽车检测技术是伴随着汽车技术的发展而发展的。在汽车发展的早期，人们主要是通过有经验的维修人员发现汽车的故障并做有针对性的修理，即过去人们常讲的"望（眼看）""闻（耳听）""问（嘴问）""切（手摸）"方式。随着现代科学技术的进步，特别是计算机技术的进步，汽车检测技术也飞速发展。目前人们能依靠各种先进的仪器设备，对汽车进行安全、迅速、可靠的不解体性能检测。

一、国外汽车检测技术发展状况

汽车检测技术是从无到有逐步发展起来的。20世纪50年代，一些工业发达国家就形成以故障诊断与性能调试为主的单项检测技术和生产单项检测设备。20世纪60年代初期，美国的发动机分析仪、英国的发动机点火系故障诊断仪和汽车道路试验速度分析仪等汽车检测设备已面世；20世纪60年代后期，国外汽车检测诊断技术发展很快，并且大量应用电子、光学、理化与机械相结合的光机电、理化机电一体化检测技术。例如：非接触式车速仪、前照灯检测仪、车轮定位仪、排气分析仪等都是光机电、理化机电一体化的检测设备。进入20世纪70年代以来，随着计算机技术的发展，出现了汽车检测诊断、数据采集处理自动化、检测结果直接打印等功能的汽车性能检测仪器和设备。在此基础上，为了加强汽车管理，各工业发达国家相继建立汽车检测站和检测线，使汽车检测制度化。

概括地讲，工业发达国家的汽车检测在管理上已实现了"制度化"；在检测基础技术方面已实现了"标准化"；在检测技术上正在向"智能化、自动化"检测方向发展。

1. 制度化

在德国，汽车的检测工作由交通部门统一领导，在全国各地建有由交通部门认证的汽车检测场（站），负责新车的登记和在用车的安全检测，修理厂维修过的汽车也要经过汽车检测场的检测，以确定其安全性能和排放是否符合国家标准。

在日本，汽车的检测工作由运输省（相当于交通部）统一领导。运输省在全国设有"国家检车场"和经过批准的"民间检测场",代替政府执行车检工作。其中"国家检测场"主要负责新车登记和在用车安全检测;"民间检测场"通常设在汽车维修厂内,经政府批准并受政府委托对汽车进行安全检测。

2. 标准化

工业发达国家的汽车检测有一整套的标准。判断受检汽车技术状况是否良好,是以标准中规定的数据为准则;检查结果是以数字显示,有量化指标,以避免主观上的误差。国外比较重视安全性能和排放性能的检测,如美国规定,修理过的汽车必须经过严格的排放检测方能出厂。

除对检测结果有严格完整的标准以外,国外对检测设备也有标准规定,如对检测设备的检测性能、具体结构、检测精度等都有相应标准,其对检测设备的使用周期、技术更新等也有具体要求。检测制度、技术的标准化不仅提高了检测效率,也保证了检测质量。

3. 智能、自动化

随着科学技术的进步,国外汽车检测设备在智能化、自动化、精密化、综合化方面都有了新的发展,并应用新技术开拓了新的检测领域、研制了新的检测设备。

随着电子、计算机技术的发展,出现了汽车检测诊断、控制自动化、数据采集自动化、检测结果直接打印等功能的现代综合性能检测技术和设备。例如:国外生产的汽车制动检测仪、全自动前照灯检测仪、发动机分析仪、发动机诊断仪、四轮定位仪等检测设备,都具有较先进的全自动功能。进入 20 世纪 80 年代后,计算机技术在汽车检测技术领域的应用进一步向深度和广度发展,已出现集检测工艺、操作、数据采集和打印、存储、显示等功能于一体的系统软件,使汽车检测线实现了全自动化,这样不仅可避免人为的判断错误、提高检测准确性,而且还可以把受检汽车的技术状况储存在计算机中,既可作为下次检验参考,还可供处理交通事故参考。

二、国内汽车检测技术发展概况

我国从 20 世纪 60 年代开始研究汽车检测技术,为满足汽车维修需要,当时交通部主持进行了发动机汽缸漏气量检测仪、点火正时灯检测仪等仪器的研究和开发。

20 世纪 70 年代,我国大力发展汽车检测技术,汽车不解体检测技术及设备被列为国家科委的开发应用项目,并由交通部主持研制开发了反力式汽车制动试验台、惯性式汽车制动试验台、发动机综合检测仪和汽车性能综合检验台(具有制动性检测、底盘测功、速度测试等功能)。

进入 20 世纪 80 年代,随着国民经济的发展,科学技术的各个领域都有了较快的发展,汽车检测及诊断技术也随之得到快速发展,加之我国的汽车制造业和公路交通运输业发展迅猛,对汽车检测诊断技术和设备的需求也与日俱增。我国机动车保有量迅速增加,随之而来的是交通安全和环境保护等社会问题。如何保证车辆快速、经济、灵活,并尽可能不造成社会公害等问题,已逐渐被政府有关部门提到议事日程,因而促进了汽车诊断和检测技术的发展。交通部主持研制开发了汽车制动试验台、侧滑试验台、轴(轮)重仪、速度试验台、灯光检测仪、发动机综合分析仪、底盘测功机,等等。我国在"六五"期间重点推广了汽车检测和诊断技术。

在单台检测设备研制成功的基础上,为了保证汽车技术状况良好,加强在用汽车的技术管理,充分发挥汽车检测设备的使用,交通部 1980 年开始有计划地在全国公路运输和车辆管理系统(交通部当时负责汽车监理)筹建汽车检测站,检测内容以汽车安全性检测为主。

20 世纪 80 年代初，交通部在大连市建立了国内第一个汽车检测站，从工艺上提出将各种单台检测设备安装连线，构成功能齐全的汽车检测线，其检测纲领为 30 000 辆次/年。

继大连检测站之后，作为"六五"科技项目，交通部先后要求 10 多个省市、自治区交通厅（局）筹建汽车检测站的任务。20 世纪 80 年代中期，汽车监理由公安部主管，公安部在交通部建设汽车检测站的基础上，进行了推广和发展，仅 1990 年年底统计，全国已有汽车检测站 600 多个，形成了全国的汽车检测网。

1990 年交通部发布第 13 号令《汽车运输业车辆技术管理规定》和 1991 年交通部发布第 29 号部令《汽车运输业车辆综合性能检测站管理办法》以后，全国又掀起了建设汽车综合性能检测站的高潮。到 1997 年，全国已建立汽车综合性能检测站近千家，其中 A 级站 140 多家。

与此同时，汽车的检测技术和设备也得到了大力发展。20 世纪 70 年代国内仅能生产少量简单的检测、诊断设备。目前全国生产汽车综合性能检测设备的厂家已达 80 多个，除交通部门外，机械、城建、高等院校等部门也进入汽车检测设备研制、开发、生产、销售领域。我国已能自己生产全套汽车检测设备，如大型的、技术复杂的汽车底盘测功机、发动机综合分析仪、四轮定位仪、悬挂检测台、制动检测台、排气分析仪、灯光检测仪，等等。

为了配合汽车检测工作，国内已发布实施了有关汽车检测的国家标准、行业标准、计量检定规程等 100 多项，从汽车综合性能检测站建站到汽车检测的具体检测项目，都基本做到了有法可依。

三、我国汽车检测站概况

我国汽车性能检测经历了从无到有、从小到大；从引进技术、引进检测设备，到自主研究开发、推广应用；从单一性能检测到综合检测，取得了很大的进步。尤其是检测设备的研制生产得到了快速发展，缩小了与先进国家的差距。如汽车检测中通用的制动试验台、侧滑试验台、底盘测功机等。我们虽然已经取得了很大的进步，但与世界先进水平相比，还有一定距离。我国汽车检测技术要赶超世界先进水平，应在汽车检测技术基础、汽车检测设备智能化和汽车检测管理网络化等方面进行研究和发展。

（一）汽车检测站的任务和类型

汽车检测站是综合运用现代检测技术，对汽车实施不解体检测的机构。

1. 任务

（1）对在用运输车辆的技术状况进行检测诊断。

（2）对汽车维修行业的维修车辆进行质量检测。

（3）接受委托，对车辆改装、改造、报废及其有关新工艺、新技术、新产品、科研成果等项目进行检测，提供检测结果。

（4）接受公安、环保、商检、计量和保险等部门的委托，为其进行有关项目的检测提供检测结果。

2. 检测站的类型

（1）按服务功能分类。

1）安全检测站：国家执法机构，检测车辆中与安全和环保有关的项目，分合格和不合格。

2）维修检测站：车辆维修前、后的技术状况检测。

3）综合检测站：安全环保检测、车辆使用和维修企业的技术状况诊断、科研或教学方面的性能试验和参数测试。

（2）按规模大小分类：大，中，小。

（3）按自动化程度分类：手动式，半自动式，全自动式。

（4）综合检测站按职能分类：

1）A级站：全面承担检测站的任务。

2）B级站：在用车辆技术状况和车辆维修质量的检测。

3）C级站：在用车辆技术状况的检测。

（二）汽车检测站的组成与检测项目

1. 各类汽车检测站的组成

各类汽车检测站主要由一条至数条检测线组成，分停车场、清洗站、维修车间、办公区和生活区。

安全检测站：由一条至数条安全环保检测线组成。

维修检测站：由一条至数条综合检测线组成。

综合检测站：由安全环保检测线和综合检测线组成。

2. 汽车检测线的工位及检测项目

安全环保检测线：外观检查（人工检查）工位、侧滑制动车速表工位、灯光尾气工位。

全自动安全环保检测线：可由三工位、四工位或五工位组成。

五工位一般是汽车资料输入及安全装置检查工位、侧滑制动车速表工位、灯光尾气工位、车底检查工位、综合判定及主控制室工位，如图0-1和图0-2所示。

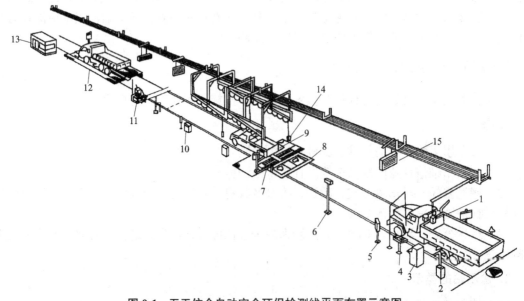

图0-1　五工位全自动安全环保检测线平面布置示意图

1—进线指示灯；2—烟度计；3—汽车资料登录计算机；4—安全装置检查不合格项目输入键盘；5—烟度计检验程序指示器；6—电视摄像机；7—制动试验台；8—侧滑试验台；9—车速表试验台；10—废气分析仪；11—前照灯检测仪；12—车底检查工位；13—主控制室；14—车速表检测申报开关；15—检验程序指示器

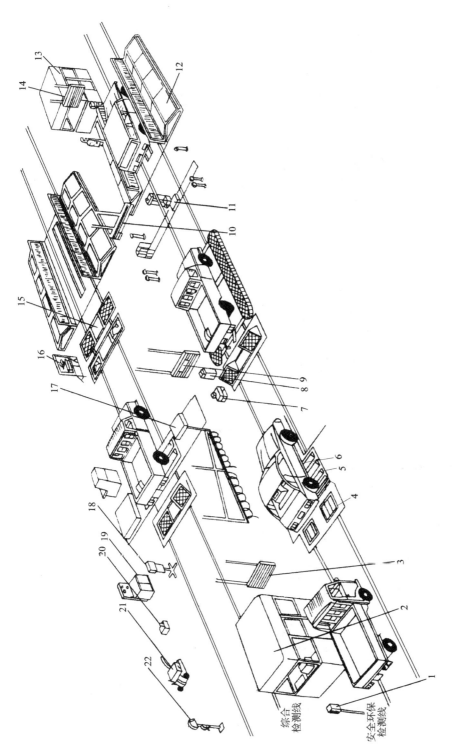

图 0-2 检测线各工位组成示意图

1—进线指示灯；2—进线控制室；3—L工位检验程序指示器；4、15—侧滑试验台；5—制动试验台；6—车速表试验台；7—烟度计；8—排气分析仪；9—HX工位检验程序指示器；10—HX工位检验程序指示器；11—前照灯检测工位；12—地沟系统；13—主控制室；14—P工位检验程序指示器；16—前轮定位检测仪；17—底盘测功工位；18、19—发动机综合性能分析仪；20—机油清净性分析仪；21—就车式车轮平衡仪；22—轮胎自动充气机

（三）汽车检测站的工艺路线流程（见图0-3）

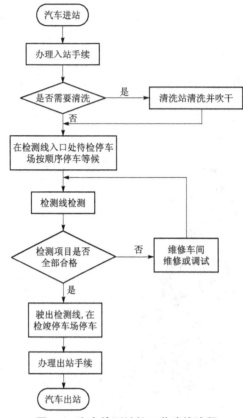

图0-3　汽车检测站的工艺路线流程

（四）全能综合检测线工艺路线流程（见图0-4）

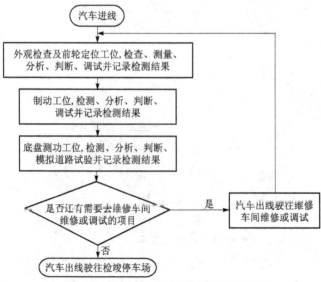

图0-4　全能综合检测线工艺路线流程

学习任务 1

汽车外检及资料输入

张先生有一辆东风标致408轿车，行驶了26 700 km，行车证要审验，需要上线检测，来到4S店，请求根据上线检测项目标准要求，协助检查维护相关事项。

通过本任务学习，应能：
1. 熟知汽车外观检查的内容，根据车型列出汽车外观检查内容详单；
2. 根据外观检查项目要求，能够在 20 min 内独立完成该项作业任务；
3. 能够正确填写机动车安全技术检验记录单（人工检验部分）；
4. 能够准确、快速录入检测车辆相关资料内容。

4学时。

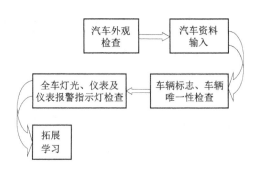

一、知识准备

(一) 汽车外观检查项目

汽车外观检查项目分为车辆上部外观检查项目和车辆底部外观检查项目两类，这里主要讲述车辆上部外观检查的主要项目。

1. 车辆标志

车辆标志包括车辆的商标、铭牌、发动机型号及出厂编号、底盘型号及出厂编号。

（1）车辆的商标（或厂牌）、型号标记必须装设在车身前部的外表面上，如图1-1所示。

（2）车辆必须装置车辆铭牌。铭牌应置于车辆前部易于观看之处。客车铭牌应置于车内前乘客门的上方。车辆的铭牌应标明厂牌，型号，发动机功率，总质量，载质量或载客人数，出厂编号，出厂年、月、日及厂名等，如图1-2所示。

图1-1　检查车辆商标

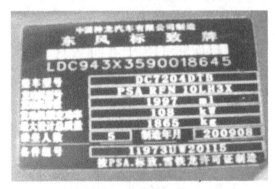

图1-2　检查车辆铭牌

（3）发动机的型号及出厂编号应打印在发动机汽缸体侧平面上，字体为二号印刷字，型号在前，如图1-3所示。

（4）底盘的型号及出厂编号应打印在金属车架易见部位，字体为一号印刷字，型号在前，出厂编号在后，如图1-4所示。

2. 车辆唯一性认定

（1）核对车辆的号牌号码，如图1-5所示。

图 1-3　检查发动机的型号和出厂编号

图 1-4　检查底盘的型号和出厂编号

（2）车辆类型。
（3）厂牌型号。
（4）车辆颜色。
（5）发动机号码。
（6）VIN 代码/车架号，如图 1-6 所示。检查 VIN 代码/车架号和发动机号码有无被凿改的痕迹。

图 1-5　检查车辆号牌

图 1-6　检查 VIN 代码

（7）必要时应检查车辆的外廓尺寸等主要特征技术参数。

3. 车身外观

（1）保险杠、后视镜等部件是否完好，如图 1-7～图 1-10 所示。

图 1-7　前保险杠的检查

图 1-8　后保险杠的检查

图 1-9 车外后视镜的检查　　　　　　　图 1-10 车内后视镜的检查

（2）风窗玻璃是否完好，是否张贴有镜面反光遮阳膜，如图 1-11 和图 1-12 所示。

（3）车体是否周正，车体外缘左、右对称部位高度差不大于 40 mm，车身外部可能触及行人、骑自行车人等交通参与者的任何部件、构件是否有可能使人致伤的尖锐凸起物（如尖角、锐边等）。同时检查车架和车身是否变形、悬架是否断裂或刚度下降、轮胎气压是否正常等，如图 1-13～图 1-15 所示。

图 1-11 检查前风窗玻璃、刮水器、洗涤器　　　图 1-12 检查车窗玻璃

 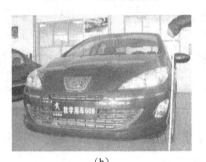

(a)　　　　　　　　　　　　　　(b)

图 1-13 检查左、右对称部位的高度

图 1-14 检查轮胎气压　　　　　　　图 1-15 检查前后悬架

（4）车身（车厢）及其漆面是否有明显的锈蚀、破损现象。

（5）货厢安装是否牢固，其栏板和底板是否规整及强度是否明显不足，装置的安全架是否完好无损。

（6）车长大于 7.5 m 的客车是否设置有车外顶行李架，其他客车设置的车外顶行李架是否长度不超过车长的 1/3 且高度不超过 300 mm。

（7）车身（车厢）外部的图形和文字标志是否符合规定，如图 1-16 所示。

1）车长大于 6 m 或总质量大于 4 500 kg 的货车、挂车，其车身（车厢）后部是否喷涂有符合规定的放大牌号（地方性法规规定应喷涂放大牌号的车辆类型比《道路交通安全法实施条例》更广时，应按地方性法规规定的车辆类型检查车辆是否喷涂了符合规定的放大牌号），如图 1-17 所示。

图 1-16　检查车身（车厢）外部的图形和文字标志

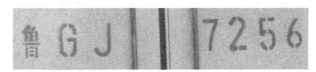

图 1-17　检查车身（车厢）后部的放大牌号

2）气体燃料汽车、两用燃料汽车和双燃料汽车，其车身是否按照规定标注了其使用的燃料类型。

3）消防车、救护车、工程救险车和警车的车身颜色、外观制式是否符合相关规定。

（8）喷涂、粘贴的标识或车身广告是否影响安全驾驶。

（9）乘用车自行加装的前后防撞装置及货运机动车自行加装的防风罩、水箱、工具箱和备胎架，是否影响安全和号牌识别。

（10）检查后部、侧面车身反光标识的粘贴技术规范及车身反光标识材料的式样（颜色、宽度等）是否符合相关标准的规定，如图 1-18 所示。

图 1-18　检查后部、侧面车身反光标识

4. 发动机舱、驾驶室

（1）检查发动机各系统机件是否齐全有效，如图 1-19 所示。
（2）检查蓄电池桩头与导线连接是否牢固，如图 1-20 所示。
（3）检查电器导线捆扎、固定、绝缘保护等是否完好。
（4）检查各种管路是否完好、固定是否可靠。
（5）对于使用液压制动（含离合器液压传动）的汽车，检查储液器的液面及其有无泄漏，如图 1-21～图 1-24 所示。

图 1-19　检查发动机各系统机件

图 1-20　检查蓄电池桩头

图 1-21　检查制动器、离合器储液器

图 1-22　检查转向助力油储液器

图 1-23　检查冷却液储液器

图 1-24　检查散热器及散热器盖

（6）检查驾驶员座椅固定是否可靠、前后是否可调节。
（7）检查安全带是否齐全有效，如图 1-25 所示。
（8）检查驾驶员两侧窗玻璃是否符合要求（必要时用透光率计检查可见光透射比），如图 1-26 所示。

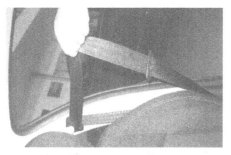

图 1-25　检查安全带　　　　　　图 1-26　检查车窗玻璃可见光透射比

（9）检查门锁、铰链和前风窗玻璃是否完好，如图 1-27 和图 1-28 所示。

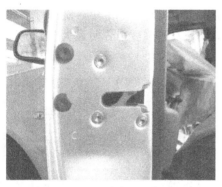

图 1-27　检查门锁　　　　　　　图 1-28　检查车门铰链

（10）检查刮水器、洗涤器工作是否正常。
（11）检查折翻式驾驶室的固定是否可靠。
（12）检查长途客车是否按照规定安装了汽车行驶记录仪，其固定、连接是否安全、可靠。
（13）检查仪表数量和类型，操纵件、指示器和信号装置图形标志及警告性文字的中文标注，如图 1-29 所示。

图 1-29　检查仪表数量和类型，操纵件、指示器及信号装置图形标志

5. 发动机运转状况

（1）检查发动机能否正常起动。
（2）起动发动机，检查怠速运转、电源充电状况、各仪表及指示器工作是否正常。
（3）检查发动机急加速过程及在较高转速时急松油门能否回至怠速状态和有无"回

火""放炮"等异常状况。

(4) 检查水温、油压指示是否正常。

(5) 检查有无漏水、漏油、漏气现象。

(6) 检查点火开关关闭后发动机能否迅速熄火。

(7) 对柴油车还应检查停机装置是否灵活、有效。

6. 灯光信号

(1) 检查前位灯、前转向信号灯、前部危险警告信号灯、示廓灯和牵引杆挂车标志灯等前部照明和信号装置是否齐全完好,前照灯的远、近光光束变换功能是否正常,近光光形是否有明显的明暗截止线,如图 1-30 所示。

(2) 检查后位灯、后转向信号灯、后部危险警告信号灯、示廓灯、制动灯、后雾灯、后牌照灯、倒车灯、后反射器是否齐全完好,制动灯的发光强度是否明显大于后位灯的发光强度,如图 1-31 所示。

图 1-30 检查前部灯光

图 1-31 检查后部灯光

(3) 检查侧转向信号灯、侧标志灯和侧反射器是否齐全完好。

(4) 检查对称设置、功能相同的灯具的光色和亮度是否有明显差异。

(5) 检查除转向信号灯、危险警告信号灯及消防车、救护车、工程救险车和警车安装使用的标志灯具外,其他外部灯具是否有闪烁的情形。

(6) 检查道路运输危险货物车辆标识是否符合相关规定,必要时应用量具测量相关尺寸参数。

(7) 检查消防车、救护车、工程救险车和警车安装使用的标志灯具是否完好有效。

(8) 检查附加的灯具、反射器或附属装置是否影响 GB 7258—2004 规定安装灯具和信号装置的性能或是否会对其他的道路使用者造成不利影响。

(9) 对全挂车还应检查挂车标志灯是否完好。

(10) 检查机动车设置的喇叭是否具有连续发声功能、工作是否可靠,必要时应用声级计测量其喇叭声级是否符合规定。

7. 客车内部

(1) 客车座椅/卧铺的数量是否与机动车行驶证记载内容一致,座椅间距是否符合规定,座椅扶手和卧铺护栏安装是否牢固。

(2) 车厢灯、门灯能否正常工作。

（3）客车地板密封是否良好、车内行李架的安装是否牢固。

（4）客车配备的灭火器是否齐全有效、固定可靠。

（5）长途客车和旅游客车安全出口处标注的"安全出口"字样是否完好，车内是否按照规定装备了用于击碎安全出口玻璃的专用手锤，安全门是否锁止可靠及能否正常开启。

（6）卧铺客车每个铺位的安全带是否齐全有效，长途客车和旅游客车前面没有座椅的座椅、前面护栏不能起到有效防护作用的座椅及其他按照规定应安装安全带座椅的安全带是否齐全、有效。

8. 底盘件

（1）检查燃料箱是否固定可靠，燃料箱盖是否完好。

（2）检查挡泥板、牵引钩是否完好。

（3）检查钢板弹簧的形式、片数是否符合规定，有无裂纹和断片，安装是否紧固，如图1-32所示。

图1-32 检查钢板弹簧的形式、片数

（4）检查蓄电池、蓄电池架的固定是否牢固可靠。

（5）检查储气筒排污阀功能是否有效。

（6）检查2003年3月1日起出厂的总质量大于3 500 kg的货车和挂车，其装备的侧面及后下部防护装置是否完好有效，货车列车的牵引车和挂车之间是否装备了有效的侧面防护装置，如图1-33所示。

图1-33 检查侧面及后下部防护装置

（7）汽车列车的牵引连接装置是否连接可靠且装有防止车辆行驶中脱开的安全装置。

9. 车轮

（1）检查同轴两侧是否装用同一型号、规格的轮胎，如图1-34和图1-35所示。

（2）检查轮胎的型号、速度级别及胎冠花纹深度、轮胎气压是否符合规定，乘用车轮胎的胎面磨损标志是否已可见，如图1-36所示。

（3）检查轮胎螺栓、半轴螺栓是否齐全、紧固，如图1-37所示。

图 1-34　检查前轴左、右轮胎的一致性　　图 1-35　检查后轴左、右轮胎的一致性

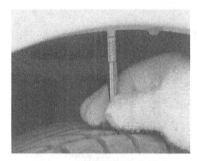

图 1-36　检查轮胎花纹深度　　　　　　图 1-37　检查轮胎螺栓

（4）检查轮胎的胎面、胎壁有无长度超过 25 mm 或深度足以暴露出轮胎帘布层的破裂和割伤及其他影响使用的缺损、异常磨损和变形。

（5）检查转向轮是否安装翻新轮胎。

（二）汽车资料输入

在表 1-1 中快速准确地输入汽车资料。

表 1-1　机动车上线检测登记表

号牌（自编）号		所有人			
号牌种类		车辆类型		品牌/型号	
VIN（出厂编号）		发动机号		燃料类别	
驱动型式		驻车轴		转向轴悬架形式	
前照灯制		前照灯远光光束能否单独调整			
初次登记日期		出厂年月		里程表读数	
检验类别		检验项目		登录员	引车员

二、任务实施

项目（一）检查车辆标志、车辆唯一性

1. 说明

在购买新车或车辆年审时（无论是审验行车证还是审验营运证，车辆都要上线检测），都要检

查车辆的各种标志与车辆登记证是否一致，并对车辆的唯一性进行验证，否则不予审验，且不准上线检测。因此学员必须掌握检查车辆标志、车辆唯一性的项目及方法，学会拓印发动机号和车架号。

2. 技术要求与标准

（1）一个学员能在 20 min 内完成此项目。

（2）技术标准，见表 1-2。

表 1-2　技术标准

车辆各种标志	齐全有效，与登记证一致
车辆唯一性	齐全有效，与登记证一致，无涂改伪造

3. 设备器材

（1）东风标致 408 轿车一辆。

（2）记录单一份。

4. 作业准备

（1）车辆准备　　　　　　　　　　　　　　　　　　　　　□ 任务完成

（2）记录单准备　　　　　　　　　　　　　　　　　　　　□ 任务完成

5. 操作步骤

（1）检查车辆标志。

1）车辆商标，如图 1-1 所示。

2）车辆铭牌，如图 1-2 所示。

3）发动机型号及出厂编号，型号为 N6A 10XA3A PSA，编号为 6093616，如图 1-3 所示。

4）底盘型号及出厂编号，出厂编号为 819575，如图 1-4 所示。

（2）检查车辆唯一性。

1）车辆号牌号码：鲁 GA1769，如图 1-5 所示。

2）VIN 代码：LDC933L2070528124，如图 1-6 所示。

3）车辆类型：东风标致 408，三厢轿车，4 门，豪华型，手自一体，4 速，前轮驱动，发动机排量 2.0 L，多点式喷射。

4）厂牌型号：DC7204DTB。

5）颜色：红色。

6）发动机号码：6093616。

7）车架号码：819575。

8）车辆的外廓尺寸等主要特征技术参数，如表 1-3 所示。

表 1-3　车辆的外廓尺寸等主要特征技术参数　　　　　　　　　　　mm

外廓尺寸等主要参数	标准数值	外廓尺寸等主要参数	标准数值
长	4 680	轴距	2 710
宽	1 815	前轮距	1 522
高	1 525	后轮距	1 503

6. 记录与分析

车辆标志、车辆唯一性检查记录单见表 1-4。

表 1-4　车辆标志、车辆唯一性检查记录单

学生姓名		班级		学号	
车辆标志	检查结果	车辆唯一性	检查结果	车辆外廓尺寸主要参数	检查结果
车辆商标		车辆号牌号码		长	
车辆铭牌		车辆类型		宽	
发动机型号和出厂编号		厂牌型号		高	
底盘型号及出厂编号		车辆颜色		轴距	
		发动机号码		前轮距	
		车架号码		后轮距	
		VIN 代码			

项目（二）检查全车灯光、仪表及仪表报警指示灯

1. 项目说明

汽车在使用过程中，如果灯光不亮、仪表无指示或者仪表上的报警指示灯不亮，不但违反道路交通法规，会受到处罚，而且还会给驾驶员和其他交通参与者造成极大的不便，严重的甚至会引发交通事故。因此，全车灯光、仪表及报警指示灯必须齐全有效，并掌握检查的内容和方法。

2. 技术要求与标准

（1）两学员配合，能在 20 min 内完成此项目。
（2）技术标准，见表 1-5。

表 1-5　技术标准

全车灯光	齐全有效，亮度符合规定
仪表	齐全有效，指示准确
仪表报警指示灯	齐全有效，亮度符合规定

3. 设备器材

（1）东风标致 408 轿车一辆。
（2）记录单一份。

4. 作业准备

（1）车辆准备　　　　　　　　　　　　　　　　　　　　　　□ 任务完成
（2）记录单准备　　　　　　　　　　　　　　　　　　　　　　□ 任务完成

5. 操作步骤

（1）一学员上车操作，另一学员在车下指挥并检查、记录；两学员互换位置，再做一遍。

（2）检查车辆前部灯光：前位灯，前照灯近光灯，前照灯远光灯，前雾灯，左转向灯，右转向灯，双闪灯。

（3）检查车辆后部灯光：尾灯，制动灯，倒车灯，后雾灯，左转向灯，右转向灯，双闪灯，牌照灯，后备厢灯。

（4）检查各仪表：发动机转速表，车速表，冷却液温度表，燃油量表，如图1-38所示。

（5）检查仪表报警指示灯：制动液液面报警灯，放电报警灯，ABS报警灯，发动机故障报警灯，机油压力报警灯，前照灯近光指示灯，车门未关闭报警灯，前照灯远光指示灯，前雾灯指示灯，后雾灯指示灯，如图1-39所示。

图1-38　汽车仪表

1—发动机转速表；2—车速表；
3—冷却液温度表；4—燃油量表

图1-39　汽车仪表报警指示灯

1—制动液液面报警灯；2—放电报警灯；3—ABS报警灯；
4—发动机故障报警灯；5—机油压力报警灯；6—前照灯近光指示灯；7—车门未关闭报警灯；8—前照灯远光指示灯；
9—前雾灯指示灯；10—后雾灯指示灯

6. 记录与分析

全车灯光、仪表及仪表报警指示灯检查记录单见表1-6。

表1-6　全车灯光、仪表及仪表报警指示灯检查记录单

学生姓名		班级		学号	
前部灯光	检查结果	后部灯光	检查结果	仪表及报警灯	检查结果
前位灯		尾灯		发动机转速表	
前照灯近光灯		制动灯		冷却液温度表	
前照灯远光灯		倒车灯		燃油量表	

续表

学生姓名		班级		学号	
前部灯光	检查结果	后部灯光	检查结果	仪表及报警灯	检查结果
前雾灯		后雾灯		放电报警灯	
左转向灯		左转向灯		机油压力报警灯	
右转向灯		右转向灯		ABS 报警灯	
双闪灯		双闪灯		发动机故障报警灯	
		牌照灯		后雾灯指示灯	

三、拓展学习

(一) 机动车安全性能检验及车辆外观检查的检验项目及内容

注：带*项为否决项，若否决项不合格，则车辆检验为不合格。

1. 车辆唯一性认定

（1）车辆号牌；

（2）车辆类型、品牌/型号；

（3）车身颜色；

（4）VIN（整车出厂编号）；

（5）发动机号码。

2. 车身外观

（1）主要特征及技术参数；

（2）保险杠；

（3）后视镜*、下视镜*；

（4）车窗玻璃*；

（5）尖锐突出物*；

（6）漆面；

（7）货厢、安全架、车外顶行李架*；

（8）车身广告与文字标志、标识*；

（9）自行加装装置*；

（10）整车 3C 标志；

（11）其他注册登记检验增加项目*。

3. 照明和电气信号装置

（1）前位灯、后位灯、侧标志灯；

（2）后牌照灯；

（3）示廓灯/挂车标志灯；

（4）转向信号灯（前、后、侧）、危险警告信号灯；

（5）前照灯（远光、近光）；

（6）制动灯；

（7）后反射器、侧反射器；

（8）后雾灯；

（9）倒车灯；

（10）道路运输危险货物车辆标识；

（11）特种车辆标志灯具；

（12）附加灯具、反射器或附属装置；

（13）喇叭；

（14）车身反光标识。

4. 发动机舱

（1）发动机各系统机件；

（2）蓄电池桩头及连线；

（3）电器导线、各种管路*；

（4）液压制动储液器液面*；

（5）发动机标识*。

5. 驾驶室（区）

（1）门锁及门铰链；

（2）驾驶员座椅*；

（3）安全带*；

（4）风窗玻璃驾驶员视区部位*；

（5）刮水器*；

（6）洗涤器；

（7）汽车行驶记录仪*；

（8）安全带*；

（9）仪表数量和类型*；

（10）操纵件、指示器及信号装置的图形标志*；

（11）警告性文字的中文标注*；

（12）车辆产品标牌*。

6. 发动机运转状况

（1）起动*；

（2）怠速；

（3）加速踏板控制；

（4）漏水、油、气，水温、油压；

(5) 关电熄火，柴油车停机。

7. 客车内部

(1) 座椅/卧铺数量，座椅间距*；

(2) 扶手和卧铺护栏；

(3) 车厢灯、门灯；

(4) 客车地板、车内行李架；

(5) 灭火器、安全出口标识、安全手锤、安全门；

(6) 安全带*；

(7) 安全出口的数量、位置和尺寸*；

(8) 乘客通道，通往安全门的通道*。

8. 底盘件

(1) 燃料箱、燃料箱盖*；

(2) 挡泥板、牵引钩、蓄电池、蓄电池架；

(3) 储气筒排污阀；

(4) 钢板弹簧*；

(5) 侧面及后下部防护装置*；

(6) 牵引连接装置。

9. 轮胎

(1) 轮胎型号、规格、速度级别*；

(2) 胎冠花纹深度、胎面*；

(3) 轮胎螺栓、半轴螺栓*；

(4) 备胎标识*。

10. 其他

其他不符合规定的情形。

11. 车辆底盘动态检验

转向系：

(1) 方向盘最大自由转动量*；

(2) 转向沉重*；

(3) 自动回正及直线行驶能力。

传动系：

(1) 离合器；

(2) 变速器；

(3) 传动轴/链；

(4) 驱动桥。

制动系：

(1) 点制动跑偏（20 km/h）；

（2）低气压报警装置*；
（3）弹簧储能制动器；
（4）防抱制动装置*。
驾驶区：
仪表和指示器*。

12. 车辆底盘
转向系*：
（1）转向器固定；
（2）转向各部件；
（3）变速器支架；
（4）分动器支架；
（5）传动各部件。
行驶系：
（1）钢板吊耳*；
（2）吊耳销*；
（3）中心螺栓；
（4）U形螺栓；
（5）车桥移位*；
（6）车架纵梁；
（7）车架横梁；
（8）悬架杆系。
制动系*：
（1）制动系部件和结构改动；
（2）制动主缸、制动轮缸、制动管路漏气、漏油；
（3）制动软管老化；
（4）制动管路固定。
电器线路：
电器线路检查*。
底盘其他部件*：
（1）发动机固定；
（2）排气管、消声器；
（3）燃料管路。

（二）机动车综合性能检验及车辆外观检查的检验项目和内容

注：带*项为关键项。

*01. 远光灯/近光灯	*02. 前/后转向灯	*03. 制动灯/防雾灯
04. 示廓灯/室内灯	*05. 倒车灯/尾灯	06. 仪表/仪表灯
07. 挡泥板/护轮板	*08. 挡风玻璃	09. 车窗/玻璃/密封性

*10. 车门/铰链/门锁　　*11. 车厢/地板/栏板　　*12. 雨刮器
*13. 牌照/牌照灯　　*14. 下视镜/后视镜　　*15. 万向节/伸缩节
16. 灭火器/安全带　　*17. 牵引/连接/防护　　18. 司机位/乘客位
19. 车身/内饰/漆面　　*20. 轮胎/花纹/气压　　*21. 轮胎/螺栓/螺母
22. 车体左右对称<40 mm　　*23. 左右轴距差<5 mm　　*24. 制动踏板/自由行程
*25. 离合器/自由行程　　*26. 制动器密封性　　*27. 发动机密封性
*28. 变速箱密封性　　*29. 车身防雨密封性　　*30. 差速器密封性
31. 排气管/消声器　　32. 油箱/支架/油管　　*33. 发动机机油压力
*34. 发动机起动性　　*35. 发动机异响　　36. 发动机支架/托架
*37. 轮轴/半轴螺栓　　*38. 转向盘/助力器　　*39. 转向轴/万向节
*40. 转向器固定架/螺栓　　*41. 转向摇臂/节臂　　*42. 转向节/主销/轴承
*43. 悬架平衡杆/支撑杆　　*44. 横直拉杆及球销　　*45. 上下摆臂/球头
*46. 吊耳/轴/套/销　　*47. 传动轴/过桥轴承　　*48. 悬挂/连接/轴承
*49. 传动游隙角/异响　　50. 制动器管路压降　　*51. 弹簧U形螺栓/螺母
*52. 车架/纵梁/横梁　　*53. 变速器/分动器支架　　*54. 减震器/支架
*55. 悬架/弹簧/夹箍

学习任务 2

汽车发动机检测

一辆东风标致 307 轿车,行驶里程 120 000 km,车主反映,该车冷车起动时发动机有清脆的哒哒声,随发动机温度升高,响声减小以至于消失,同时伴有怠速不稳的现象。请同学们对发动机进行检测,找出故障原因并加以排除。

通过本任务学习,应能:
1. 正确认识及使用检测设备;
2. 按操作规程对发动机进行检测;
3. 根据检测结果分析发动机的工作状况。

12 学时。

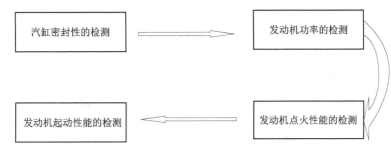

一、知识准备

(一) 发动机密封性的检测

1. 汽缸密封性的相关因素及常用检测方法

(1) 汽缸密封性的相关因素。

汽缸密封性与汽缸体、汽缸盖、汽缸垫、活塞、活塞环、进排气门等零件的技术状况有关,这些零件磨损、烧蚀、结焦或积炭,会导致汽缸密封性下降,使发动机功率降低、油耗增加。

(2) 检测汽缸密封性的常用方法。

1) 测量汽缸压缩压力。
2) 测量进气管负压。
3) 测量汽缸漏气量或漏气率。
4) 测量曲轴箱窜气量。

2. 汽缸压缩压力的检测

汽缸压缩压力是指活塞到达压缩终了上止点时汽缸内的压力,简称汽缸压力。检测汽缸压力的方法有用汽缸压力表检测和用汽缸压力测试仪检测两种。

(1) 用汽缸压力表检测汽缸压力。

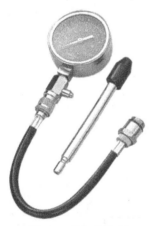

图 2-1 汽缸压力表

1) 汽缸压力表的组成。

汽缸压力表是一种气体专用压力表,一般由压力表头、导管、单向阀、接头等组成,如图 2-1 所示。压力表头多为鲍登管式;导管有两种,一种为软导管,另一种为金属硬导管。汽缸压力表的接头有两种形式:一种为锥形或阶梯形的橡胶接头,可以压紧在火花塞或喷油器孔上;另一种为螺纹管接头,可以拧紧在火花塞或喷油器孔内。

2) 检测方法步骤。

① 先预热发动机,使水温、油温正常。检查蓄电池电压、起动机,应正常,以保证检测时发动机的转速不低于 150 r/min。

② 发动机停止运转后,拆下空气滤清器,清洁火花塞或喷油器周围,然后卸下全部火花塞或喷油器,并按汽缸次序放置。对汽油发动机还应断开点火控制线,防止发动机着火。

③ 接好汽缸压力表,把汽缸压力表的橡胶接头插在被测汽缸的火花塞孔内,扶正压紧,注意不要漏气。节气门和阻风门置于全开位置,用起动机转动曲轴 3~5 s (不少于四个压缩行程),待压力表头指针指示并保持最大压力后停止转动。

④ 取下汽缸压力表,记下读数,按下单向阀使压力表指针回零。

⑤ 按上述方法依次测量各缸压力,每缸测量不少于两次。

就车检测柴油机汽缸压力时，应使用螺纹接头的汽缸压力表。若该机要求在较高转速下测量，则此种情况除受检汽缸外，其余汽缸均应工作。检测条件和方法同汽油机。

3）检测结果分析。

① 常见车型汽缸压力标准值，见表 2-1。

表 2-1 常见几种车型汽缸压力标准值

汽车或发动机型号	压缩比	汽缸压力标准值 /kPa	各缸压力差 /kPa	检测时曲轴转速/ $(r \cdot min^{-1})$
奥迪 100 1.8 L	8.5	800～1 100	≤300	200～250
捷达 EA827	8.5	900～1 200	≤300	200～250
桑塔纳 AJR 1.8 L	9.3	1 000～1 350	≤300	200～250
富康 TU3	8.8	1 200	≤300	200～250
解放 CA6102	7.4	930	≤150	100～150
东风 EQ6100-1	7.0	833	≤147	100～150
五十铃 4JB1	18.2	3 100		200

汽缸压力标准值一般由汽车厂商提供。

按照 GB 18565—2001《营运车辆综合性能要求和检验方法》的规定，在用汽车发动机各汽缸压力应不小于原设计值的 85%，每缸压力与各缸平均压力之差：汽油机应不大于 8%，柴油机应不大于 10%。

根据 GB/T 15746.2—1995《汽车修理质量检查评定标准 发动机大修》附录 B 的规定：大修竣工发动机的汽缸压力应符合原设计规定，每缸压力与各缸平均压力之差：汽油机不超过 8%，柴油机不超过 10%。

② 结果分析。

a. 高于设计值。

测量结果若高于原设计规定，并不一定说明汽缸密封性好，可能是燃烧室内积炭过多，或汽缸垫过薄，或缸体与缸盖结合平面修理加工过大所致，如图 2-2 所示。

图 2-2 燃烧室积炭

b. 低于设计值。

测量结果若低于原设计规定，说明汽缸密封性降低，应进一步查明故障部位，可按以下方法进行分析：

● 向该缸火花塞或喷油器孔内注入 20～30 mL 新机油，摇转几圈曲轴后，再测该缸的汽缸压力。

● 若再测的压力值明显比第一次高，接近标准压力，则表明是汽缸内的问题。可能是汽缸、活塞环、活塞磨损过大或活塞环对口、卡死、断裂及缸壁拉伤等原因所致。若再测的压力值和第一次的近似相同，则说明是进排气门或汽缸垫密封不严。

● 若两次检测结果均表明某相邻两缸的压力大大低于设计规定，则说明两缸相邻处的汽缸垫烧损窜气。

● 为了更准确地确定故障部位，可在测完汽缸压力后，针对压力低的汽缸，采用以下方法做进一步的诊断。卸下空气滤清器，打开散热器盖和加机油口盖，汽车置空挡，拉紧驻车制动器，使待测汽缸的活塞处于压缩行程上止点位置，接上气源向该缸内充气（600 kPa 以上），注意倾听漏气声，确定漏气位置。

若在进气口处漏气，表明进气门密封不良。

若在排气消声器处漏气，表明排气门密封不良。

若在散热器加水口处有气泡或听到漏气声，表明汽缸垫不密封导致汽缸与水套相通。

若在相邻两缸的火花塞孔处听到漏气声，表明汽缸垫在这两缸间烧损窜气。

若在加机油口处听到漏气声，表明汽缸活塞配合副不密封。

（2）用汽缸压力测试仪检测汽缸压力。

1）用压力传感器式汽缸压力测试仪检测汽缸压力。

用这种测试仪检测汽缸压力时，需先拆下待测缸的火花塞，旋上仪器配置的压力传感器，用起动机转动曲轴 3～5 s，由传感器取出汽缸的压力信号，经放大后送入 A/D 转换器进行模数转换，再送入显示装置即可获得汽缸压力。

2）用起动电流或起动电压降式汽缸压力测试仪检测汽缸压力。

起动机带动发动机曲轴旋转所需要的转矩是起动电流的函数，起动电流与汽缸压力成正比，因此测量起动时某缸的起动电流，即可确定该缸的汽缸压力。起动电流与起动电源的电压降成正比，而起动电流与汽缸压力成正比，因此起动时蓄电池的电压降与汽缸压力也成正比，所以测量蓄电池的电压降可以获得汽缸压力。

3）用电感放电式汽缸压力测试仪检测汽缸压力。

这是一种通过检测点火二次电感放电电压来确定汽缸压力的仪器，仅适用于汽油机。在汽油机工作中，随着初级电流的断开，二次电压随即上升击穿火花塞间隙，并维持火花放电。火花放电电压也称为火花线，它属于点火系电容放电后的电感放电部分。电感放电部分的电压与汽缸压力之间具有近乎直线的对应关系，因此各缸火花放电电压可作为检测各缸压力的信号，该信号经变换处理后即可显示汽缸压力。

以上三种测试仪检测汽缸压力时，发动机都不能着火。

3. 进气管负压的检测

进气管负压（也称进气管真空度）是进气管内的压力与外部大气压力的差值。发动机进气管负压的大小随汽缸活塞组零件的磨损而变化，并与气门组零件的技术状况、进气系统的密封性及点火系统和供油系统的调整有关。因此，通过检测进气管负压，可以诊断发动机多种故障。

进气管负压用负压表来检测,无须拆卸任何零件,而且快速简便,应用极广。随着现代汽车检测诊断技术及检测仪器的快速发展,现在可用示波器或发动机综合分析仪来观测分析负压波形的动态变化。

(1) 用负压表检测进气管负压。

1) 负压表的组成。

负压表由表头和软管组成,软管一端固定在表头上,另一端接在节气门后方的进气管专用接头上,如图 2-3 所示,当负压进入表头后,在表盘上指示出负压的大小。

2) 检测方法步骤。

① 预热发动机至正常工作温度。

② 发动机熄火,连接负压表。

③ 变速器置于空挡,起动发动机。

④ 读取负压表上的指示值。

图 2-3 负压表的组成

3) 检测结果分析。

根据 GB 3799—1983《汽车发动机大修竣工技术条件》的规定,大修竣工的四行程汽油机转速在 500～600 r/min 时,以海平面为准,进气管负压应为 57.33～70.66 kPa。波动范围:六缸汽油机一般不超过 3.33 kPa,四缸汽油机一般不超过 5.07 kPa。

由于进气管的负压随海拔高度升高而降低,因此应根据所在地区海拔高度对测量值进行修正(一般海拔每升高 1 000 m,负压将减少 10 kPa 左右)。

负压表的指针和位置如图 2-4 所示。

① 在相当于海平面高度下,发动机怠速运转(500～600 r/min)时(下同),指针稳定指在 57.33～70.66 kPa,表示发动机汽缸密封性正常。

② 当迅速开启并立即关闭节气门时,指针随之在 6.66～84.66 kPa 内摆动,则进一步表明汽缸组技术状况良好。

③ 怠速时,若指针低于正常值,主要是活塞环、进气管造成的,也与点火过迟或配气过迟有关。在此情况下,节气门若突然开启,则指针会回落到 0;节气门若突然关闭,则指针回跳不到 84.66 kPa。

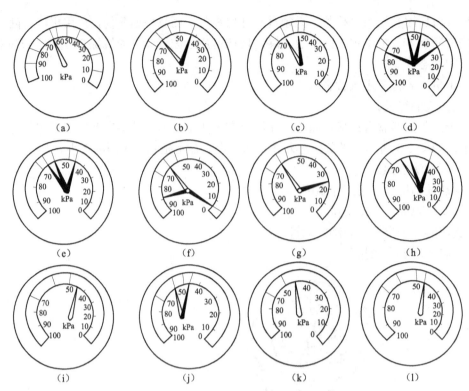

图 2-4 负压表指针的位置和动作

④ 怠速时,指针缓慢地在 33.33~74.66 kPa 摆动,且随发动机转速的升高,摆动加剧,表示气门弹簧折断或弹力不足或汽缸垫漏气。

⑤ 怠速时,指针快速地在 46.66~67.66 kPa 摆动,发动机升速时指针反而稳定,表示进气门杆与其导管磨损松旷。

⑥ 怠速时,指针停留在 26.66~50.66 kPa,表示气门机构失调,气门开启过迟。

⑦ 怠速时,指针跌落在 46.66~57.33 kPa,表示点火过迟。

⑧ 怠速时,指针在 46.66~53.33 kPa 缓慢摆动,表示火花塞电极间隙过小。

⑨ 怠速时,指针在 17.33~64.33 kPa 大幅度摆动,表示汽缸垫漏气。

⑩ 怠速时,指针有规律地跌落至某一数值,表示某气门烧蚀。

⑪ 怠速时,指针在 17.33 kPa 以下,表示进气管漏气。

⑫ 怠速时,指针逐渐跌落至 0,表示排气消声器或排气系统堵塞。

(2)用 BOSCH FSA740 发动机综合分析仪检测进气管负压。

1)检测方法与步骤:

① 预热发动机至正常工作温度。

② 发动机熄火,连接发动机综合分析仪压力管至发动机进气管,如图 2-5 所示。

③ 打开发动机综合分析仪,进入 FSA740 界面,如图 2-6 所示。

④ 选择部件测试——大气压力传感器,如图 2-7 所示。

⑤ 变速器置于空挡,起动发动机。

⑥ 在各种工况下观测发动机综合分析仪上的进气管压力波形。

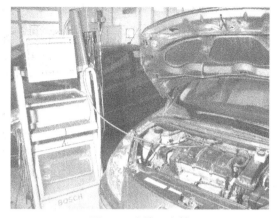

图 2-5　连接压力管

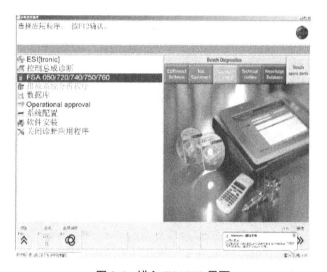

图 2-6　进入 FSA740 界面

图 2-7　选择大气压力传感器

2）几种常见波形。

① 图 2-8 所示为发动机正常怠速时的进气管压力，波形稳定，相当于 58 kPa 的真空度。

② 图 2-9 所示为发动机一个汽缸不工作时的怠速进气管压力，波形稳定，相当于 54 kPa 的真空度，比正常值略低。

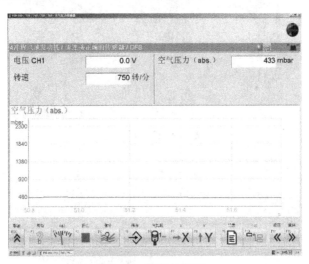

图 2-8　正常怠速时

图 2-9　一个汽缸不工作时

③ 图 2-10 所示为发动机转速为 3 350 r/min 时的进气管压力，波形稳定，相当于 68 kPa 的真空度。

④ 图 2-11 所示为快速开闭节气门时的进气管压力变化波形。

（二）发动机功率的检测

1. 发动机功率的评价指标及检测方法

（1）评价指标。

1）指示功率，指工质对活塞做功的功率。

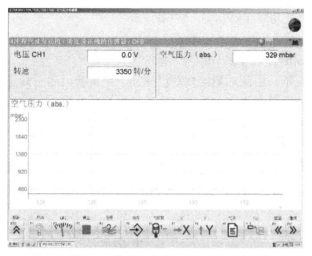

图 2-10　发动机转速 3 350 r/min 时

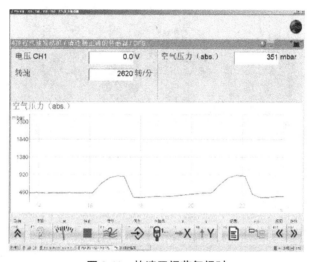

图 2-11　快速开闭节气门时

2）有效功率，指曲轴对外输出的功率。通过检测，可掌握发动机的技术状况，确定发动机是否需要大修，鉴定发动机的维修质量。

（2）检测方法。

1）稳态测功，指在节气门开度和转速一定而其他参数都保持不变的稳定状态下，在测功器上测定发动机功率的一种方法，也称发动机的台架测功、有负荷测功或有外载测功。

2）动态测功，指节气门开度、转速等参数均处于变动状态下，测定发动机功率的一种方法，也称无负荷测功或无外载测功。

2. 发动机的稳态测功

（1）稳态测功的原理。

通过测量发动机的输出转矩和转速，由计算公式计算出发动机的有效功率：

$$P_e = \frac{M_e \cdot n}{9\,550}$$

式中，P_e——发动机有效功率（kW）；

n——发动机转速（r/min）；

M_e——发动机输出转矩（N·m）。

在节气门全开情况下，由测功器给发动机施加一定负荷，测出额定转速和相应转矩，即可由计算公式计算出发动机最大有效功率。由于稳态测功时需由测功器对发动机施加外部负荷，故又称为有负荷测功或有外载测功。

（2）稳态测功测试设备的组成。

稳态测功测试设备主要由转速仪、水温表、机油压力表、机油温度表、气象仪器（温度计、湿度计、大气压力计）、计时器、燃料测量仪、测功器等组成，如图 2-12 所示。

图 2-12　发动机稳态测功测试设备

（3）测功器。

1）作用：测功器作为发动机的负载，实现对测定工况的调节，模拟汽车实际行驶时外界负荷的变化，同时测量发动机的输出转矩和转速，并由计算公式计算出发动机的有效功率。

2）类型：主要类型有水力式、电力式和电涡流式测功器。

① 水力式测功器是利用水作为工作介质，调节制动力矩。

② 电力式测功器是利用改变定子磁场的激磁电压产生制动力矩。

③ 电涡流式测功器是利用电磁感应产生涡电流形成制动力矩。电涡流式测功器根据结构形式不同，又分为盘式和感应子式两类，现在应用最多的是感应子式电涡流测功器。

（4）稳态测功的测试过程。

1）将发动机安装在测功器台架上，使发动机曲轴中心线与测功器转轴中心线重合。

2）安装仪表，接上电器线路，接通各种管路。

3）检查，调整气门间隙。汽油机要检查调整火花塞电极间隙及点火提前角；柴油机要检查调整喷油器的喷油提前角、喷油压力、喷油锥角及喷雾情况。

4）记录气压和气温。

5）起动发动机，操纵试验仪器，观察仪表工作情况，记录下数据，根据数据计算并绘制出 P_e、M_e、g_e 曲线。

3. 发动机的无负荷测功

（1）无负荷测功的原理。

无负荷测功的原理是基于一种动力学方法，该方法是通过测量发动机的瞬时角加速度或加速时间，经过公式计算，从而间接获得发动机的功率的。

（2）无负荷测功的基本方法。

1）使发动机与传动系分离，发动机处于正常工作状态。

2）使发动机在怠速或某一低转速下稳定运转，突然全开节气门，使发动机克服惯性和内部阻力而加速运转。

3）测出加速过程中的某一参数，就可得出相应的最大功率。利用加速性能的好坏反映最大功率的大小。

（3）无负荷测功仪的使用方法。

发动机无负荷测功仪既可以制成单一功能的便携式测功仪，也可以和其他测试仪表组合成为台式发动机综合性能分析仪。便携式无负荷测功仪的使用方法如下。

1）仪器自校和预热。

便携式无负荷测功仪面板如图 2-13 所示，按使用说明书，对仪器进行预热，然后进行自校。把旋钮 1 拨向"检查"位置，左边时间（T）表头指针 1 s 摆动一次。把旋钮 1 拨向"测试"位置，把旋钮 3 拨向"自校"位置，再缓慢旋转"模拟转速"旋钮 2，注意转速（n）表头指针慢慢向右偏转（模拟增加转速）。当指针偏转至起始转速 n_1=1 000 r/min 位置时，门控指示灯亮。继续增加模拟转速至 n_2=2 800 r/min 时，时间表即指示出加速时间，以表示模拟速度的快慢。按下"复零"按钮，表针回零，门控指示灯熄灭，表示仪器调整正常。否则，微调 n_1、n_2 电位器。

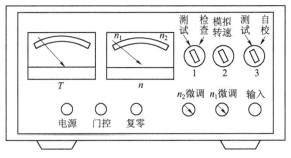

图 2-13 便携式无负荷测功仪面板

2）预热发动机和安装转速传感器。

预热发动机至正常工作温度（80℃～90℃），并使发动机怠速正常，变速器置空挡，然后把仪器传感器两接线卡分别接在分电器低压接线柱和搭铁线路上（汽油机）。

3）测加速时间。

驾驶室内操作者迅速把加速踏板踩到底，发动机转速猛然上升，当时间表指针显示出加速时间（或功率）时，立即松开加速踏板，不要使发动机长时间高速空转。记下读数，仪器复零。重复操作三次，取其平均值。

4）确定功率。

仅能显示加速时间的无负荷测功仪，测得加速时间后应对照仪器厂家推荐的曲线或表格确定发动机的功率值。表 2-2 所示为东风 EQ1090 型汽车发动机的加速时间—功率对照表。

表 2-2　东风 EQ1090 型汽车发动机的加速时间—功率对照表

加速时间/s		0.31	0.36	0.46
相对于稳定工况外特性值	kW	99.3	88.3	66.3
	Ps[①]	135	120	90

有的无负荷测功仪做成袖珍式，带有伸缩天线，可接收发动机运转时的点火脉冲信号，而不必与发动机采取任何有线连接。使用时，拿着该测功仪，只要面对发动机侧面拉出伸缩天线，发动机突然加速运转，即可遥测到加速时间和转速。然后查看仪器背面印制的主要机型的功率—时间对照表，便可得知发动机功率的大小。

4. 单缸功率和单缸转速降的检测

（1）单缸功率的检测。

检查各汽缸动力性能是否一致是发动机诊断的一项重要内容。无负荷测功仪既可以检测发动机的整机功率，又可以检测某汽缸的单缸功率。

检测单缸功率的方法是：先测出发动机的整机功率，再测出某缸断火后的发动机功率，两功率之差即为断火之缸的功率。对于技术状况良好的发动机，各缸的功率相同，否则会造成发动机运转不平稳。比较各单缸的功率，可判断各缸的工作状况。

（2）单缸转速降的检测。

通过单缸断火或断油的方法检测发动机转速下降值，来评价发动机各缸的工作情况。正常工作的发动机在某一转速下稳定运转时，发动机的指示功率和摩擦功率是平衡的。此时，若停止任一汽缸的工作，发动机的转速都会有相同的下降值。比较各单缸断火或断油后发动机转速的下降值，可判断各缸的工作状况。

单缸断火试验时，会造成断火汽缸内的积存燃油过多，冲刷汽缸壁润滑油膜，破坏润滑条件，加速汽缸、活塞、活塞环的磨损，因此断火时间不宜过长。

5. 检测结果分析

（1）检测诊断参数标准。

1）发动机功率。

根据 GB 7258—2004《机动车运行安全技术条件》和 GB/T 15746.2—1995《汽车修理质量检查评定标准 发动机大修》附录的规定，对汽车发动机功率检测做了如下规定：发动机动力性能应良好，运转平稳，怠速稳定，无异响，机油压力正常。在用车发动机功率不得低于原额定功率的 75%，大修后发动机最大功率不得低于原额定功率的 90%。

2）单缸转速降。

当发动机在 800 r/min 下稳定工作时，每停止一个缸工作，就会使转速的正常平均值下降，其下降值见表 2-3。要求最高和最低下降值之差不大于平均下降值的 30%。若转速下降值偏

---

① Ps 为公制马力，1 Ps=735.498 75 W。

低,则说明断火之缸工作不良。

表 2-3 单缸断火转速正常平均下降值

发动机缸数	转速正常平均下降值/(r·min^{-1})
四缸	150
六缸	100
八缸	50

(2)结果分析。

若发动机功率偏低,则应首先检查燃料供给系统和点火系统(包括各个电控元件)的技术状况,若这两系统工作正常且功率仍然偏低,则应检查汽缸压力、进气歧管真空度和排气管是否畅通等,以判断机械部分是否有故障。另外,发动机功率还与海拔高度有关,因此,用无负荷测功仪测得的发动机功率还应乘以校正系数,以校正到标准大气压下的功率。

发动机单缸功率偏低或单缸转速下降值偏低,一般是该缸高压分火线或火花塞技术状况不佳、汽缸密封性不良、喷油器故障等原因造成的,应调整或检修。

(三)发动机点火性能的检测

1. 点火示波器简介

(1)点火示波器作用。

由于环保和经济的要求,现代汽车发动机采用了高压缩比和稀薄混合汽燃烧技术,故对点火系统的可靠性、准确性提出了更高的要求。足够能量的火花和正确的点火时间是保证发动机良好工作的重要条件之一。检测点火系统故障的有效手段,就是使用示波器分析点火波形。点火波形分析分为次级点火波形分析和初级点火波形分析两种,最常用的是次级点火波形分析。观察次级点火波形,使维修人员能从细微处分析车辆的运行状况,确定点火系统本身、发动机机械部分和燃油系统是否有故障,从而确定修理方向。

(2)点火示波器组成。

BOSCH FSA740 具有点火示波器的功能,如图 2-14 所示,其由传感器(包括夹持器、测试探头、探针等)、中间处理环节和显示器等组成。

(3)点火示波器可观测、分析和判断点火系统的项目如下:

1)点火系统最高电压值;

2)各缸点火高压值;

3)点火提前角;

4)二次多缸平列波、单缸平列波、多缸并列波、多缸重叠波及各缸波形重叠角;

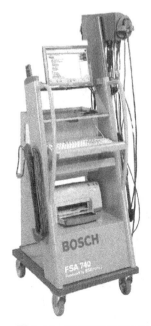

图 2-14 BOSCH FSA740

5)一次多缸平列波、多缸并列波、多缸重叠波及各缸波形重叠角;

6）火花塞性能；

7）点火线圈性能；

8）闭合角。

2. 波形分析

（1）标准的单缸次级点火波形。

标准的单缸次级点火波形如图 2-15 所示，理想状态下：该波形非常稳定，每次点火燃烧过程的电压基本一致，各汽缸的波形应大体相仿。单缸次级点火波形分为三段，即闭合段、点火段和衰减振荡段。

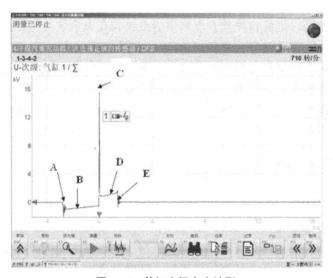

图 2-15　单缸次级点火波形

闭合段，即电脑发出点火正时信号，点火功率管导通，点火线圈开始充磁。当点火功率管导通时，初级绕组产生电流，磁场建立，这个从无到有的磁场与次级绕组感应出反向电动势，于是在闭合段的起始处（图 2-15 中 A 所指）形成了一个向下的电压振荡波形，这个波形可反映出次级绕组是否有短路或断路现象。随着初级绕组电流和磁场的饱和，次级绕组中的感应电动势也趋于 0（图 2-15 中 B 所指），直到开始跳火。通过对每缸闭合时间的比较，可以看出各缸闭合角及点火正时是否精确。

跳火段：此时点火模块切断初级绕组的电流，初级绕组产生的磁场急剧收缩消失，由于磁场的突变使次级绕组感应出高压电动势，电子在高压的推动下在火花塞电极间产生电离，击穿火花塞电极之间的混合气，火花塞开始跳火，此时在波形当中形成一条垂直的点火线（图 2-15 中 C 所指）。一个工作良好的点火线圈可以产生出 50 kV 的高压电，正常的击穿电压是 6～15 kV。击穿电压的高低可以反映出次级电路中的电阻情况。过高的击穿电压，说明次级电路中存在着高阻抗，包括高压线串阻过大、火花塞间隙过大、混合汽过稀等。过低的击穿电压，可能是点火线圈绕组短路或断路、高压线漏电、火花塞漏电或间隙过小。当高压线路中的高压电能击穿火花塞电极间隙后，高压电能得以释放，并在火花塞电极间电压迅速下降，以等离子形式继续通过火花塞电极间隙，并持续一段时间，因此形成了次级点火波形中的火花线（图 2-15 中 D 所指）。产生等离子时的电压值称作燃烧电压，正常的燃烧电压是 1～4 kV。持续的时间,也就是火花线的长短称作燃烧时间,正常的燃烧时间是 0.8~2.4 ms。正常时火花线平直,没有杂波,若存在过多的杂波,则表明汽缸内燃烧不稳定。

衰减振荡段:当点火线圈中的能量不足以维持火花塞跳火时,火花塞停止跳火。由于火花塞电极间等离子减少、电阻增大,导致波形中火花线终了时电压轻微上升。当跳火停止后,点火线圈中的剩余能量会以逐渐衰减的振荡波释放出来(图 2-15 中 E 所指)。在次级点火波形当中,火花线的后面应有最少两个(最好多于三个)振荡波形,这表明点火线圈和电容性能良好。

(2)标准二次多缸平列波,如图 2-16 所示。

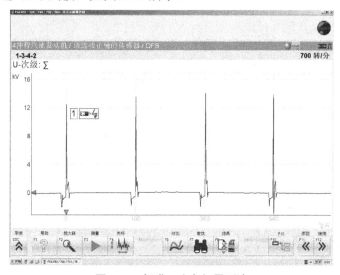

图 2-16 标准二次多缸平列波

将各缸点火波形按点火顺序首尾相连从左至右排列在屏幕上,其主要作用是分析次级电压故障及各缸次级击穿电压是否均衡、火花电压是否均衡、火花电压是否有差异。

(3)标准二次多缸并列波,如图 2-17 所示。

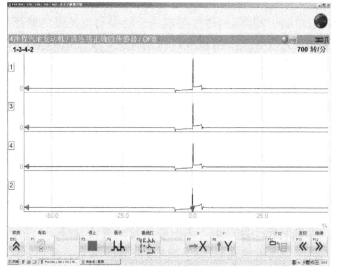

图 2-17 标准二次多缸并列波

在屏幕上从下到上按点火顺序将所有各缸点火波形之首对齐并分别放置排列，可测得各缸闭合角和各缸波形间的重叠角。

（4）三缸火花塞间隙过大时的二次多缸平列波。由于三缸火花塞间隙过大，故需要的击穿电压明显偏高，如图2-18所示。

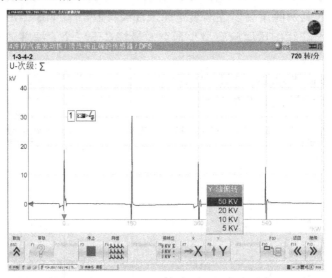

图2-18　三缸火花塞间隙大的二次平列波

（四）发动机起动性能的检测

1. 发动机的起动性能评价指标

发动机的起动性能评价指标有起动转矩、最低起动转速、起动功率和起动极限温度。

（1）起动转矩。

起动机要有足够大的转矩来克服发动机初始转动时的各种阻力矩。发动机的起动阻力矩主要由以下三部分组成。

1）摩擦阻力矩：发动机的摩擦阻力矩主要取决于活塞与汽缸壁的摩擦及曲轴轴承的摩擦。另一方面取决于润滑油的黏度、发动机温度、曲轴转速、发动机的型式和磨损程度。摩擦阻力矩在0℃时占全部发动机起动阻力矩的60%左右，在-10℃～-20℃时达80%～90%。

2）压缩阻力矩：压缩阻力矩是指活塞压缩气体时所受到的阻力，主要与汽缸工作容积和压缩比有关。它随着曲轴转速的升高而降低，在0℃时，压缩阻力矩占全部发动机起动阻力矩的25%左右。

3）辅助机构阻力矩：辅助机构包括供油系统、机油泵、水泵、打气泵和发电机等。在0℃时，辅助机构阻力矩占全部发动机起动阻力矩的15%左右。

（2）最低起动转速。

1）定义。

在一定温度下，为顺利起动发动机，不但要使发动机曲轴转动，而且还要使发动机曲轴达到一定转速，这个能使发动机顺利起动的曲轴最低转速称为最低起动转速。在-10℃时，汽油机最低起动转速为60～80 r/min，直喷式柴油机最低起动转速为130～160 r/min，涡流式柴油机最低起动转速为 180～210 r/min。

2）要求。

起动机传给发动机曲轴的转速要大于发动机的最低起动转速。

（3）起动功率。

不同工作容积发动机的起动功率不同，起动机所具有的功率应和发动机起动所必需的起动功率相匹配。

（4）低温起动性能。

当环境温度低于起动极限温度时，应采取起动辅助措施：加大蓄电池容量，进气加热，低温补偿。

2. 发动机起动性能的检测

（1）用 BOSCH FSA740 发动机综合测试仪检测。

如图 2-19 所示，将 FSA740 发动机综合测试仪的 1 000 A 电流钳夹到电瓶线正极，注意电流钳上的箭头与电流方向一致，红色电瓶线夹子夹到蓄电池正极，黑色电瓶线夹子夹到蓄电池负极，拔掉点火线圈连接器插头，断开电动汽油泵保险。FSA740 发动机综合测试仪开机，进入起动测试界面，如图 2-20 所示。汽车变速器置于空挡位置（自动变速器 P 挡）、点火开

图 2-19 电流钳、电瓶线的连接

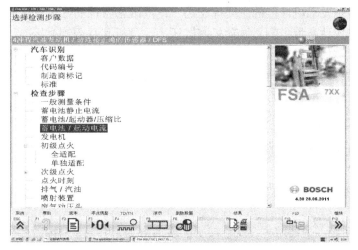

图 2-20 进入起动测试界面

关置于起动位置，时间不超过 5 s。

（2）读取测试波形。

正常情况下起动电流、电压波形如图 2-21 所示。

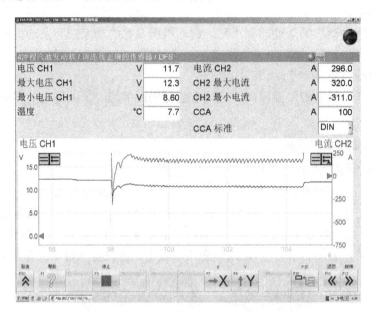

图 2-21　起动电流、电压波形

二、任务实施

项目（一）汽缸压力的检测

1. 项目说明

汽缸的密封性是发动机性能的主要标志之一，汽缸密封性的好坏直接关系到发动机的动力性、经济性和排放达标性。测量发动机汽缸压力，分析其是否符合标准，用以判断发动机的工作性能。若汽缸压力异常，则应分析找出引起异常的原因，对发动机的总体性能做出评价。通过本项目的练习，掌握汽缸压力表的使用方法及正确测量汽缸压力的步骤，以达到根据汽缸压力判断汽缸密封性的目的。

2. 技术要求与标准

（1）一个学员能在 20 min 内完成此项目。

（2）技术标准。

1）汽油发动机：一般情况下，汽缸压力的标准值为 1.0~1.2 MPa，且各缸的汽缸压力差不大于 5%。

2）柴油发动机：一般情况下，汽缸压力的标准值为 1.7~2.2 MPa，且各缸的汽缸压力差不大于 5%。

3）蓄电池处于充足电状态，起动电压降不大于 1.5 V，起动机运转状况良好。

3. 设备器材

（1）量程 0～3.0 MPa 的汽缸压力表一只。
（2）东风标致 307 轿车一辆。
（3）常用工具一套。

4. 作业准备

（1）车辆准备　　　　　　　　　　　　　　　　□ 任务完成
（2）工具准备　　　　　　　　　　　　　　　　□ 任务完成
（3）量具准备　　　　　　　　　　　　　　　　□ 任务完成
（4）记录单准备　　　　　　　　　　　　　　　□ 任务完成

5. 操作步骤

（1）预热发动机，达到正常工作温度，然后熄火，如图 2-22 所示。
（2）断开点火线圈插接器，拆下点火线圈，断开四个喷油器插接器的插头，如图 2-23 所示。

图 2-22　发动机正常温度

图 2-23　拆下点火线圈

（3）拆下四个火花塞，如图 2-24 所示。
（4）将汽缸压力表软管上的接头拧入火花塞坐孔内测量汽缸压力，如图 2-25 所示。

图 2-24　拆下火花塞

图 2-25　测量汽缸压力

（5）另一人坐在驾驶室内，将加速踏板踏到底，保持节气门全开，用起动机带动发动机运转 3～5 s（不少于四个压缩行程），汽缸压力表上的读数即为该汽缸的汽缸压力。
（6）每缸测量不少于两次，用同样的方法测量各汽缸的汽缸压力。
（7）检查完毕，恢复车辆及工、量具。

6. 记录分析（见表 2-4）

表 2-4 汽缸压力测量作业表

姓名		班级		学号	
车型		发动机型号		作业日期	
测 量 结 果					
缸数	一缸		二缸	三缸	四缸
压力值					
结论					
处理意见					

项目（二）汽油机进气歧管负压的检测

1. 项目说明

汽油发动机各缸在进气行程时，活塞下移，进气门打开，气体从进气歧管被吸入汽缸，由于节气门没有完全打开，阻碍了气体的进入，故会在节气门的后方产生负压。发动机在不同工况下其进气歧管的负压是不同的，如果汽缸密封性不良，或者点火时间过迟、混合气过稀、排气管堵塞等原因，都会造成负压的变化。通过本项目的练习，掌握负压表的使用方法及进气歧管负压检测步骤，测试发动机在不同工况下节气门后方负压的正常值范围，并根据负压表的指示结果为发动机故障的判断与排除、汽车动力性能的测试提供依据。

2. 技术要求与标准

（1）一个学员能在 20 min 内完成此项目。

（2）技术标准。

1）在相当于海平面高度下，发动机怠速运转（500～600 r/min）时，指针稳定指在 57.33～70.66 kPa，且负压表波动范围不大于 5 kPa，表示发动机汽缸密封性正常。

2）当迅速开启并立即关闭节气门时，指针随之在 6.66～84.66 kPa 内摆动，则进一步表明汽缸组技术状况良好。

3）随着节气门慢慢打开至节气门全开，负压逐渐变小，节气门全开时，负压在 10 kPa 左右。

3. 设备器材

（1）东风标致 307 轿车一辆。

（2）负压表一套。

（3）常用工具一套。

4. 作业准备

（1）车辆准备 □ 任务完成

（2）工具准备　　　　　　　　　　　　　　　　　　　　□ 任务完成
（3）量具准备　　　　　　　　　　　　　　　　　　　　□ 任务完成
（4）记录单准备　　　　　　　　　　　　　　　　　　　□ 任务完成

5. 操作步骤

（1）预热发动机，达到正常工作温度后熄火，如图 2-26 所示。

（2）在节气门后方的真空管上接上负压表，如图 2-27 所示。

图 2-26　发动机预热

图 2-27　测量进气歧管负压

（3）起动发动机，检查在不同发动机工况下的负压，判断发动机的工作性能。

（4）检查完毕，恢复车辆及工、量具。

6. 记录分析（见表 2-5）

表 2-5　进气歧管真空度检测作业表

姓名		班级		学号	
车型		发动机型号		作业日期	
测　量　结　果					
工况	怠速时		中速时	节气门全开时	快速开闭节气门时
真空度值					
结论					
处理意见					

项目（三）点火性能的检测

1. 项目说明

汽油机点火系统根据发动机工作顺序和配气相位的要求，最终通过火花塞产生的电火花点燃汽缸内的混合气体，实现发动机的工作运行。点火系统的性能对发动机的正常运行起到决定性的作用。观察次级点火波形，能够从细微处分析车辆的运行状况，确定点火系统本身、发动机机械部分和燃油系统是否有故障。通过本项目的练习，掌握 BOSCH FSA740 发动机综合分析仪次级点火波形的检测方法，熟悉正确的次级点火波形，根据所检测的次级点火波形分析点火系统的故障原因。

2. 技术要求与标准

（1）一个学员能在 20 min 内完成此项目。

（2）技术标准。

正常击穿电压 6～15 kV，各缸击穿电压差值不超过 2 kV；正常的燃烧电压为 1～4 kV；正常的燃烧时间为 0.8～2.4 ms，火花线平直，没有杂波；在燃烧线后面最少有两个（一般多于 3 个）振荡波，这表明点火线圈是正常的。

3. 设备器材

（1）北京现代轿车一辆。

（2）BOSCH FSA740 发动机综合测试仪一台。

（3）常用工具一套。

4. 作业准备

（1）车辆准备　　　　　　　　　　　　　　　　□ 任务完成

（2）工具准备　　　　　　　　　　　　　　　　□ 任务完成

（3）仪器准备　　　　　　　　　　　　　　　　□ 任务完成

（4）记录单准备　　　　　　　　　　　　　　　□ 任务完成

5. 操作步骤

（1）将 BOSCH FSA740 发动机综合分析仪与被测车辆相连接，如图 2-28 所示；电瓶连接线红色夹钳夹到蓄电池正极，电瓶连接线黑色夹钳夹到蓄电池负极，如图 2-29 所示；次级

图 2-28　FSA740 与车辆相连

图 2-29　电瓶连接

"正级"测量组件两个红色夹钳分别连接到一、三缸高压线上，次级"负级"测量组件两个黑色夹钳分别连接到二、四缸高压线上，触发钳连接到一缸高压线上，注意方向标记，如图 2-30 所示；将次级"正级"测量组件剩余的一个红色夹钳和次级"负级"测量组件剩余的一个黑色夹钳分别夹到自身的线上，如图 2-31 所示。

（2）BOSCH FSA740 开机，进入 FSA740 界面；选择汽车识别——标准，如图 2-32 所

示；选择与被测汽车相适应的发动机型号、汽缸数、点火顺序、点火方式，如图 2-33 所示（DFS 点火方式如图 2-34 所示）；选择示波器功能中的点火示波器次级，如图 2-35 所示。

图 2-30　测试线与高压线的连接

图 2-31　剩余测试线的处理

图 2-32　汽车识别

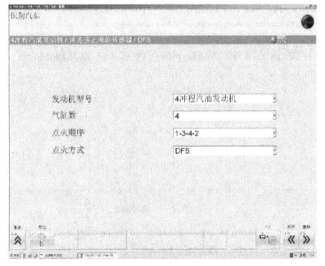

图 2-33　发动机标准

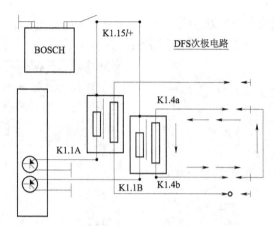

图 2-34 DFS 点火方式

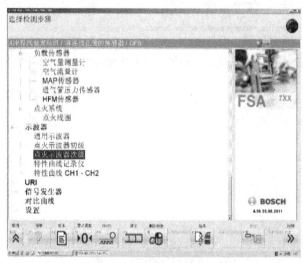

图 2-35 选择点火示波器次级

(3) 起动发动机,检测次级点火波形。

(4) 当选择 X 轴的时间较短时,则显示任意一个汽缸的点火波形,如图 2-36 和图 2-37 所示。

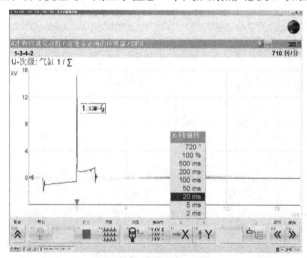

图 2-36 选择 X 轴时间

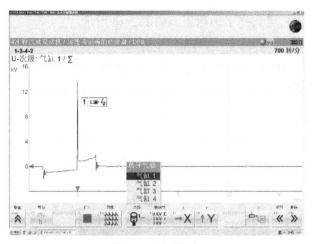

图 2-37 选择汽缸

（5）如果选择 X 轴——720°，则显示四个汽缸次级点火的平列波，如图 2-38 所示。

（6）通过按 [F4] 键，可以在多缸次级平列波和多缸次级并列波之间转换，如图 2-39 所示。

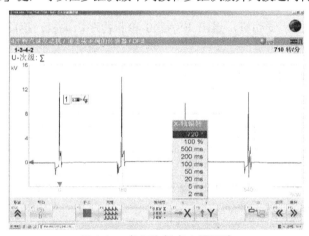

图 2-38 多缸次级点火平列波

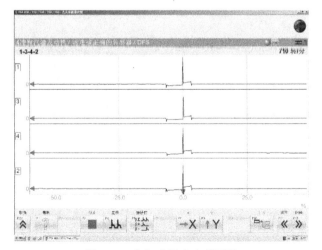

图 2-39 多缸次级点火并列波

(7) 通过 [F8] 键，可选择 Y 轴电压，如图 2-40 所示。

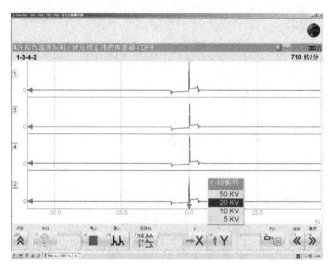

图 2-40　Y 轴选择电压

(8) 测量完毕，关闭发动机，退出 FSA740 诊断程序，关机。拆除各连接测试线，车辆复位，工具、仪器复位。

6. 记录分析（见表 2-6）

表 2-6　点火性能检测作业

姓名		班级		学号	
车型		发动机型号		作业日期	
分别画出一缸次级点火波形、多缸次级平列波波形和多缸次级并列波形。					
结论					
处理意见					

学习任务 3

汽车制动、侧滑及悬架检测

**工作情景描述**

王先生有一辆东风标致 408 轿车,行驶了 32 600 km,行车证审验,上线检测,制动性能检测的项目不合格,来到 4S 店,要求根据上线检测标准,协助检查维护相关事项。

学习目标

通过本任务学习,应能:

1. 熟知汽车制动、侧滑、悬架检测的项目、标准,并根据车型列出相关内容详单;
2. 根据制动、侧滑、悬架检测的项目、标准要求,在 90 min 内配合完成该项作业任务;
3. 正确解读机动车安全技术检验报告、汽车综合性能检测报告,分析不合格检测项目的原因并进行调整和维护。

**学习时间**

8 学时。

**学习引导**

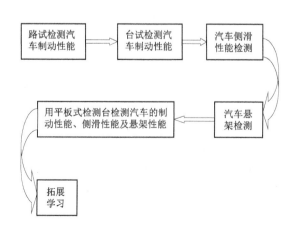

一、知识准备

（一）汽车制动性能检测

根据国家标准 GB 7258—2004《机动车运行安全技术条件》的规定，可以用制动距离、制动减速度和制动力检测机动车制动性能。制动性能检测分路试法和台试法两种。用五轮仪和制动减速度仪检测汽车制动性能时，须在道路试验中进行，称为路试法；而使用制动试验台检测汽车制动性能的方法，称为台试法。

1. 路试检测汽车制动性能

道路试验主要通过检测制动距离、平均减速度等参数来检测汽车行车制动性能和应急制动性能；用坡道试验检测汽车驻车制动性能。

（1）路试检测汽车制动性能的道路条件和检测标准。

1）路试检测条件。

行车制动性能和应急制动性能检测应在平坦（纵向坡度不应超过 1%）、硬实、清洁、干燥且轮胎与地面间的附着系数不小于 0.7 的水泥或沥青路面上进行；驻车制动试验若在坡道上进行，要求坡度为 20%，轮胎与路面间的附着系数不小于 0.7。

2）行车制动性能检测标准。

① 用制动距离检测行车制动性能。车辆在规定初速度下的制动距离和制动稳定性应符合表 3-1 的要求，对空载检测制动距离有质疑时，可用满载检测的制动性能要求进行检测。

表 3-1　制动距离和制动稳定性要求

车辆类型	制动初速度/ (km·h^{-1})	满载检测的 制动距离/m	空载检测的 制动距离/m	制动稳定性要求车辆任何 部位不得超出的试车道 宽度/m
座位数≤9 的载客汽车	50	≤20	≤19	2.5
总质量≤4.5 t 的汽车	50	≤22	≤21	2.5
其他汽车、汽车列车	30	≤10	≤9	3.0
注：对 3.5 t<总质量≤4.5 t 的汽车，试车道宽度为 3 m。				

② 用平均减速度检测行车制动性能。汽车、汽车列车在规定的初速度下急踩制动时充分发出的平均减速度和制动稳定性应符合表 3-2 的要求。对空载检测制动性能有质疑时，可用表 3-2 中满载检测的制动性能要求进行检测。

③ 用制动协调时间检测行车制动性能。制动协调时间是指在急踩制动时，从踏板开始动作至车辆减速度达到表 3-2 规定的、车辆充分发出的、平均减速度的 75%时所需的时间。单车制动协调时间应不大于 0.6 s，列车制动协调时间应不大于 0.8 s。

表 3-2　制动减速度和制动稳定性要求

车辆类型	制动初速度/（km·h^{-1}）	满载检验充分发出的平均减速度/（m·s^{-2}）	空载检验充分发出的平均减速度/（m·s^{-2}）	制动稳定性要求车辆任何部位不得超出的试车道宽度/m
座位数≤9 的载客汽车	50	≥5.9	≥6.2	2.5
总质量≤4.5 t 的汽车	50	≥5.4	≥5.8	2.5
其他汽车、汽车列车	30	≥5.0	≥5.4	3.0

注：对 3.5 t<总质量≤4.5 t 的汽车，试车道宽度为 3 m。

④ 制动性能检测时制动踏板力或制动气压要求：

a. 满载检测时，气压制动系统气压表的指示气压应不大于额定工作气压；液压制动系统，座位数小于或等于 9 座的载客汽车，踏板力应不大于 500 N，其他车辆不大于 700 N。

b. 空载检测时，气压制动系统气压表的指示气压应不大于 600 kPa；液压制动系统，座位数不大于 9 座的载客汽车，踏板力应不大于 400 N，其他车辆应不大于 450 N。

踏板压力计是作业测量制动时制动踏板力的装置，除常见的有线式以外，还有红外线式和无线式等。测量时常将其固定在汽车制动踏板上方，如图 3-1 所示。

图 3-1　装上液压制动踏板力计测量踏板力

3）应急制动性能检测标准。

应急制动必须在行车制动系统有一处管路失效的情况下，仍能在规定的距离内将车停住。应急制动性能检测要求汽车在空载和满载状态及规定的初速度下，测量从应急制动操纵始点至车辆停住时的制动距离（或平均减速度）符合表 3-3 的要求。

表 3-3　应急制动性能要求

车辆类型	制动初速度/（km·h^{-1}）	制动距离/m	充分发出的平均减速度/（m·s^{-2}）	允许操纵力不大于/N	
				手操纵	脚操纵
乘用车	50	≤38.0	≥2.9	400	500
客车	30	≤18.0	≥2.5	600	700
其他汽车（三轮车除外）	30	≤20.0	≥2.2	600	700

4）驻车制动性能检验标准。

在空载状态下，驻车制动装置应能保证车辆在坡度为 20%（总质量为整备质量的 1.2 倍以下的车辆为 15%）、轮胎与路面间的附着系数≥0.7 的坡道上，用行车制动停车，变速器置于空挡，按照规定的操纵力（轿车不大于 400 N，小于 5 t 的货车、客车、牵引车、特种车不大于 500 N，大于 5 t 的货车、客车、牵引车、特种车不大于 600 N）拉紧驻车制动装置，解除行车制动，正、反两个方向保持固定不动的时间应不小于 5 min。

（2）路试检测制动性能的仪器。

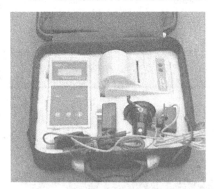

图 3-2 便携式制动性能检测仪

检测不同的参数需要使用不同的仪器，根据路试检测制动性能有关参数，主要使用第五轮仪、非接触式速度仪和制动减速度仪。

（3）路试检测汽车制动性能的过程。

1）行车制动性能的检验。

① 使用便携式制动性能检测仪进行测试。

便携式制动性能检测仪如图 3-2 所示，其检测过程如图 3-3～图 3-8 所示。

② 使用非接触式速度仪进行测试。

其检测过程如图 3-9～图 3-13 所示。

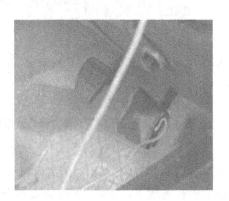

图 3-3 安装制动触点开关

图 3-4 安装加速度传感器

图 3-5 设置车牌号码等参数

图 3-6 开始制动性能的测试

图 3-7 车辆在试车跑道上按试验流程测试

图 3-8 打印检测结果

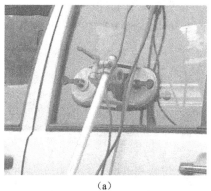

(a)

(b)

图 3-9 安装非接触式速度仪传感器

图 3-10 安装非接触式速度仪传感器并调整到规定高度

图 3-11 安装车速显示器

图 3-12 安装制动触点开关

图 3-13 车辆在规定的试道上按试验流程进行测试

2）驻车制动性能的检验。

其检测过程如图 3-14～图 3-16 所示。

图 3-14　驻车制动性能检验的坡道（坡度为 20%、附着系数不小于 0.7）

图 3-15　下坡方向上保持固定不动的时间应不小于 5 min

图 3-16　上坡方向上保持固定不动的时间应不小于 5 min

2. 台试检测汽车制动性能

台架试验检测制动性能一般是通过制动试验台检测制动力来评价汽车行车制动性能和驻车制动性能。

（1）台试检测标准（制动力的诊断参数标准）。

根据 GB 7258—2004《机动车运行安全技术条件》，在检验制动性能参数标准中有以下规定：

1）行车制动性能检测。

① 制动力要求。

汽车、汽车列车在制动试验台上测出的制动力应符合表 3-4 的要求，对空载检测制动力有质疑时，可用表 3-4 中规定的满载检验制动力要求进行检测。

表 3-4　台试检测制动力要求　　　　　　　　　　　　　　%

机动车类型	制动力总和与整车重量的百分比		轴制动力与轴荷[a]的百分比	
	空载	满载	前轴	后轴
乘用车、总质量不大于 3 500 kg 的货车	≥60	≥50	≥60[b]	≥20[b]

续表

机动车类型	制动力总和与整车重量的百分比		轴制动力与轴荷[a] 的百分比	
	空载	满载	前轴	后轴
其他汽车、汽车列车	≥60	≥50	≥60[b]	—

a. 用平板制动检验台检验乘用车时应按动态轴荷计算。
b. 空载和满载状态下测试均应满足此要求。

② 制动力平衡要求（两轮、三轮摩托车和轻便摩托车除外）。

在制动力增长全过程中同时测得的左、右轮制动力差的最大值，与全过程中测得的该轴左右轮最大制动力中大者之比，对前轴不应大于 20%，对后轴（及其他轴）在轴制动力不小于该轴轴荷的 60%时应不大于 24%；当后轴（及其他轴）制动力小于该轴轴荷的 60%时，在制动力增长全过程中同时测得的左、右轮制动力差的最大值应不大于该轴轴荷的 8%。

③ 制动协调时间要求。

汽车的制动协调时间是指在紧急制动时，从踏板开始动作至车轮制动力达到表 3-4 所规定的制动力的 75%时所需时间。对液压制动的汽车应不大于 0.35 s；对气压制动的汽车应不大于 0.60 s；汽车列车和铰接客车、铰接式无轨电车的制动协调时间应不大于 0.80 s。

④ 车轮阻滞力要求。

车轮阻滞力是指行车和驻车制动装置处于完全释放状态、变速器置于空挡位置时，试验台驱动车轮所需要的作用力。检验时各车轮的阻滞力均应不大于车轮所在轴轴荷的 5%。

2）驻车制动的制动力要求。

采用台试检测驻车制动的制动力时，车辆空载，乘坐一名驾驶员，使用驻车制动装置，驻车制动力的总和应不小于该车在测试状态下整车质量的 20%；对总质量为整备质量 1.2 倍以下的车辆，此值为 15%。

(2) 制动试验台的类型。

1）按测试的原理不同可分为反力式和惯性式制动试验台；
2）按试验台支承车轮形式的不同可分为滚筒式和平板式制动试验台；
3）按检测参数的不同可分为测制动力式、测制动距离式和综合式制动试验台；
4）按测量、指示装置传递信号方式的不同可分为机械式、液力式和电气式制动试验台；
5）按试验台同时能测车轴数的不同可分为单轴式、双轴式和多轴式制动试验台。

目前常用的制动试验台有两种，单轴反力滚筒式制动试验台如图 3-17 所示，平板式制动试验台如图 3-18 所示。

(3) 单轴反力滚筒式制动试验台基本组成与结构。

单轴反力滚筒式制动试验台的基本结构如图 3-19 所示，它由框架、驱动装置、滚筒装置、测量装置、举升装置和指示与控制装置等组成。

图 3-17 博世滚筒式制动试验台

图 3-18 清华欧林特平板检测台

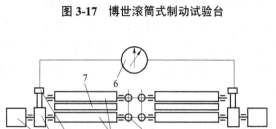

图 3-19 单轴反力滚筒式制动试验台
1—电动机；2—减速器；3—测量装置；4—滚筒装置；
5—链传动；6—指示与控制装置；7—举升装置

1）驱动装置：由电动机、减速器和传动链条等组成。

2）滚筒装置：由四个滚筒组成，左右各一对独立设置，滚筒相当于一个活动路面，被测车轮置于两滚筒之间，用来支承被检车轮，并在制动时承受和传递制动力。有的设有第三滚筒，其防抱死功能是指车辆在制动试验台上进行制动测试，当车轮转速下降至抱死时，其上的转速传感器送出的电信号使制动试验台驱动电动机停止转动，以防止滚筒剥伤汽车轮胎，如图 3-20 所示。

3）测量装置：主要由测力杠杆、测力传感器等组成。

4）举升装置：为了便于汽车出入试验台，在两滚筒之间设有举升装置。举升装置一般由举升器、举升平板和控制开关等组成，举升器有气压式、液压式和电动式等形式。

5）指示与控制装置：指示装置有电子式与微机式之分。微机式指示装置多配以数字式显示器。检测线上，指示装置大多与制动工位检验程序指示器连接在一起。

制动力的诊断参数标准是以轴制动力占轴荷的百分比为依据的，必须在测得轴荷及轴制动力后才能评价轴制动性能，所以测力式滚筒制动试验台需要配备轴重计或轮重仪，如图 3-21

图 3-20 设有第三滚筒的制动试验台

图 3-21 汽车轴重仪

所示，有些制动试验台本身带有内置式轴重测量装置。

（4）用滚筒式制动试验台检测汽车制动性能的方法步骤。

1）检测前的准备。

① 打开制动试验台指示与控制装置上的电源开关，按使用说明书的要求预热至规定时间；

② 如果指示装置为指针式仪表，则检查指针是否在零位，否则应调零；

③ 检查并清洁制动试验台滚筒上粘有的泥、水、砂、石等杂物；

④ 核实汽车各轴轴荷，不得超过制动试验台的允许载荷；

⑤ 检查并清除汽车轮胎上粘有的泥、水、砂、石等杂物；

⑥ 检查汽车轮胎气压是否符合规定，否则应充气至规定气压；

⑦ 升起制动试验台举升器。

2）检测步骤。

检测过程按照制动工位检验程序指示器的要求进行，如图3-22～图3-56所示。

① 根据需要装上液压制动踏板力计，如图3-1所示。

② 轴重、制动检测待命，如图3-22所示。

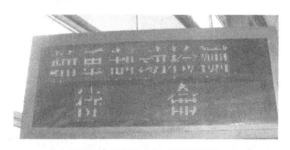

图3-22　轴重、制动检测待命

③ 称轴重，如图3-23和图3-24所示。

图3-23　前轴称重　　　　　**图3-24　后轴称重**

④ 一轴制动检测，如图3-25～图3-37所示。

a. 一轴制动前进，应尽可能沿垂直于滚筒的方向驶入制动试验台，如图3-25和图3-26所示。

图 3-25 一轴制动前进

图 3-26 沿垂直于滚筒的方向驶入制动试验台

b. 到位停稳后，变速杆置于空挡位置，行车制动器和驻制动器处于完全放松状态，如图 3-27 所示。

c. 降下举升器，至举升器平板与轮胎完全脱离为止，如图 3-28 和图 3-29 所示。

图 3-27 到位停车

图 3-28 降下举升器

d. 起动电动机，使滚筒带动车轮转动，如图 3-30 所示。

图 3-29 举升器平板与轮胎完全脱离

图 3-30 起动电动机

e. 测车轮阻滞力，如图 3-31 所示。

f. 准备踩刹车，还剩一颗星时，用力踩下制动踏板，检测轴制动力，显示检测结果，如图 3-32～图 3-36 所示。

g. 升起举升器，如图 3-37 所示。

⑤ 二轴制动检测，如图 3-38～图 3-48 所示。

图 3-31 测车轮阻滞力

图 3-32 准备踩刹车

图 3-33　还剩一颗星时踩刹车

图 3-34　踩急刹车

图 3-35　松开刹车

图 3-36　显示检测结果

a. 二轴制动前进，驶入制动试验台，如图 3-38 和图 3-39 所示。

图 3-37　升起举升器

图 3-38　二轴制动前进

b. 到位停稳后，变速杆置于空挡位置，行车制动器和驻制动器处于完全放松状态，如图 3-40 所示。

图 3-39　二轴驶入制动试验台

图 3-40　到位停车

c. 降下举升器，至举升器平板与轮胎完全脱离为止，如图 3-41 所示。
d. 起动电动机，使滚筒带动车轮转动，如图 3-42 所示。

图 3-41　降下举升器

图 3-42　起动电动机

e. 测车轮阻滞力,如图 3-43 所示。

f. 准备踩刹车,还剩一颗星时,用力踩下制动踏板,检测轴制动力,显示检测结果,如图 3-44~图 3-48 所示。

图 3-43 测车轮阻滞力

图 3-44 准备踩刹车

图 3-45 还剩一颗星时踩刹车

图 3-46 踩急刹车

图 3-47 松开刹车

图 3-48 显示检测结果

⑥ 驻车制动检测,如图 3-49~图 3-54 所示。

a. 起动电动机,使滚筒带动车轮转动,如图 3-49 所示。

b. 准备拉手刹,还剩一颗星时,用力拉紧手刹,检测驻车制动力,显示检测结果,如图 3-50~图 3-54 所示。

图 3-49 起动电动机

图 3-50 准备拉手刹

图 3-51 还剩一颗星时拉手刹

图 3-52 拉紧手刹

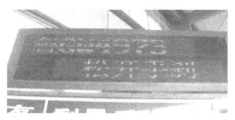
图 3-53 松开手刹

图 3-54 显示检测结果

⑦ 升起举升器，如图 3-55 所示。
⑧ 检测完毕，驶出制动试验台，如图 3-56 所示。

图 3-55 升起举升器

图 3-56 制动检测完毕，驶出试验台

（5）用平板式制动试验台检测汽车制动性能。

平板式制动试验台如图 3-57 所示，它是一种低速动态惯性式制动试验台，由四块表面轧花的制动—轮荷测试平板 2、压力传感器 5、拉力传感器 8 和控制柜 1 等组成。用平板式制动试验台检测制动性能的步骤如下。

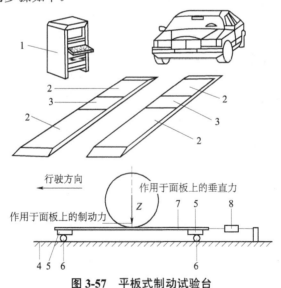

图 3-57 平板式制动试验台

1—控制柜；2—制动—轮荷测试平板；3—侧滑测试平板；4—底板；5—压力传感器；
6—钢球；7—面板；8—拉力传感器

1）检测前的准备。

同滚筒式制动试验台。

2）检测步骤。

检测汽车制动性能时,检测台应处于开机工作状态,被检汽车以5～10 km/h的速度驶上测试平板,引车员根据显示器上提示的位置及时踩下装有踏板压力计的制动踏板,使车辆在测试平板上制动直至停车。与此同时,数据采集系统通过各传感器采集制动过程中的全部数据,并经计算机分析处理,在显示器上以数字、图形、曲线形式显示检测结果,最后用打印机将检测结果打印出来。

平板式制动试验台的检测过程如图3-58～图3-61所示。

① 待检车辆按规定车速驶上平板式制动试验台,如图3-58所示。

② 车辆在试验台测试平板上制动,测出轮重和轮制动力,如图3-59所示。

图3-58 按规定车速驶上试验台

图3-59 车辆在测试平板上制动

③ 车辆继续前行到驻车制动轴位于测试平板位置进行驻车制动力的测试,如图3-60所示。

④ 驻车制动轴超出测试平板的位置,则驻车制动力的测试无效,如图3-61所示。

图3-60 测试驻车制动力

图3-61 测试中不能超出测试平板

(二)汽车侧滑性能检测

汽车前轮定位参数是影响汽车操纵性和稳定性的重要因素。汽车前轮定位参数的检测,有静态检测法和动态检测法两种。静态检测法是在汽车静止的状态下,用车轮定位仪对前轮定位值进行检测;动态检测法是使汽车以一定的行驶速度通过侧滑试验台,测量转向轮的横向侧滑量。汽车如果没有正确的前轮定位,转向车轮在向前滚动时将会产生横向滑移现象,即车轮侧滑。侧滑量是指汽车直线行驶位移量为1 km时,转向轮的横向位移量,其单位为m/km。汽车侧滑试验台是用以检测汽车前轮侧滑量的一种专用设备。

1. 滑板式侧滑试验台的结构与工作原理

汽车侧滑检验设备按其测量参数可以分为两类:一类是测量车轮侧滑量的滑板式侧滑试

验台，如图 3-62 所示；另一类是测量车轮侧向力的滚筒式侧滑试验台，如图 3-63 所示。

图 3-62　滑板式侧滑试验台

图 3-63　滚筒式侧滑试验台

（1）滑板式侧滑试验台的组成结构。

滑板式侧滑试验台一般由侧滑量检测装置、侧滑量定量指示装置和侧滑量定性显示装置三大部分组成。

1）侧滑量检测装置。

如图 3-64 所示，测量装置由框架、左右两块滑动板、杠杆机构、回位装置、滚轮装置、导向装置、锁止装置、位移传感器及信号传递装置等组成。该装置把车轮侧滑量检测出来后，再传递给侧滑量指示装置。滑动板表面做成凸凹不平的花纹形状，以减少转向轮胎与滑动板之间可能产生的滑移。滑动板的下部装有滚轮装置和导向装置，两滑动板之间连接有曲柄机构、回位装置和锁止装置。在侧向力作用下，两滑动板只能在左右方向上做等量同向位移，在前后方向上不能发生位移。车轮驶离滑动板后，滑动板在回位弹簧的作用下回复到零点位置。由于侧滑试验台的规格不同，滑动板的尺寸长度有 500 mm、800 mm 和 1 000 mm 三种。按滑动板位移量传递给指示装置方式的不同，测量装置可分为机械式和电测式两种。机械式侧滑试验台不便于远距离传输，近年来已很少使用。电测式测量装置是把滑动板的位移量通过位移传感器变成电信号，再经过放大与处理而传输给指示装置的一种结构形式，其可借助于导线将测量结果长距离传输，或与控制单元接通，处理十分方便。

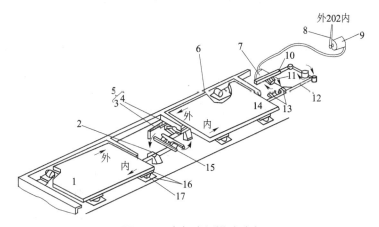

图 3-64　电气式侧滑试验台

1—左滑动板；2—导向滚轮；3—回位弹簧；4—摆臂；5—回位装置；6—框架；7—产生信号的自整角电动机；
8—指示机构；9—接收信号的自整角电动机；10—齿条；11—小齿轮；12—连杆；13—限位开关；
14—右滑动板；15—双销叉式曲柄；16—轨道；17—滚轮

2）侧滑量的定量指示装置。

指示装置有指针式和数字式两种。指针式指示装置如图 3-65 所示，数字式指示装置如图 3-66 所示。

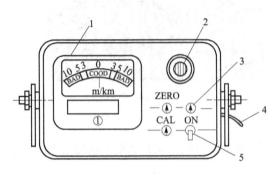
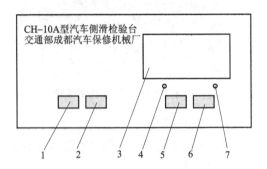

图 3-65　指针式指示装置

1—指针式表头；2—报警用蜂鸣器或信号灯；
3—电源指示灯；4—导线；5—电源开关

图 3-66　数字式指示装置

1—电源接通键；2—电源断开键；3—数码显示器；
4—电源指示灯；5—打印键；6—复位键；7—报警灯

3）侧滑量的定性显示装置。

在检测侧滑量时，为了便于快速显示检测结果是否合格，当侧滑量超过规定值时，侧滑量的定性显示装置即用蜂鸣器或信号灯或声、光信号同时发出定性报警，以引起检测人员的注意。

（2）滑板式侧滑试验台的工作原理。

转向轮定位值引起的侧滑，经分析，汽车转向轮的前束值与外倾角对侧滑的影响比较大。

1）转向轮前束引起的侧滑。

转向轮有了前束后，在滚动过程中力图向内收拢，由于转向桥不可能缩短，因此在实际滚动过程中不至于真正向内滚拢，但由此而形成的这种内向力成为加剧轮胎磨损的隐患。假设让两个只有前束而没有外倾的转向轮向前驶过滑动板，如图 3-67 所示，可以看到左、右转向轮下的滑动板在转向轮内向力的反作用力的推动下，出现图 3-67 中双点画线所示分别向外侧滑移的现象，其单边转向轮的外侧滑量 S_t 为：$S_t = \dfrac{L' - L}{2}$。一般滑板向外滑动的数值记为正，而向内滑动的数值记为负，所以车轮前束引起正侧滑。

2）转向轮外倾角引起的侧滑。

由于转向轮外倾角的存在，在滚动过程中车轮将力图向外张开，又因为转向桥不可能伸长，因此在实际滚动过程中不至于真正向外滚开，但由此而形成的这种外张力成为加剧轮胎磨损的隐患。假设让两个只有外倾而没有前束的转向轮向前驶过滑动板，如图 3-68 所示，可以看到左、右转向轮下的滑动板在转向轮外张力的反作用力的推动下，出现图 3-68 中双点画线所示分别向内侧滑移的现象，其单边转向轮的内侧滑量 S_c 为：$S_c = \dfrac{L' - L}{2}$。转向轮外倾引起滑板向内侧滑移，所以车轮外倾引起负侧滑。

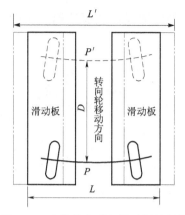
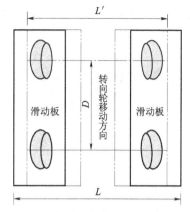

图 3-67　车轮前束引起滑动板的侧滑　　图 3-68　车轮外倾角引起滑板的侧滑

侧滑试验台就是应用上述滑板原理来检测出转向轮的侧滑量的。

2. 侧滑试验台的使用方法

侧滑试验台的型号、结构形式、允许轴重不同,其使用方法也有所区别。在使用前一定要认真阅读使用说明书,以掌握正确的使用方法。侧滑试验台的一般使用方法如下。

(1) 检测前的准备。

1) 试验台的准备。

① 检查侧滑试验台导线连接情况,打开电源开关,查看指针式仪表的指针是否在机械零点上,或查看数码管是否亮度正常并都在零位上,若发现故障应及时清除。

② 检查侧滑试验台上面及其周围的清洁情况,如有油污、泥土、砂石及水等应予清除。

③ 打开侧滑试验台的锁止装置,检查滑动板能否在外力作用下左右滑动自如,外力消失后能否回到原始位置且指示装置指在零点。

④ 检查报警装置在规定值时能否发出报警信号,并视需要进行调整或修理。

2) 被检汽车的准备。

① 轮胎气压应符合规定。

② 轮胎上粘有油污、泥土、水或花纹沟槽内嵌有石子时,应清理干净。

③ 轮胎花纹深度必须符合 GB 7258—2004《机动车运行安全技术条件》的规定。

(2) 检测步骤。

检测过程按照侧滑工位检验程序指示器的要求进行,如图 3-69～图 3-73 所示。

1) 拔掉滑动板的锁止销钉,接通电源。注意指示仪表的指针应指示"零"位置,如图 3-69 所示。

2) 侧滑检测,如图 3-70 所示。

3) 汽车以 3～5 km/h 的速度垂直侧滑板驶向侧滑试验台,使前轮平稳通过滑动板,注意此时严禁转动转向盘或制动,如图 3-71 所示。

4) 当前轮完全通过滑动板后,从指示装置上观察侧滑方向并读取检测结果,如图 3-72 所示;

5) 检测结束,驶出试验台,切断电源并锁止滑动板,如图 3-73 所示。

对于后轮有定位的汽车，也可按上述方法检测侧滑量，从而诊断后轴的定位值是否失准。

图 3-69　拔掉滑动板的锁止销钉

图 3-70　侧滑检测

图 3-71　以 3～5 km/h 的速度垂直驶向侧滑板

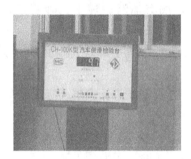

图 3-72　读取检测结果

图 3-73　侧滑检测完毕，驶出试验台

3. 检测标准及检测结果分析

（1）检测标准：国家标准 GB 7258—2004《机动车运行安全技术条件》和 GB 18565—2001《营运车辆综合性能要求和检验方法》规定，机动车转向轮的横向侧滑量，用侧滑仪检测时，其值不得超过 5 m/km。

（2）检测结果分析：汽车的前束和转向轮外倾角对侧滑量影响较大，因此侧滑量的调整主要是通过前束和外倾角的调整来实现的。若转向轮向外侧滑，且侧滑量超标，则表明转向轮前束过大或负外倾角过大，须调整，一般尽量先调整前束，若无法达到侧滑量调整的要求或前束调整量太大，则可判断是由于负外倾角的影响，须进一步用车轮定位仪检测，找出原因并排除。若转向轮向内侧滑，且侧滑量超标，则表明转向轮负前束或外倾角过大，也须调整。

（三）汽车悬架检测

悬架装置是汽车底盘的一个重要装置，通常由弹性元件、导向装置和减振器三部分组成。汽车悬架系统的故障将直接影响汽车的行驶平顺性、操纵稳定性和行驶安全性。检测汽车悬架的设备主要是汽车悬架装置检测台。

1. 汽车悬架装置检测台的形式及汽车悬架装置的评价方法

（1）汽车悬架装置检测台的形式与特点。

目前，悬架装置检测台主要采用谐振式。谐振式悬架装置检测台通过电动机、偏心轮、储能飞轮、弹簧等组成激振器，迫使汽车悬架装置产生振动，在开机数秒后断开电动机电源，使储能飞轮产生扫频激振。由于电动机的频率比车轮固有频率高，因此飞轮的扫频激振过程总可以扫到车轮固有频率处，从而使"台面—汽车"系统产生共振。此时测量引起振动的频率、振幅，输出振动波形曲线，便可以系统地处理和评价汽车悬架装置性能。由于谐振式悬架装置检测台性能稳定、数据可靠性好，故应用比较广泛。

（2）汽车悬架装置的评价方法。

悬架装置检测台利用检测车轮和道路接地力的原理来快速评价悬架装置的品质和性能。依靠汽车行驶中车轮作用在道路上的接地力的变化可评价汽车悬架装置的品质和性能。定义汽车车轮稳态时的载荷为车轮和道路的静态接地力。定义汽车车轮受外界激荡振动下，在检测台上的变化载荷为动态载荷。将动态载荷的最小值与静态载荷的比值作为评价汽车悬架装置的指标，其比值可分为四级：80%～100%表示很好；60%～79%表示好；40%～59%表示足够；0～39%表示弱、不够。

悬架装置检测台考查了汽车在工作条件最差的情况下，即地面激振使悬架达到共振时，车轮与地面的接触状态，这是一个比较直观的评价指标，既能够快速检测悬架性能，又能够评价汽车悬架装置弹簧与减振器的匹配和品质。

2. 汽车悬挂和转向系间隙检测

汽车悬挂和转向系间隙过大，可能引起汽车转向盘抖振、行驶跑偏、乘坐性不良、轮胎异常磨损和行驶噪声等故障，这些故障现象只有在汽车行驶中才会出现，汽车停止时检查费时费力，不易觉察。图 3-74 所示为汽车悬挂和转向系间隙检测仪，将汽车车轮置于检测平板上通过平板前、后、左、右等方向的强制移动，给车轮施加各个方向的作用力，模拟汽车在颠簸路面上运动时车轮的受力，就可充分暴露悬挂与转向系各零部件的技术状态和各连接处松紧程度，从而快捷、准确地判断故障部位。

3. 悬挂装置工作性能检测

汽车悬挂装置工作性能的检测方法有经验法、按压车体法和试验台检测法三种类型。

（1）经验法。

经验法是通过人工外观检视的方法，主要是从外部检查悬挂装置的弹簧是否有裂纹，弹簧和导向装置的连接螺栓是否松动，减振器是否漏油、缺油和损坏等项目。

（2）按压法。

按压车体法，既可以人工按压车体，也可以利用试验台的动力按压车体。当采用试验台动力按压车体时,试验台如图 3-75 所示。支架在固定于地面的导轨上移动。测量时,固定在支架上的测量装置随支架在导轨上移动,使汽车保险杠处于推杆下。接通电动机,凸轮旋转,压下推杆,车身被压低,压缩量与汽车实际行驶时静态和动态的载荷引起的压缩量之和相一致。压到最低点时推杆松开,同时车身回弹并做衰减振动。此时,光脉冲测量装置接通,得到相邻两个振动峰值,按指数衰减规律求得阻尼值,与厂家或有关标准对照,以此评价前(后)减振器的性能。这种方法检测过程还不够方便,另外,对同一轴左右悬挂装置不能独立评价,因而有可能导致一个良好性的悬挂装置掩盖了同轴另一个性能欠佳的悬挂装置。人工按压法也是使车体上下运动,观察悬挂装置减振器和各部件的工作情况,凭经验判断是否需要更换或修理减振器和其他部件。

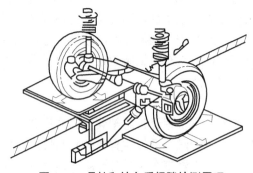

图 3-74 悬挂和转向系间隙检测原理

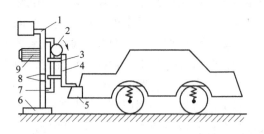

图 3-75 按压车体试验台

1—支架;2—凸轮;3—推杆;4,8—光脉冲测量装置;
5—汽车保险杠;6—水平导轨;7—垂直导轨;9—电动机

显然,上述两种方法主要是靠检查人员的经验,因此存在主观因素大、可靠性差、只能定性分析而不能定量分析等问题。

(3) 试验台检测法。

在 20 世纪 80 年代,国际上出现了能快速检测、诊断悬挂装置工作性能的悬挂装置检测台。根据激振方式不同,悬挂装置检测台可分为跌落式和谐振式两种类型,如图 3-76 和图 3-77 所示。其中,谐振式悬挂装置检测台根据检测参数的不同,又可分为测力式和测位移式两种类型。

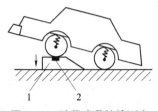

图 3-76 跌落式悬挂检测台

1—升起机构;2—测量装置

1) 跌落式悬挂装置检测台:在测试前,先通过举升装置将汽车升起一定高度,然后突然松开支撑机构,车辆落下产生自由振动,用测量装置测量车体振幅或用压力传感器测量车轮对台面的冲击压力,对振幅或压力波形分析处理后,评价汽车悬挂装置的工作性能。

2) 谐振式悬挂装置检测台:谐振式悬挂装置检测台由机械台架装置和电子电气控制系统两部分组成。谐振式悬挂装置检测台的机械台架装置由箱体和左右两套相同的振动系统构成,如图 3-77 所示。箱体及电动机、凸轮、激振弹簧等组成的振动系统都安装在地坑中,台面与地面平齐。悬架装置检测台的电子电气控制系统主要由计算机、传感器、A/D 多功能卡、电磁继电器、直流电源以及控制软件等组成。控制软件是悬架装置检测台电子电气部分与机械部分相联系的桥梁,其不仅能实现对检测台动作的控制,同时还能对检测台所采集的数据进行分析处理,并最终将检测结果显示、打印出来。

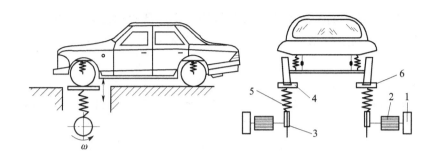

图 3-77　谐振式悬挂检测台

1—惯性飞轮；2—电动机；3—凸轮；4—台面；5—激振弹簧；6—测量传感器

检测悬架装置时，将汽车驶上台面，保证车轮中心与台面中心重合，放松制动。启动测试程序，悬架装置检测台自动控制电动机带动偏心机构，使整个"台面—汽车"系统振动。激振数秒钟后，当达到角频率为 ω 的稳定强迫振动后，自动断开电动机电源，此时与电动机紧固的储能飞轮以起始频率为 ω 的角频率进行扫频激振。由于停在台面上的车轮的固有频率处于 ω 和 0 之间，因此储能飞轮的扫频激振总能使"台面—汽车"系统产生共振。控制系统在自动断开电动机电源的同时，也启动采样测试装置，进行数据采集、处理、分析和评价。

悬架装置检测台的整个工作过程都是自动进行的，因此使用起来比较简单。检测完前轴悬架系统后，再进行下个车轴悬架系统的检测，所有车轴悬架系统检测结束后，即可得到最终的评价结果。

测力式悬挂装置检测台和测位移式悬挂装置检测台，一个是测振动衰减过程中的力，另一个是测振动衰减过程中的位移量，它们的结构简图如图 3-78 所示。由于谐振式悬挂装置检测台性能稳定、数据可靠，因此应用广泛。

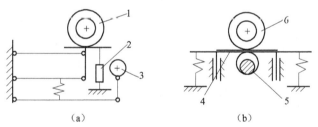

(a)　　　　　　　　　　(b)

图 3-78　测力式和测位移式悬挂装置检测台结构简图

(a) 测位移式；(b) 测力式

1，6—车轮；2—位移传感器；3—偏心轮；4—力传感器；5—偏心轴

4. 装置工作性能的诊断标准

GB 18565—2001《营运车辆综合性能要求和检验方法》中规定：对于最大设计车速 $\geqslant$ 100 km/h、轴载质量 $\leqslant$ 1 500 kg 的载客汽车，应用悬架检测台按规定的方法检测悬架特性，受检车辆的车轮在受外界激励振动下测得的吸收率，即被测汽车共振时的最小动态车轮垂直载荷与静态车轮垂直载荷的百分比值（又称车轮接地性指数），应不小于 40%，同轴左、右轮吸收率之差不得大于 15%。

汽车车轮和道路的接触状态可用车轮作用在地面上的接地力来表征。依靠汽车行驶中车轮作用在道路上接地力的变化可评价汽车悬挂装置的品质和性能。目前出现的悬挂减振器检测台基本上都是利用检测车轮和道路接地力的原理来快速评价悬挂装置的品质和性能的。

车轮接地性指数可以表征悬挂装置的工作性能。车轮接地性指数是汽车行驶中车轮与路面间最小法向作用力和其法向静载荷的比值，即代表了车轮与路面间的最小相对动载，用 A 表示，在 0～100%变化。车轮接地性指数表明了悬挂装置在汽车行驶中确保车轮与路面相接触的最小能力。车轮接地性指数是反映汽车行驶安全性的一个重要参数，它不但给出了悬架共振时，车轮接地性优劣的一个直接、可靠的解释，而且据此可以诊断悬架各部件的工作状态，并提供了悬架有缺陷时分析其原因的可能性。悬挂质量与悬架质量的比值对车轮接地性指数有重要的影响，比值越大，车轮接地性越好。悬挂质量与悬架质量比值特别小的微型轿车，应特别注意通过增加乘员和行李来提高车轮接地性指数，从而改善其行驶安全性。

汽车行驶中，所有车轮的接地性指数是不一样的，这是因为各轮悬挂装置工作性能不一样，各轮承受载荷不一、各轮气压不一等原因造成的。如果在检测台上，人为使各轮承受的载荷和轮胎气压一致，那么车轮接地性指数就主要决定于悬挂装置的工作性能。因此，完全可以用车轮接地性指数评价悬挂装置的工作性能。

悬挂装置检测台测得的车轮接地性指数与刚性台面（相对轮胎）的振幅有关。车轮接地性指数是刚性台面振幅的函数，因此，为获得一个好的测量结果，检测台台面的振幅最好保持不变。

欧洲减振器制造协会（EUSAMA）推荐的评价车轮接地性的参考标准如表 3-5 所示，可供我国检测悬挂装置工作性能时参考。

表 3-5　车轮接地性参考标准　　　　　　　　　　　　　　　　%

车轮接地性指数	车轮接地状态	车轮接地性指数	车轮接地状态
60～100	优	20～30	差
45～60	良	1～20	很差
30～45	一般	0	车轮与路面脱离

需要指出的是，表 3-5 中的车轮接地性指数是在悬挂装置检测台台面振幅为 6 mm 时测得的，这也是大部分悬挂装置检测台使用的激振振幅。表 3-5 中的参考标准适用于大多数汽车，但非常轻的小轿车和微型车除外。这是因为这一类汽车其中一个轴（一般为后轴）的两个车轮接地性指数非常低，而它们的悬挂装置是正常的。

汽车悬挂装置一直是采用平顺性的评价指标，它是以人体所能承受的加速度均方根评价的。这种评价方法不适宜在用车的快速检测分析评价上。另外，悬挂装置的性能也影响到操纵稳定性，直接影响到汽车的行驶安全。上述介绍的评价方法，不仅考虑了悬挂装置对汽车平顺性的影响，更主要的是考虑了对汽车操纵稳定性和行驶安全性的影响。它考查的是汽车在工作条件最差的情况下，即地面激振使悬挂达到共振时，车轮与地面的接触状态。这是一个比较直观的评价指标，既能够快速检测，又能够综合评价汽车悬挂装置的弹簧与减振器的匹配性能及品质。

5. 用检测台检测悬架特性的方法

（1）汽车轮胎规格、气压应符合规定值，车辆空载，不乘人。
（2）将车辆每轴车轮驶上悬架检测台，使轮胎位于台面的中央位置，驾驶员离车。
（3）启动检测台，激振器迫使汽车悬架产生振动，使振动频率增加至超过振荡的共振频率。
（4）在共振点过后，将激振源关断，振动频率减少，并将通过共振点。
（5）记录衰减振动曲线，纵坐标为动态轮荷，横坐标为时间，测量共振时动态轮荷。计算并显示动态轮荷与静态轮荷的百分比及其同轴左右轮百分比的差值。

二、任务实施

项目（一）用平板式检测台检测汽车的制动性能、侧滑性能及悬架性能

1. 项目说明

机动车无论审验行车证还是审验营运证，都要上线检测，其中制动性能、侧滑性能及悬架性能三个检测项目标准高、要求严，因此需要掌握三个项目的检测标准，能正确分析检测结果，并根据标准要求能对机动车进行调整、维修。清华欧林特平板检测台集三个检测项目于一身，学生必须掌握其正确使用方法及车辆检测操作要领。

2. 技术要求与标准

（1）两学员配合，能在 30 min 内完成此项目。
（2）技术标准见表 3-6。

表 3-6 技术标准

制动性能	见台试检测标准
侧滑性能	≤5 m/km
悬架性能	≥40%

3. 设备器材

（1）东风标致 408 轿车一辆。
（2）清华欧林特平板检测台一套。
（3）常用工具一套。
（4）防护用品一套。
（5）记录单一份。

4. 作业准备

（1）车辆准备 □ 任务完成
（2）设备准备 □ 任务完成
（3）工具准备 □ 任务完成
（4）防护用品准备 □ 任务完成

(5) 记录单准备。　　　　　　　　　　　　　　　　　　　　　□ 任务完成

5. 操作步骤

（1）安装方向盘套、座椅套、变速杆套、脚垫，如图 3-79 所示。

（2）按照测试台显示器上的要求进行操作，如图 3-80 所示。

图 3-79　安装防护用品　　　　　　　　　图 3-80　平板测试台显示器

（3）准备检测，如图 3-81 所示。

（4）车辆停于测试台正前方，准备驶入测试台，如图 3-82 所示。

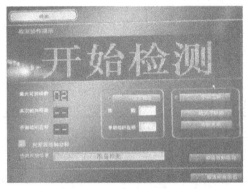 

图 3-81　准备检测　　　　　　　　　　图 3-82　车辆准备驶入测试台

（5）车辆以 5～10 km/h 的速度驶上测试台，至四个车轮都在测试板上，如图 3-83 所示。

图 3-83　车辆前进，至四个车轮都在测试板上

（6）踩急刹车，测制动力，如图 3-84 所示。
（7）松开刹车，称轴重，如图 3-85 所示。
（8）继续前进，测后轮侧滑量，如图 3-86 所示。
（9）测驻车制动力，如图 3-87 所示。
（10）当后轮至前测试板时，急拉手制动装置，如图 3-88 所示。

图 3-84　急刹车，测制动力

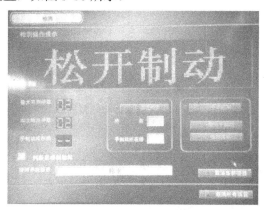

图 3-85　松开刹车，称轴重

图 3-86　测后轮侧滑量

图 3-87　测驻车制动力

图 3-88　急拉手制动装置

（11）松开手制动装置，驶出测试台，检测结束。
（12）查看、分析检测结果，如图 3-89～图 3-93 所示。

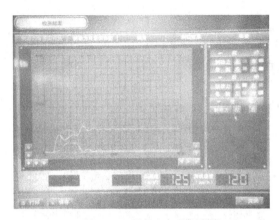

图 3-89 制动力与悬架曲线

图 3-90 制动力与悬架条形图

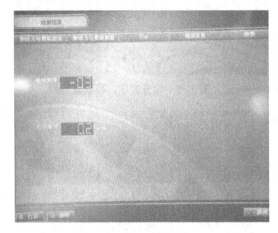

图 3-91 侧滑量

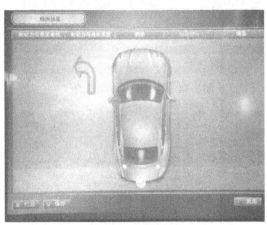

图 3-92 制动效果

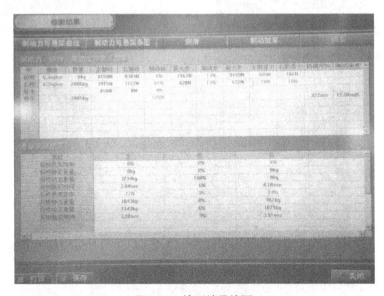

图 3-93 检测结果摘要

6. 记录与分析

制动、侧滑及悬架检测记录单见表 3-7。

表 3-7 制动、侧滑及悬架检测记录单

学生姓名		班级		学号			
项目	检测结果	项目	检测结果	项目	检测结果	项目	检测结果
左前轮制动力		右前轮制动力		前轴制动力/轴荷		制动力平衡	
左后轮制动力		右后轮制动力		后轴制动力/轴荷		制动力平衡	
左前轮阻滞力		右前轮阻滞力		阻滞力/轴荷		制动总力/整车质量	
左后轮阻滞力		右后轮阻滞力		阻滞力/轴荷		制动协调时间	
左后轮驻车力		右后轮驻车力		驻车力/整车质量		测试车速	
左前轮静态重量		右前轮动态重量		前轮接地性指数			
左后轮静态重量		右后轮动态重量		后轮接地性指数			
前轴轴重		后轴轴重		整车质量			

三、拓展学习

（一）GB 7258—2004《机动车运行安全技术条件》对汽车制动性能的要求

汽车制动系统的技术状况直接影响汽车行驶的安全性。GB 7258—2004《机动车运行安全技术条件》对汽车的制动性能提出了严格的要求，主要内容如下：

（1）机动车必须设置行车制动、应急制动和驻车制动装置，应能保证汽车行车制动、应急制动和驻车制动中的一个或两个系统操纵机构的任何部件失效时，仍具有应急制动功能。

（2）行车制动系统的制动踏板自由行程应符合该车的有关技术条件。

（3）行车制动在产生最大制动作用时的踏板力，对于座位数小于或等于 9 的载客汽车应不大于 500 N，对于其他车辆应不大于 700 N。驻车制动手操纵时，座位数小于或等于 9 的载客汽车应不大于 400 N，其他车辆应不大于 600 N。脚操纵时座位数小于或等于 9 的载客汽车应不大于 500 N，其他车辆应不大于 700 N。

（4）液压行车制动在达到规定的制动效能时，踏板行程不得超过踏板全行程的 3/4，制动器装有自动调整间隙装置车辆的踏板行程不得超过全行程的 4/5。驻车制动的操纵装置一般应在操纵装置全行程的 2/3 以内产生规定的制动效能，驻车制动机构装有自动调节装置时允许在全行程的 3/4 以内达到规定的制动效能。

（5）采用气压制动的机动车当气压升至 600 kPa 且不使用制动的情况下，停止空气压缩机 3 min 后，其气压的降低值应不大于 10 kPa。在气压为 600 kPa 的情况下，将制动踏板踩到底，待气压稳定后观察 3 min，单车气压降低值不得超过 20 kPa，列车气压降低值不得超过

30 kPa。

（6）采用液压制动的机动车在保持踏板力为 700 N 达到 1 min 时，踏板不得有缓慢向地板移动的现象。

（7）气压制动系统必须装有限压装置，确保储气筒内气压不超过允许的最高气压。

（8）采用气压制动系统的机动车，发动机在 75%的标定功率转速下，4 min（汽车列车为 6 min，城市铰接公共汽车和无轨电车为 8 min）内气压表的指示气压应从零开始升至起步气压（未标起步气压者，按 400 kPa 计）。

（9）汽车和无轨电车行车制动必须采用双管路或多管路，当部分管路失效时，剩余制动效能仍能保持原规定值的 30%以上。

（10）机动车在运行过程中，不应有自行制动现象。当挂车与牵引车意外脱离后，挂车应能自行制动，牵引车的制动仍然有效。

为了保证汽车具有良好的制动性能，制动系统一般应达到：

（1）制动性能良好，即制动距离、制动力、制动减速度和制动协调时间应符合要求。

（2）制动稳定性良好，即制动不跑偏、不侧滑。用制动距离检验制动性能时，要求车辆的任何部位不能超过规定的试车道宽度；在制动试验台上进行性能检验时，左右轮制动力差符合规定的标准。

（3）操纵轻便，即操纵制动系统的力不能过大，应符合标准规定。

（4）工作可靠，即制动系统的零部件必须十分可靠，并保证在遇到特殊情况时能够有足够的应急制动性能。

（二）汽车制动性能

1. 汽车制动性能

汽车的制动性能是指汽车行驶时能在短距离内停车且维持行驶方向稳定性和在下长坡时能维持一定车速的能力，以及保证汽车较长时间停放在斜坡上的能力。前者为汽车的行车制动性能，后者为汽车的驻车制动性能。

2. 汽车制动性能的评价指标

汽车制动性能主要从制动效能、制动效能的恒定性、制动时的方向稳定性三个方面来评价。

（1）制动效能。

制动效能是指汽车迅速减速以致停车的能力。GB 7258—2004《机动车运行安全技术条件》规定，用制动距离法、制动减速度法或制动力法三者之一，检验汽车制动效能。

（2）制动效能的恒定性。

制动效能的恒定性是指抵抗制动效能的热衰退和水衰退的能力，即汽车在高速行驶或下长坡以及涉水连续制动时制动效能的稳定程度。制动器自身温度升高后，制动力下降、制动减速度减小、制动距离增大，称为制动器的热衰退。汽车涉水后，制动器被水浸湿，制动效能降低，称为制动器的水衰退。

（3）制动时的方向稳定性。

制动时的方向稳定性是指制动过程中，汽车按照驾驶员给定方向行驶的能力，即维持直线行驶或按预定弯道行驶的能力，以不发生制动跑偏、侧滑以及失去转向能力的性能。

制动跑偏是指汽车制动时汽车偏驶，但后轮沿前轮的轨迹运动。

侧滑是指汽车制动时，汽车的某一轴或双轴发生横向移动，前后轮运动轨迹不重合；最危险的情况是后轴侧滑，汽车发生不规则的急剧回转运动而失去控制；严重时甩尾甚至调头。

失去转向能力是指汽车直线行驶制动时，转动方向盘，汽车仍按直线方向行驶或者汽车弯道行驶制动时，汽车不再按原来的弯道行驶而是沿弯道切线方向驶出的现象。

学习任务 4

底盘测功及车速表检测

工作情景描述

小李刚买了一辆二手车,准备跑出租。为了安全和经济性要求,现来到一家检测站,准备对该车辆的综合性能进行检测。按照检测线的检测流程,现来到底盘测功及车速表工位,由检测技师对车辆进行检测。

学习目标

通过本任务学习,应能:
1. 正确叙述汽车测功实验台检测的项目及要求;
2. 正确使用检测设备对车辆进行检测;
3. 严格按照操作规范进行操作;
4. 分析汽车车速表检测不合格的原因并能够进行检修。

学习时间

4学时。

学习引导

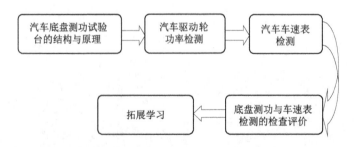

一、知识准备

汽车驱动轮输出功率的检测又称底盘测功,可在汽车底盘测功试验台上进行,其目的是评价汽车的动力性,同时通过对驱动轮输出功率与发动机输出功率进行对比,可求出传动效率,以评价汽车底盘传动系的技术状况。

(一)汽车底盘测功试验台的结构与原理

1. 汽车底盘测功试验台的基本功能

(1) 测试汽车驱动轮输出功率。
(2) 测试汽车的加速性能。
(3) 测试汽车的滑行能力和传动系统的传动效率。
(4) 检测校验车速表。
(5) 辅以油耗计、废气分析仪等设备,对汽车的燃油经济性和废气排放性能进行检测。

2. 底盘测功试验台的结构与工作原理

底盘测功试验台由滚筒装置、功率吸收装置(即加载装置)、测量装置、辅助装置四部分组成。图 4-1 所示为国产 DCG-10C 型汽车底盘测功试验台机械部分的结构示意图。该试验台适用于轴质量不大于 10 t、驱动车轮输出功率不大于 150 kW 车辆的检测。

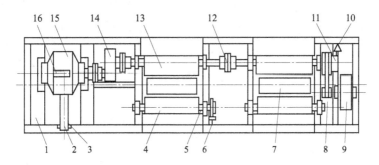

图 4-1 底盘测功试验台机械部分结构示意图

1—框架;2—测力杠杆;3—压力传感器;4—从动滚筒;5—轴承座;6—速度传感器;7—举升装置;
8—传动带轮;9—飞轮;10—电刷;11—离合器;12—联轴器;13—主动滚筒;14—变速器;
15—电涡流测功器;16—冷却水入口

(1) 滚筒装置。

滚筒相当于连续移动的路面,被检汽车的车轮在其上滚动,滚筒有单滚筒和双滚筒两种。双滚筒结构简单,安装使用方便,且成本较低,因而使用广泛,但检测精度稍低;而单滚筒因为直径较大,更接近于实际路面,所以检测精度较高,但因为体积较大,安装非常不方便,因此往往用于汽车制造厂、教学和科研机构。检测线上更多应用双滚筒。另外滚筒表面形状也不同,有光滚筒、滚花滚筒、带槽滚筒和带涂覆层滚筒多种形式。光滚筒目前应用最多,虽然附着系数较低,但车轮与光滚筒间的附着能力可以产生足够的牵引力。图 4-2 所示即为

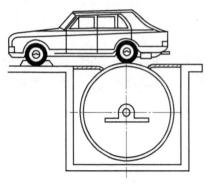

图 4-2 单转鼓试验台

单滚筒试验台。

（2）功率吸收装置（即加载装置）。

功率吸收装置用来模拟车辆在道路行驶时所受的各种阻力。常用的功率吸收装置有水力测功器、电力测功器和电涡流测功器，目前多采用电涡流测功器。

（3）测量装置。

测功器不能直接测出汽车驱动轮的输出功率，它需要测出旋转运动时的转速与扭矩，或直线运动时的速度与牵引力，再换算成其功率值，所以测功试验台必须配有测力装置与测速装置。测力装置有机械式、液压式和电测式三种形式，目前应用较多的是电测式。电测式测力装置通过测力传感器，将力变成电信号，经处理后送到指示装置显示出来。测速装置多为电测式，一般由速度传感器、中间处理装置和指示装置组成。速度传感器安装在从动滚筒一端，随滚筒一起转动，能把滚筒的转动变为电信号。测力传感器和速度传感器输出的电信号送入微机处理后，指示装置直接显示出驱动轮的输出功率。

（4）控制装置。

控制装置和指示装置往往制成一体，形成柜式结构。图 4-3 所示为国产 DCG-10C 型底盘测功试验台控制柜面板图，控制柜上的按键、显示窗、旋钮、功能灯、报警灯、指示灯等用来控制试验过程，显示或打印试验结果。

（二）汽车驱动轮功率检测

不同型式的底盘测功试验台，其使用方法不尽相同，以下介绍其一般操作方法。

1. 检测前的准备

（1）试验台的准备。

使用之前，按厂家规定的项目须对试验台进行检查、调整、润滑，在使用过程中，要注意仪表指针的回位、举升器工作导线的接触情况等。若发现故障，应及时清除，确保设备安全和检测精度要求。

（2）检测车辆的准备。

汽车开上试验台以前，应调整发动机供油系及点火系至最佳工作状态；检查、调整、紧固和润滑传动系；检查车轮的连接情况；清洁轮胎，检查轮胎气压是否符合规定；汽车必须运行至正常工作温度。

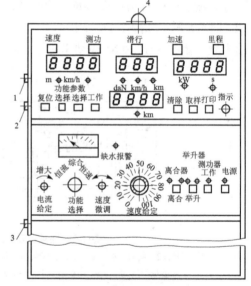

图 4-3 控制柜面板图

1—取样盒插座；2—打印机数据线插座；
3—打印机电源线插座；4—报警灯

2. 检测方法

测功试验时,应选择几个有代表性的工况测试汽车驱动轮的输出功率或驱动力,即选择几个有代表性的检测点;如发动机额定功率所对应的车速(或转速);发动机最大转矩所对应的车速(或转速);汽车常用车速或经济车速;根据交通管理部门的要求选择的检测点。具体检测方法如下。

(1)接通试验台电源,并根据被检车辆驱动轮输出功率的大小,将功率指示表的转换开关置于低挡或高挡位置。

(2)升起举升器的托板。

(3)将被检汽车的驱动轮尽可能与滚筒成垂直状态停放于试验台滚筒间的举升器托板上,操纵手柄,降下举升器托板,直到轮胎与举升器托板完全脱离为止。

(4)用三脚架抵住滚筒之外的一对车轮,以防止汽车在检测时从试验台滑出去,将冷却风扇置于被检汽车正前方,并接通电源。

(5)检测发动机额定功率和最大转矩转速下的输出功率或驱动力时,应将变速器挂入选定挡位,松开驻车制动,踩下加速踏板,同时调节测功器制动力矩对滚筒加载,使发动机在节气门全开情况下以额定转速运转。待发动机转速稳定后,读取并打印输出功率(或驱动力)值、车速值。在节气门全开情况下继续对滚筒加载,至发动机转速降至最大转矩转速且稳定运转时,读取并打印驱动力(或输出功率)值和车速值。如需测出驱动车轮在变速器不同挡位下的输出功率或驱动力,则需依次挂入每一挡按上述方法进行检测。当发动机发出额定功率时挂直接挡,可测得驱动车轮的额定输出功率;当发动机发出最大转矩时挂一挡,可测得驱动车轮的最大驱动力。

发动机全负荷选定车速下输出功率或驱动力的检测,是在踩下加速踏板的同时通过调节测功器制动力矩对滚筒加载,使发动机在节气门全开情况下以选定的车速稳定运转进行的。发动机部分负荷选定车速下输出功率或驱动力的检测与此相同,只不过发动机是在选定的部分负荷下工作的。

当使用DCG-10C型汽车底盘测功试验台测功时,将"速度给定"旋钮(见图4-3)置于选定的速度刻线上,"功能选择"旋钮置于"恒速"上,在逐渐增大节气门到所需位置的同时,控制装置能自动调控激磁电流,使汽车在选定的车速下恒速测功。如果手动调控激磁电流,则须将"功能选择"旋钮置于"恒流"上,然后手动旋转"电流给定"旋钮即可增大或减小激磁电流,并在旋钮给定位置上供给恒定的激磁电流。

(6)全部检测结束,待驱动轮停止转动后,移开风扇,去掉车轮前的三脚架,举起举升器的托板,将被检汽车驶离试验台,整理清洁实验台及周围场地。

3. 注意事项

(1)超过试验台允许轴重或轮重的车辆一律不准上试验台进行检测。

(2)检测过程中切勿拨弄举升器托板操纵手柄,车前方严禁站人,以确保检测安全。

(3)检测额定功率和最大扭矩相应转速工况下的输出功率时,一定要开启冷却风扇并密切注意各种异响和发动机的冷却水温度。

(4)走合期间的新车及大修车不宜进行底盘测功。

(5)试验台不用期间,不准在上面停放车辆。

（三）汽车车速表检测

汽车行驶速度对交通安全有很大影响，俗话说"十事九快"即是这个道理。尤其是在限速路段，驾驶员必须按照车速表的指示值，准确地控制车速，为此，要求车速表本身一定要准确可靠。为确保车速表的指示精度，必须适时对车速表进行检测、校正。

1. 车速表误差的测量原理

车速表误差的测量可采用滚筒式车速表试验台进行。测量时由被测车轮驱动滚筒旋转或由滚筒驱动车轮旋转，滚筒端部装有速度传感器（测速发电机），测速发电机的转速随滚筒转速的增高而增加，而滚筒的转速与车速成正比，因此测速发电机发出的电压也与车速成正比。

因车轮的线速度与滚筒的线速度相等，故车速表试验台上的速度指示仪表显示值即为汽车的实际车速值，又称为试验台指示值。

车轮在滚筒上转动的同时，汽车驾驶室内的车速表也在显示车速值，称为车速表指示值。将试验台指示值与车速表指示值相比较，即可得出车速表的指示误差：

$$车速表指示误差 = \frac{车速表指示值 - 试验台指示值}{试验台指示值} \times 100\%$$

2. 车速表试验台的类型结构

车速表试验台有三种类型：无驱动装置的标准型，它依靠被测车轮带动滚筒旋转；有驱动装置的驱动型，它由电动机驱动滚筒旋转；把车速表试验台与制动试验台或底盘测功试验台组合在一起的综合型。

（1）标准型车速表试验台。

该试验台由速度测量装置、速度指示装置和速度报警装置等组成，如图4-4所示。

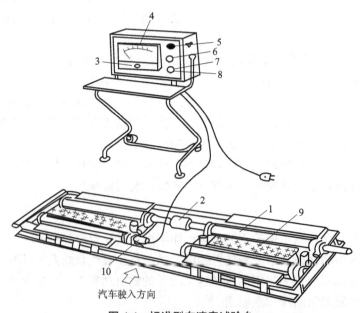

图 4-4 标准型车速表试验台

1—滚筒；2—联轴器；3—零点校正螺钉；4—速度指示仪表；5—蜂鸣器；6—报警灯；
7—电源灯；8—电源开关；9—举升器；10—速度传感器

1) 速度测量装置。

其主要由框架、滚筒装置、速度传感器和举升器等组成。滚筒一般为4个，通过滚筒轴承安装在框架上。在前、后滚筒之间设有举升器，以便汽车进出试验台，举升器与滚筒制动装置联动，举升器升起时，滚筒不会转动。速度传感器一般采用测速发电机式、差动变压器式、磁电式和光电式等多种，安装在滚筒的一端，将对应于滚筒转速发出的电信号送至速度指示装置。

2) 速度指示装置。

速度指示装置是根据速度传感器发出的电信号大小来工作的。其能把以滚筒圆周长与滚筒转速算出的线速度通过"km/h"为单位在速度指示仪表上显示车速。

3) 速度报警装置。

速度报警装置是为在测量时便于判明车速表误差是否在合格范围之内而设置的。

(2) 驱动型车速表试验台。

车速表的转速信号多数取自变速器或分动器的输出端，但对于后置发动机的汽车，若车速表软轴过长，则会出现传动精度和寿命方面的问题，因此转速信号取自前轮。驱动型车速表试验台就是为适应后置发动机汽车的试验而制造的，其结构如图4-5所示。这种试验台在滚筒的一端装有电动机，由它来驱动滚筒旋转。此外，这种试验台在滚筒与电动机之间还装有离合器，试验时若将离合器分离，又可将其作为标准型试验台使用。

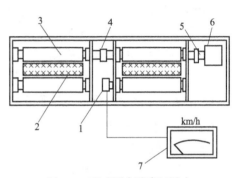

图4-5 驱动型车速表试验台
1—测速发电机；2—举升器；3—滚筒；4—联轴器；
5—离合器；6—电动机；7—速度指示仪表

3. 车速表的检测方法

车速表的检测方法应根据使用说明书进行操作。车速表试验台通用的检测方法如下。

(1) 车速表试验台的准备。

1) 在滚筒处于静止状态检查指示仪表是否在零点上，否则应调零。

2) 检查滚筒上是否沾有油、水、泥、砂等杂物，若有则应清除干净。

3) 检查举升器升降是否自如，若动作阻滞或有漏气部位，则应予以修理。

4) 检查导线连接情况，若有接触不良或断路，则应予以修理或更换。

(2) 被测车辆的准备。

1) 气压在标准值。

2) 清除轮胎上的水、油、泥及石子。

(3) 检测方法。

1) 接通试验台电源。

2) 升起滚筒间的举升器，将被检车辆开上试验台，使输出车速信号的车轮尽可能与滚筒成垂直状态地停放在试验台上。

3) 降下滚筒间的举升器，确保轮胎与举升器托板完全脱离。

4）用挡块抵住滚筒之外的一对车轮，防止汽车在测试时滑出试验台。

5）使用标准型试验台时应做如下操作：

① 待汽车的驱动轮在滚筒上稳定后，挂入最高挡，松开驻车制动器，踩下加速踏板使驱动轮带动滚筒平稳加速运转。

② 当汽车车速表的指示值达到规定检测车速（40 km/h）时，读出试验台速度指示仪表的指示值；或当试验台速度指示仪表的指示值达到检测车速时，读取车速表的指示值。

6）使用驱动型试验台时应做如下操作：

① 接合试验台离合器，使滚筒与电动机连在一起。

② 变速器挂入空挡，松开驻车制动器，起动电动机，使电动机驱动滚筒旋转。

③ 当汽车车速表的指示值达到检测车速时，读取试验台速度指示仪表的指示值；或当试验台速度指示仪表达到检测车速时，读取汽车车速表的指示值。

7）测试结束后，轻轻踩下汽车制动踏板，使滚筒停止转动。对于驱动型试验台，必须先断开电动机电源，再踩制动踏板。

8）升起举升器，去掉挡块，汽车驶离试验台。

4. 车速表诊断参数标准及结果分析

（1）车速表检测标准。

国家强制性标准 GB 7258—2004《机动车运行安全技术条件》中规定：车速表允许误差为-5%～+20%，即当实际车速为 40 km/h 时，汽车车速表指示值应为 38～48 km/h。超出上述范围，车速表的指示为不合格。

（2）检测结果分析。

车速表出现误差的主要原因是由于长期使用过程中车速表本身出现了故障、损坏及轮胎磨损。对于产生磨损的应予更换。磁力式车速表的磁铁磁力退化，也会引起指针指示值失准，应更换磁铁进行修复。汽车轮胎在使用过程中由于磨损，其半径逐渐减小。在变速器输出轴转速不变的条件下，汽车行驶速度因轮胎半径的变化而变化，而车速表的软轴是与变速器输出轴相连的，因此车速表指示值与实际车速形成误差。为消除车速表机件磨损和轮胎磨损形成的指示误差，应借助于车速表试验台适时地对车速表进行检验。

二、任务实施

项目（一）汽车底盘输出功率检测

1. 项目说明

汽车是一种高效率的运输工具，其运输效率的高低主要取决于汽车的动力性，汽车动力性常用的检测方法是室内检测，而这需要借助专用检测仪器——汽车底盘测功实验台来完成。因此掌握底盘测功实验台的使用方法及注意事项非常重要。

2. 技术要求与标准

（1）两个学员互相配合，能在 20 min 内完成此项目。

（2）技术标准参考 GB/T 18276—2000《汽车动力性台架试验方法和评价指标》。

3. 设备器材

（1）上海大众捷达牌轿车一辆。

（2）佛山分析仪有限公司的 FCDM-100 底盘测功机及相关设备一套。

4. 作业准备

（1）仪器准备　　　　　　　　　　　　　　　　□ 任务完成

（2）车辆准备　　　　　　　　　　　　　　　　□ 任务完成

（3）记录单准备　　　　　　　　　　　　　　　□ 任务完成

5. 操作步骤

（1）准备好仪器、车辆，按检测线提示牌的提示准备上线检测，如图 4-6 和图 4-7 所示。

图 4-6　底盘测功提示牌

图 4-7　底盘测功试验台

（2）车辆开上试验台，并进行安全防护，如图 4-8 和图 4-9 所示。

图 4-8　驱动轮停在试验台的滚筒间

图 4-9　安全防护

（3）提醒驾驶员按照屏幕提示进行操作，底盘输出功率检测完后，按提示牌指示进入下一项检测。

6. 记录与分析（见表 4-1）

表 4-1　记录与分析

基本信息	班级		姓名		检测日期	
	车型		设备名称		检测项目	汽车底盘输出功率检测
检测记录与分析	故障情境描述：					
	作业准备：					
	检测注意事项：					
	检测过程记录：					

项目（二）车速表检测

1. 项目说明

车速表用于指示汽车的瞬时车速，驾驶员根据车速表的指示进行行驶。若车速表误差过大，则失去参考作用，有时甚至给驾驶员带来错误判断（实际车速高于车速表的指示车速），严重时将会带来重大交通事故。因此，为确保驾驶安全，车辆应定期进行车速表检验、矫正或更换。

2. 技术要求与标准

（1）两个学员能在 20 min 内完成此项目。

（2）技术标准。

国家强制性标准 GB 7258—2004《机动车运行安全技术条件》中规定：车速表允许误差为 $-5\%\sim+20\%$。

3. 设备器材

（1）被检车辆别克凯越轿车一辆。

（2）佛山分析仪有限公司的 FCDM-100 底盘测功机及相关设备一套。

4. 作业准备

（1）试验台准备　　　　　　　　　　　　　　　　□ 任务完成

（2）检测车辆准备　　　　　　　　　　　　　　　□ 任务完成

（3）记录单准备　　　　　　　　　　　　　　　　□ 任务完成

5. 操作步骤

（1）仪器、车辆按照检测要求准备好后，将车辆开上检测试验台，如图 4-10 和图 4-11 所示。

图 4-10　车辆开上试验台

图 4-11　驱动轮停放在滚筒的中间位置

（2）降下举升器，待汽车的驱动轮在滚筒上稳定后，挂入最高挡，松开驻车制动器，踩下加速踏板使驱动轮带动滚筒平稳地加速运转，如图 4-12 所示。

（3）观察车速表指示值，当车速表显示 40 km/h 时，如图 4-13 所示，读出试验台速度指示仪表的指示值。

图 4-12　驱动轮带动滚筒旋转

图 4-13　观察车速表指示

（4）按照上述步骤反复检测几次，确保数据准确。检测结束后，缓慢踩制动踏板使滚筒停转，如图 4-14 所示。

（5）操纵实验台，升起举升器，将车辆开出检测试验台，如图 4-15 所示，检测结束。

（6）按检测线提示牌指示，进行下一项检测，如图 4-16 所示。

图 4-14　缓慢踩制动踏板使滚筒停转

图 4-15　升起举升器，车辆驶出试验台

图 4-16　车辆检测完毕，驶离车速表试验台

6. 记录与分析（见表 4-2）

表 4-2　记录与分析

基本信息	班级		姓名		检测日期	
	车型		设备名称		检测项目	车速表检测
检测记录与分析	故障情境描述：					
	作业准备：					

续表

基本信息	班级		姓名		检测日期	
	车型		设备名称		检测项目	车速表检测
检测记录与分析	检测注意事项：					
	检测过程记录：					

三、拓展学习

道路试验检测汽车动力性

前面介绍了汽车的动力性能是汽车最基本、最重要的使用性能之一。汽车动力性的评价指标主要有汽车的最高车速、加速时间、最大爬坡能力。另外除了可以用底盘测功机对汽车的动力性进行室内台架检测外，还可以通过道路试验进行测定。下面介绍一下汽车动力性的道路检测内容和方法。

（一）试验条件

国家标准 GB/T 12534—1990《汽车道路试验方法通则》中规定了汽车道路试验中通用的试验条件及对检测车辆的要求。

1. 装载质量

试验车辆的装载质量为厂定最大装载质量。

2. 轮胎压力

试验过程中，轮胎冷充气压力应符合该车型技术条件的规定，误差不超过±10 kPa。

3. 燃料、润滑油（脂）和制动液

试验汽车使用的燃料、润滑油（脂）与制动液的牌号和规格，应符合该车技术条件或其试验项目标准的规定。除可靠性行驶试验、耐久性道路试验以及使用试验外，同一次试验的各项性能测定必须使用同一批燃料、润滑油（脂）和制动液。

4. 气象条件

除对气象有特殊要求的试验项目外，试验应在无雨、无雾、相对湿度小于95%、气温0℃～40℃、风速不大于3 m/s的天气条件下进行。

5. 试验仪器、设备

试验仪器、设备须经计量检定，在有效期内使用，并需在使用前进行调整，确保功能正常、符合试验项目的精度要求。

当使用汽车上安装的速度表、里程表测定车速和里程时，应按国家标准进行误差校正。

6. 试验道路

除对道路有特殊要求的试验项目外，试验道路应为沥青或混凝土铺装的清洁、干燥、平坦的直线道路，道路长2～3 km，宽不小于8 m，纵向坡度在0.1%以内。

7. 试验车辆的准备工作

试验前，应记录试验车辆的生产厂家、牌号、型号、发动机号、底盘号、各主要总成号和出厂日期等。

检查车辆装备完整性及装配调整情况，使之符合该车装配调整技术条件及国家标准的有关规定，并经行驶里程不大于100 km的行驶检查，方可进行道路试验。

试验前，根据试验要求，应对车辆进行磨合，除另有规定外，磨合规范需按该车使用说明书的规定进行。试验时试验车辆必须进行预热行驶，使发动机、传动系及其他部分预热到规定的温度状态。

（二）道路试验

1. 最高车速检测

最高车速是指汽车满载、无风情况下在水平良好的路面（混凝土或沥青）上能达到的最大行驶速度 v_{max}。

在符合试验条件的道路上，选择中间 200 m 作为测量路段，并用标杆做好标志。测量路段两端为试验加速区间。根据试验汽车加速性能的优劣选定充足的加速区间，使汽车在驶入测量路段前能够达到最高的稳定车速。试验汽车在加速区间以最佳的加速状态行驶，在到达测量路段前保持变速器及分动器在汽车设计最高车速的相应挡位，油门全开，使汽车以最高的稳定车速通过测量路段。测试往返各进行一次，取其平均值。

2. 加速性能的测定

汽车的加速能力对平均行驶车速有很大影响，加速度大小反映了车辆动力特性的好坏。一般都是用汽车在某一条件下加速到某一距离或某一车速的时间表示，常用原地起步加速时间和超车加速时间这两项指标来表明汽车的加速能力。

原地起步加速时间是指汽车由 1 挡或 2 挡起步并以最大的加速度（包括选择适当的换挡时机）逐步换至高挡后到达某一预定的距离或车速所需的时间，采用起步连续换挡加速试验来测定。小型乘用车通常用从 0 km/h 加速到 100 km/h 所需时间表示，国外一般用 0~400 m、0~500 m 或 0~1 000 m 的原地起步加速时间来比较加速能力。

超车加速时间是指用最高挡或次高挡，由某一中等车速全力加速至某一高速所需的时间。因为超车时汽车与被超车辆并行，容易发生安全事故，所以超车加速能力越强、并行行程越短，行驶就越安全。超车加速能力还没有统一的规定，采用较多的是用最高挡或次高挡由预定车速全力加速至某一高速所需的时间。

试验分最高挡和次高挡加速性能试验以及起步连续换挡加速性能试验两种进行。装有自动变速器的汽车只进行原地起步加速试验。若自动变速器有两挡，则分别进行两次试验。

在进行最高挡和次高挡加速性能试验时，首先应选取合适长度的加速性能试验路段，在两端各放置标杆作为记号。汽车在变速器预定挡位，以预定的车速（从稍高于该挡最低稳定车速起，选 5 的整数倍如 20、25、30、35、40 km/h）做等速行驶，用第五轮仪监视初速度，当车速稳定后（偏差±1 km/h），驶入试验路段，迅速将油门踏板踩到底，使汽车加速行驶至该挡最大车速的 80%以上，对于轿车应达到 100 km/h 以上。用第五轮仪记录汽车的初速度和加速行驶的全过程，试验往返各进行一次，往返加速试验的路段应重合。

试验仪器主要有第五轮仪和发动机转速表，试验前应根据仪器使用说明书对仪器进行标定。

3. 爬坡能力测定

汽车的爬坡能力是指汽车满载，在良好的路面上用一挡行驶时所能克服的最大坡度，通常用 i_{max} 表示。其分为陡坡试验和长坡试验两种。

（1）陡坡试验。爬陡坡试验一般在专门设置的坡道上进行，如图 4-17 所示。坡道长度应大于汽车长度的 2~3 倍。车辆用最低挡开始爬坡，其所能克服的最大坡度值即为最大爬坡能力。轿车的最大爬坡度一般在 20%以上，货车爬坡度在 20%~30%，如图 4-18 所示，越野车爬坡能力是重要指标，一般最大爬坡度不小于 60%。而液力传动车辆的最大爬坡度可达很大值，但车速极低，因此一般以克服一定坡度时的车速来评价其爬坡性能。

图 4-17　专门设置的坡道

图 4-18　30%的坡度

试验时的坡道坡度应接近于试验车的最大爬坡度。坡道长不小于 25 m，坡前应有 8～10 m 的平直路段，如图 4-19 所示。检测时试验车先停于平直路段上，起步后将油门全开进行爬坡，测量并记录汽车通过测速路段的时间及发动机的转速，爬坡过程中监视各仪表的工作情况；爬至坡顶后，停车检查各部位有无异常现象发生，如图 4-20 所示，并做详细记录。如第一次爬不上，可进行第二次，但不超过两次。爬不上坡时，测量停车点（后轮触地中心）到坡底的距离，并记录爬不上的原因。若没有规定坡度的坡道，则可通过增减装载质量或采用变速器较高一挡（如二挡）进行试验。若试验车为越野车，则变速器须使用最低挡，分动器亦置于最低挡，全轮驱动，停于接近坡道的平直路段上，起步后将油门全开进行爬坡。当试验车处于坡道上时停住车辆，变速器放入空挡，发动机熄火 2 min 后再起步爬坡，测量并记录通过测速路段的时间及发动机转速。爬坡过程中监视各仪表的工作状况，爬至坡顶后，检查各部位有无异常现象，并做详细记录。

图 4-19　坡前 8～10 m 平直路段

图 4-20　爬至坡顶后停车检查

试验常用仪器有坡度仪、发动机转速表、秒表和钢卷尺（50 m）等。

（2）长坡试验。爬长坡试验的目的是综合测验汽车的动力性和燃油经济性，并对发动机冷却系和传动系等在低转速、大转矩工作条件下的性能加以考验，也可通过测定挡位利用率，对传动系速比的合理设置进行分析比较。

爬长坡试验在最大纵向坡度为 7%～10%、长 10 km 以上的连续长坡上进行，一般要求上坡路段应占坡道 90% 以上。试验时应根据道路情况和汽车的动力状况，以合适的变速器挡位爬坡，在保证安全和交通法规允许的前提下，尽可能以较高车速行驶。注意观察发动机水温及底盘零部件工作状态，当有"开锅"等异常情况时应立即停止试验。记录从起点到终点行驶过程各挡位使用的次数、时间、行驶里程、燃油消耗量，计算出各挡位时间（或里程）利用率和汽车行驶平均车速及百公里油耗。

（三）主要仪器设备

1. 第五轮仪

现常用的五轮仪是电子式第五轮仪，其核心元件是安装在第五轮轮轴上的脉冲信号发生器，有磁电式和光电式两种。

2. 非接触式车速仪

第五轮仪因其结构上的限制不适用于 180 km/h 以上的高速测试,有时也会因打滑或轮胎气压等原因而降低测试精度。

非接触式车速仪如图 4-21 所示,是第五轮仪换代产品,测试范围可达 1.5~250 km/h。车速仪在安装时,受光器的端面距离地面一般为 500 mm±100 mm,并垂直于地面,其侧面的白色记号应与车辆前进方向严格保持一致。

图 4-21　车速仪在试验车上的安装

学习任务 5

灯光、尾气及喇叭检测

 工作情景描述

王先生有一款东风标致307轿车,年审需上线检测,经核实车辆信息后,车辆来到灯光、尾气及喇叭检测工位,利用检测线灯光自动追踪检测仪对其进行灯光光照强度、光轴偏斜量的检测;利用尾气分析仪对其排放尾气进行检测;利用喇叭声级计进行喇叭噪声检测。

 学习目标

通过本任务学习,应能:
1. 描述汽车前照灯、尾气及喇叭检测的任务;
2. 知道汽车前照灯、尾气及喇叭检测参数、检测方法并能使用检测仪器;
3. 根据汽车前照灯、尾气及喇叭检测的规范完成该工位检测的作业;
4. 了解和掌握国家标准对汽车前照灯、尾气及喇叭检测的有关规定;
5. 分析汽车前照灯、尾气及喇叭检测不合格的原因并能够进行调整;
6. 按照安全操作规范进行操作。

 学习时间

4学时。

 学习引导

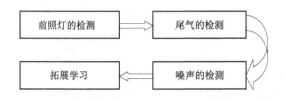

一、知识准备

（一）前照灯的检测

汽车前照灯检测是汽车安全性能检测的重要项目之一。前照灯检测的主要参数是发光强度和光束照射位置。当发光强度不足或光束照射位置偏斜时，会造成驾驶员夜间行车视线不清或使迎面来车的驾驶员炫目，将极大地影响行车安全。因此，应定期对前照灯的发光强度和光束照射位置进行检测、校正。前照灯的技术状况可用屏幕法和前照灯校正仪检测。

1. 前照灯光束照射位置标准及屏幕检测法

（1）前照灯光束照射位置的检验标准。

1）根据 GB 7258—2004《机动车运行安全技术条件》的规定，汽车前照灯的检验指标为光束照射位置的偏移值和发光强度（cd）。前照灯光束照射位置应符合以下要求：机动车（运输用拖拉机除外）在检验前照灯的近光光束照射位置时，前照灯在距离屏幕 10 m 处，光束明暗截止线转角或中点的高度应为 $0.6H\sim0.8H$（H 为前照灯基准中心高度），其水平方向位置向左向右偏移均不得超过 100 mm。

2）四灯制前照灯其远光单光束灯的调整，在屏幕上光束中心离地高度为 $0.85H\sim0.90H$，水平位置左灯向左偏移不得大于 100 mm，向右偏移不得大于 170 mm；右灯向左或向右偏移均不得大于 170 mm。

3）机动车装用远光和近光双光束灯时以调整近光光束为主。对于只能调整远光单光束的灯，调整远光单光束。

（2）屏幕法检测前照灯光束照射位置。

1）检测的准备。

GB 7258—2004《机动车运行安全技术条件》规定，用屏幕法检测前照灯光束照射位置时，检查用场地应平整，屏幕与场地应平直，被检验的车辆应在空载、轮胎气压正常、乘坐 1 名驾驶员的条件下进行。将车辆停置于屏幕前，并与屏幕垂直，使前照灯基准中心距屏幕 10 m，在屏幕上确定与前照灯基准中心离地面距离 H 等高的水平基准线及以车辆纵向中心平面在屏幕上的投影线为基准确定的左右前照灯基准中心位置线。分别测量左右远近光束的水平或垂直照射方位的偏移值，如图 5-1 所示。

屏幕上画有三条垂直线和三条水平线。中间垂直线 V–V 与被检车辆的纵向中心垂直面对齐；两侧的垂直线 V_L–V_L 和 V_R–V_R 分别为被检车辆左右前照灯基准中心的垂直线。水平线中的 h–h 线与被检车辆前照灯的基准中心等高，距地面高度为 H；H 为被检车辆前照灯基准中心距地面的高度，其值视被检车型而定。中间水平线与被检车辆前照灯远光光束的中心等高，距地面高度为 H_1，$H_1=0.85H\sim0.90H$。下侧水平线与被检车辆前照灯近光光束的中心等高，距地面高度为 H_2，$H_2=0.60H\sim0.80H$。

2）检测方法。

检测时，先遮盖住一边的前照灯，然后打开前照灯的近光开关，未被遮盖的前照灯的近光明暗截止线转角或光束中心应落在图 5-1 中下边水平线与 V_L–V_L 或 V_R–V_R 线的交点位置上，否则为光束照射位置偏斜。其偏斜方向和偏斜量可在屏幕上直接测量。用同样方法检测另一边前照灯近光光束照射位置。

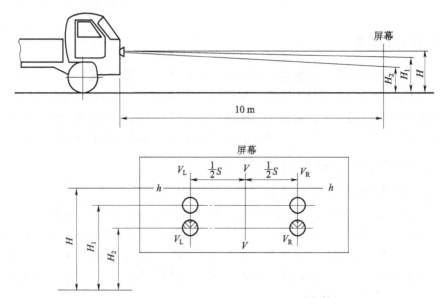

图 5-1 屏幕法检测前照灯光束照射位置

根据检测标准,检测调整前照灯光束的照射位置时,对远、近双光束灯应以检测调整近光光束为主。对于远光单光束前照灯,则要检测远光光束的照射位置。其光束中心应落在中间水平线与 V_L-V_L 或 V_R-V_R 线的交点位置上。

用屏幕法检测前照灯简单易行,但只能检测出光束的照射位置,不能检测发光强度。为适应不同车型的检测,需经常更换屏幕,检测效率低,同时需要占用较大场地。因此目前广泛采用前照灯校正仪对汽车前照灯进行检测。

2. 前照灯发光强度标准及仪器检测方法

(1) 前照灯发光强度的检验标准。

GB 7258—2004《机动车运行安全技术条件》规定,机动车每只前照灯的远光光束发光强度应达到表 5-1 的要求。测试时,其电源系统应处于充电状态。

表 5-1 前照灯远光光束发光强度要求   cd

检查项目车辆类型	新注册车		在用车	
	两灯制	四灯制①	两灯制	四灯制①
汽车、无轨电车	15 000	12 000	12 000	10 000
四轮农用运输车	10 000	8 000	8 000	6 000

① 采用四灯制的机动车,其中两只对称的灯达到两灯制的要求时视为合格。

(2) 前照灯校正仪检测发光强度和光轴偏斜量。

前照灯校正仪是按一定测量距离放在被检车辆的对面,用来检测前照灯发光强度与光轴偏斜量的专用设备。光轴偏斜量表示光束照射位置。

1）前照灯校正仪的检测原理。

前照灯校正仪的类型很多，但基本检测原理类似，一般均采用能把吸收的光能变成电流的光电池作为传感器，按照前照灯主光束照射光电池产生电流的大小和比例，来测量前照灯发光强度和光轴偏斜量。

① 发光强度的检测原理。

测量前照灯发光强度的电路由光度计、可变电阻和光电池等组成，如图 5-2 所示。按规定的距离使前照灯照射光电池，光电池便按受光强度的大小产生相应的光电流使光度计指针摆动，指示出前照灯的发光强度。

② 光轴偏斜量的检测原理。

测量前照灯光轴偏斜量的电路如图 5-3 所示，由两对光电池组成，左右一对光电池 $S_{左}$、$S_{右}$ 上接有左右偏斜指示计，用于检测光束中心的左右偏斜量；上下一对光电池 $S_{上}$、$S_{下}$ 上接有上下偏斜指示计，用于检测光束中心的上下偏斜量。当光电池受到前照灯光束照射时，如果光束照射方向偏斜，将使光电池的受光面不一致，因而产生的电流大小也不一致。光电池产生的电流差值分别使上下偏斜指示计及左右偏斜指示计的指针摆动，从而检测出光轴的偏斜方向和偏斜量。

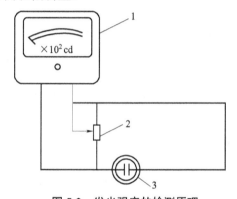

图 5-2 发光强度的检测原理

1—光度计；2—可变电阻；3—光电池

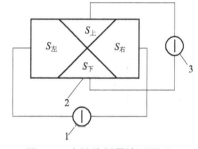

图 5-3 光轴偏斜量检测原理

1—左右偏斜指示计；2—光电池；3—上下偏斜指示计

图 5-4 所示为光轴无偏斜时的情况，这时上下偏斜指示计的指针和左右偏斜指示计的指针均垂直向下，即处于零位。图 5-5 所示为光轴有偏斜时的情况，这时上下偏斜指示计的指针向"下"方向偏斜，左右偏斜指示计的指针向"左"方向偏斜。

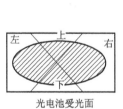 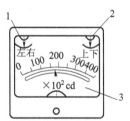 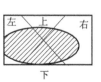 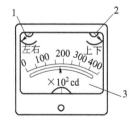

图 5-4 光轴无偏斜时的情况

1—左右偏斜指示计；2—上下偏斜指示计；3—光度计

图 5-5 光轴有偏斜时的情况

1—左右偏斜指示计；2—上下偏斜指示计；3—光度计

若通过适当的调节机构，调整光线照射光电池的位置，使 $S_{左}$、$S_{右}$ 和 $S_{上}$、$S_{下}$ 每对光电池受到的光照度相同，此时每对光电池输出的电流相等，两偏斜指示计的指针均指向零位，其调节量反映了光束中心的偏斜量。当偏斜指示计指针处于零位时,光电池受到的光照最强,四块光电池所输出电流之和表明了前照灯的发光强度。

(3) 前照灯检测仪的结构和工作原理。

按照前照灯检测仪的结构特征与测量方法不同,常用汽车前照灯检测仪可分为聚光式、屏幕式、投影式和自动追踪光轴式四种类型。这些不同类型的前照灯检测仪均由接受前照灯光束的受光器、使受光器与汽车前照灯对正的照准装置、前照灯发光强度指示装置、光轴偏斜方向和偏斜量指示装置及支柱、底板、导轨、汽车摆正找准装置等组成。

1) 聚光式前照灯检测仪。

聚光式前照灯检测仪利用受光器的聚光透镜把前照灯的散射光束聚合起来,并导引到光电池的光照面上,根据其对光电池的照射强度来检测前照灯的发光强度和光轴偏斜量。检测时,检测仪放在距前照灯前方 1 m 处。

2) 屏幕式前照灯检测仪。

屏幕式前照灯检测仪在固定屏幕上装有可以左右移动的活动屏幕,在活动屏幕上装有能上下移动的、内部带有光电池的受光器。前照灯的光束照射到屏幕上,检测发光强度和光轴偏斜量。通常测试距离为 3 m。

3) 投影式前照灯检测仪。

投影式前照灯检测仪采用把前照灯光束的影像映射到投影屏上,来检测发光强度和光轴偏斜量。检测时,测试距离一般为 3 m。其构造如图 5-6 所示。

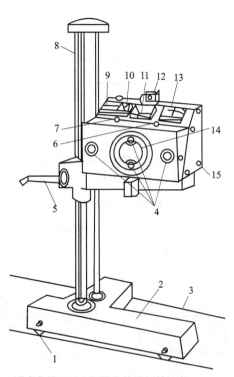

图 5-6 投影式前照灯检测仪

1—车轮;2—底座;3—导轨;4—光电池;5—上下移动手柄;
6—上下光轴刻度盘;7—左右光轴刻度盘;8—支柱;
9—左右偏斜指示计;10—上下偏斜指示计;11—投影屏;
12—汽车摆正找准器;13—光度计;14—聚光透镜;15—受光器

在聚光透镜的上下和左右方向装有四个光电池。前照灯光束的影像通过聚光透镜、光度计的光电池和反射镜后,映射到投影屏上。检测时,通过上下、左右移动受光器使光轴偏斜指示计指示为零,从而找到被测前照灯主光轴的方向,然后根据投影屏上前照灯光束影像的位置,即可得出主光轴的偏斜量,同时可从光度计的指示中读取发光强度。

根据投影式前照灯检测仪光轴偏斜量的检测方法不同,有投影屏刻度检测法和光轴刻度盘检测法。

投影屏刻度检测法是在投影屏上刻有表示光轴偏斜量的刻度线,根据前照灯影像中心在投影屏上所处的位置,即可直接读出光轴的偏斜量。

光轴刻度盘检测法是转动上下与左右光轴刻度盘,使前照灯光束影像中心与投影屏坐标原点重合,然后从光轴刻度盘上读取光轴偏斜量。

4）自动追踪光轴式前照灯检测仪。

自动追踪光轴式前照灯检测仪采用受光器自动追踪光轴的方法检测前照灯发光强度和光轴偏斜量。一般检测距离为 3 m。其构造如图 5-7 所示。

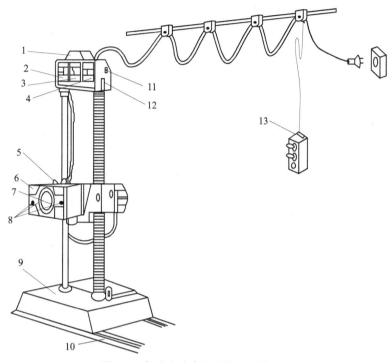

图 5-7　自动追踪光轴式前照灯检测仪

1—在用显示器；2—左右偏斜指示计；3—光度计；4—上下偏斜指示计；5—车辆摆正找准器；6—受光器；
7—聚光透镜；8—光电池；9—控制箱；10—导轨；11—电源开关；12—熔丝；13—控制盒

检测时，前照灯的光束照射到检测仪的受光器上。此时，若前照灯光束照射方向偏斜，则主、副受光器的上下光电池或左右光电池的受光量不等，由其电流的差值控制受光器上下移动的电动机运转，或使控制箱左右移动的电动机运转，并通过传动机构牵动受光器上下移动或驱动控制箱在轨道上左右移动，直至受光器上下、左右光电池受光量相等为止。在追踪光轴时，受光器的位移方向和位移量由光轴偏斜指示计指示，即前照灯光束的偏斜方向和偏斜量及发光强度由光度计指示。

（4）前照灯发光强度和光轴偏斜量的检测方法。

1）检测前的准备。

① 前照灯检测仪的准备。在不受光的情况下，调整光度计和光轴偏斜量指示计是否对准机械零点。若指针失准，则可用零点调整螺钉调整。

检查聚光透镜和反射镜的镜面上有无污物。若有，则可用柔软的布料或镜头纸擦拭干净。

检查水准器的技术状况。若水准器无气泡，则应进行修理或更换。若气泡不在红线框内，则可用水准器调节器或垫片进行调整。

检查导轨是否粘有泥土等杂物。若有，则应扫除干净。

② 被检车辆的准备。清除前照灯上的污垢；轮胎气压应符合汽车制造厂的规定；前照灯开关和变光器应处于良好状态；汽车蓄电池和充电系统应处于良好状态。

2）检测方法。

由于前照灯检测仪的厂牌、型式不同，其检测发光强度和光轴偏斜量的具体方法也不尽相同。这里仅就投影式和自动追踪光轴式前照灯检测仪的检测方法作简要介绍。

① 投影式前照灯检测仪的检测方法。

将被检汽车尽可能地与前照灯检测仪的轨道保持垂直方向驶近检测仪，使前照灯与检测仪受光器相距 3 m。

用汽车摆正找准器使检测仪与被检汽车对正。

开亮前照灯，移动检测仪，使光束照射到受光器上。

投影屏刻度检测法，要求先使光轴偏斜量指示计的指示为零，然后根据投影屏上前照灯影像中心所在的刻度值读取光轴偏斜量，再根据光度计的指示值读取发光强度值，如图 5-8 所示。

光轴刻度盘检测法，要求转动光轴刻度盘，使投影屏上的坐标原点与前照灯影像中心重合，读取此时光轴刻度盘上的指示值即为光轴偏斜量，再根据光度计上的指示值读取发光强度值，如图 5-9 所示。

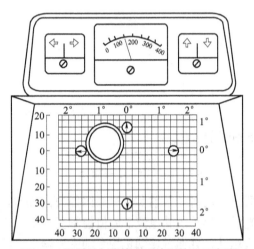

图 5-8 投影屏刻度检测法检测结果示意图

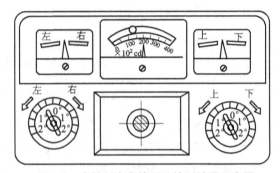

图 5-9 光轴刻度盘检测法检测结果示意图

② 自动追踪光轴式前照灯检测仪的检测方法。

将被检汽车尽可能地与前照灯检测仪的轨道保持垂直方向驶近检测仪，使前照灯与检测仪受光器相距 3 m。

用汽车摆正找准器使检测仪与被检汽车对正。

开亮前照灯，接通检测仪电源，用控制器上的上下、左右控制开关移动检测仪的位置，使前照灯光束照射到受光器上。

按下控制器上的测量开关，受光器随即追踪前照灯光轴，根据光轴偏斜指示计和光度计的指示值，即可得出光轴偏斜量和发光强度值。

检测完一只前照灯后用同样的方法检测另一只前照灯。检测结束，前照灯检测仪沿轨道或地面退回护栏内，汽车驶出。

（5）检测结果分析。

前照灯检验不合格有两种情况，一是前照灯发光强度偏低，二是前照灯照射位置偏斜。

1）左右前照灯发光强度均偏低。

① 检查前照灯反光镜的光泽是否明亮，如昏暗或镀层剥落或发黑应予以更换。

② 检查灯泡是否老化、质量是否符合要求，如老化或质量不符合要求，光度偏低者应更换。

③ 检查蓄电池端电压是否偏低，如端电压偏低，应先充足电再检测。仅靠蓄电池供电，前照灯发光强度一般很难达到标准的规定，检测时应由发电机供电。

2）左右前照灯发光强度不一致。

检查发光强度偏低的前照灯的反射镜光泽是否灰暗、灯泡是否老化、质量是否符合要求，一般多为搭铁线路接触不良。

3）前照灯光束照射位置偏斜。

前照灯安装位置不当或因强烈振动而错位致使光束照射位置偏斜，应予以调整。前照灯光束照射位置偏斜的调整可在前照灯检测仪上进行。

根据检测标准，在检测调整光束照射位置时，对远、近双光束灯以检测调整近光光束为主。如果为制造质量合格的灯泡，近光调整合格后，远光光束一般也能合格；若近光光束调整合格后，经复核远光光束照射方向不合格，则应更换灯泡。

（二）尾气检测

随着汽车工业的发展和汽车保有量急剧增加，汽车排放的污染物是公认的城市大气主要污染公害之一，已成为严重的社会问题。因此，检测并控制汽车排气污染物的浓度，已成为汽车检测中重要的项目。

1. 汽车排气污染物及其危害

汽车排气污染物主要有 CO、HC、NO_x、碳烟以及硫化物（主要是 SO_2）等。汽车排气污染物中，CO、HC、NO_x 和碳烟主要来源于汽车尾气的排放，少部分来自曲轴箱窜气，还有部分来自油箱和整个供油系统的蒸发与滴漏。

CO 是一种无色、无味的气体。人体通过呼吸道吸入 CO，并经肺部吸收进入血液，由于 CO 与血红色素的亲和力是氧的 300 倍，能很快形成碳氧血色素，使血色素丧失输氧能力，故当吸入 CO 过多时会使人昏迷不醒，直至死亡。

汽车尾气中的 HC 有 200 多种，其中 C_2H_4 在大气中的体积分数达 $0.5×10^{-6}$ 时，能使一些植物发育异常。汽车尾气中还有 32 种多环芳烃，包括苯并芘等致癌物质。当苯并芘在空气中的质量浓度达到 $0.012\ \mu g/m^3$ 时，得肺癌的人数会明显增加。人们离公路越近，公路上汽车流量越大，肺癌死亡率越高。

汽车尾气中的 HC 和 NO_x 在太阳光紫外线作用下会进行一系列光化学反应，生成臭氧（O_3）和过氧化酰基硝酸盐（PAN）等光化过氧化产物以及各种游离基、醛、酮等成分，形成一种毒性较大的浅蓝色烟雾，即光化学烟雾，其对人的健康危害主要表现为刺激眼睛，引起红眼病，刺激鼻、咽喉、气管和肺部，引起慢性呼吸系统疾病。光化学烟雾能使树木枯死、农作物大量减产，能降低大气的能见度，妨碍交通。汽车尾气中的 NO_x 含量较少，但毒性很大，其毒性是含硫氧化物的 3 倍。氮氧化物进入肺泡后，能形成亚硝酸和硝酸，对肺组织产生剧烈的刺激作用，增加肺毛细管的通透性，最后造成肺气肿。亚硝酸盐则与血红蛋白结合，会形成高铁血红蛋白，引起组织缺氧。NO_x 达 $5×10^{-6}$ 时，就会对哮喘病患者有影响，若在 $100×10^{-6}$～$150×10^{-6}$ 的高浓度下连续呼吸 30～60 min，就会使人陷入危险状态。即使 NO_x 浓度很低，也会对某些植物产生不良影响。

汽车尾气中的二氧化硫（SO_2）和悬浮颗粒物会增加慢性呼吸道疾病的发病率，损害肺功能。SO_2 有强烈的气味，它本身可刺激咽喉与眼睛，严重时可使人中毒，引起呼吸道疾病。SO_2 还是形成酸雨的主要成分，会严重污染河流、湖泊等水系，使土壤和水源酸化，殃及野生动植物的生存安全，破坏自然界的生态平衡。

碳烟颗粒中对人体和大气环境危害最大的是 2.5 μm 左右的微粒，它悬浮于离地面 1～2 m 高的空气中，容易被人体吸收。对人体危害较大的是碳烟颗粒上夹附的 SO_2 和多环芳香烃、苯并芘等有害物质。

2. 汽车排气污染物生成机理

（1）一氧化碳（CO）。

CO 是汽油中类燃烧的中间产物。理论上，当空燃比等于或大于理论空燃比时，混合气将实现完全燃烧，生成 CO_2 和 H_2O，现实中，由于混合气分布不匀，会出现局部缺氧情况，不可避免地会产生 CO。同时就算燃料和空气混合很均匀，但燃烧的高温也会使一部分 CO_2 分解成 CO 和 O_2。另外排气中的 H_2 和未燃烧的 HC 也会使排气中的一部分 CO_2 还原成 CO。

柴油机 CO 主要源于喷注中过浓部分的不完全燃烧。只有较低负荷、温度过低以及高负荷和在喷油过程中，在高压油管内燃油波动造成的二次喷射和喷油器滴漏等不正常喷射的情况下，才会出现较高的 CO 排放值，即 CO 排放值随过量空气系数的变化呈两头高、中间低的特点。

（2）碳氢化合物（HC）。

汽车排气污染物中的 HC 是由发动机未燃尽的燃料分解产生的气体。另外，由于发动机汽缸壁淬冷作用使缸壁表面约 0.5 mm 厚度（称为淬冷层）的混合气无法燃烧，也会产生 HC 而由排气管排出。

在柴油机中，HC 的形成主要有两个原因：一是在滞燃期中，处于喷注前缘的极稀混合气，其浓度远低于燃烧极限而无法着火。其中的一部分混合气在后续过程中避开了缸内燃烧而被排出。滞燃期越长，滞燃期中的喷油量越多，过分稀释的混合气也越多，HC 的排放也就越多。二是在喷泊过程中，混合气由于混合不良导致 HC 增多。最主要的情况是燃油的喷射期过长。总体上看，柴油机低负荷时，混合气更稀，缸内温度又低，所以 HC 排放量随负荷减小而上升。

（3）氮氧化物（NO_x）。

NO_x 是空气在燃烧室的高温条件下，由空气中的 N 和 O 反应生成。燃烧废气的温度越高，燃烧后残留的氧气浓度越大，高温维持时间越长，NO_x 的生成量越多。发动机刚排出的 NO_x 中有少量的 NO_2，但大部分是 NO。在大气中，NO 会很快氧化成 NO_2。通常把 NO 和 NO_2 统称为 NO_x。

（4）微粒和碳烟。

微粒和碳烟是柴油机燃烧不完全的产物，它是由直径较小的多孔性碳粒构成的。一般认为，燃烧时的高温和局部存在特别浓的混合气是微粒和碳烟产生的必要条件。混合气越浓，其中碳成分就越多，柴油机喷注中，混合气浓度由芯部的极浓到前缘的极稀，即使在空气混合后也会由于浓稀不均而在较浓区域产生自由碳。由于柴油机总体混合气都偏稀，故较浓区域生成的自由碳在往后的过程中是否会被富裕的空气所氧化，涉及燃料的裂解成碳和燃料的氧化二者之间的总体平衡问题。柴油机微粒与碳烟主要形成缓燃期的扩散燃烧区、后燃期以及二次喷射和喷油器滴漏。

3. 汽车排气污染物评价指标

（1）汽油车排气污染物评价指标。

1）一氧化碳（CO）。

在采用双怠速法和简易工况法检测汽油车排气污染物时，排气中 CO 的计量单位为体积分数（即体积浓度），用"%"表示。在采用瞬态工况法和简易瞬态工况法检测排气污染物时，排气中 CO 的计量单位为质量单位，用"g/km"表示。

2）碳氢化合物（HC）。

在采用双怠速法和简易工况法检测汽油车排气污染物时，排气中 HC 的计量单位为体积分数（即体积浓度），用"10^{-6}"表示。在采用瞬态工况法和简易瞬态工况法检测排气污染物时，排气中 HC 的计量单位为质量单位，用"g/km"表示。

3）氮氧化物（NO_x）。

在采用简易工况法检测汽油车排气污染物时，排气中 NO_x 的计量单位为体积分数（即体积浓度），用"10^{-6}"表示。在采用瞬态工况法和简易瞬态工况法检测排气污染物时，排气中 NO_x 的计量单位为质量单位，用"g/km"表示。

4）过量空气系数（λ）。

过量空气系数（λ）是指燃烧 1 kg 燃料的实际空气量与理论上所需空气量之比。在采用双怠速法检测汽油车排气污染物时，要对 λ 进行测定。对于使用闭环控制电子燃油喷射系统和二元催化转化器技术的汽车，也需进行 λ 的测定。发动机转速为高怠速时，λ 应在 1.00±0.03 或制造厂家规定的范围内。

（2）柴用车排气污染物评价指标。

1）对于 2001 年 10 月 1 日以前生产的柴油车排气烟度，采用 GB 3847—2005 规定的自由加速试验，使用滤纸式烟度计进行检测，排气烟度值为波许（Bosch），单位用"Rb"表示。

2）对于 2001 年 10 月 1 日以后生产的柴油车排气烟度，采用 GB 3847—2005 规定的自由加速试验，使用不透光烟度计进行检测，排气烟度值为光吸收系数 K，单位用"m^{-1}"表示。

3）在采用加载减速法检测柴油车排气烟度时，排气烟度值为光吸收系数 K，单位用"m^{-1}"表示。

4. 汽车排气污染物的检测标准

（1）汽油车排放污染物排放限值。

我国目前制定汽车排放标准主要从两方面考虑，一方面是针对汽车制造厂商新车定型的型式认证和生产一致性检查；另一方面是针对在用车辆（营运车辆）。

根据《点燃式发动机汽车排气污染物排放限值及测量方法（双怠速法及简易工况法）》（GB 18285—2005），装用点燃式发动机的新生产汽车，其型式核准和生产一致性检查的排气污染物排放限值如表 5-2 所示；在用汽车排气污染物排放限值如表 5-3 所示。

表 5-2 新生产汽车排气污染物排放限值（体积分数）　　　　　　　　　　　%

车型	怠速		高怠速	
	CO	HC	CO	HC
汽车 2005 年 7 月 1 日起新生产的第一类轻型汽车	0.5	100	0.3	100
汽车 2005 年 7 月 1 日起新生产的第二类轻型汽车	0.8	150	0.5	150
2005 年 7 月 1 日起新生产的重型汽车	1.0	200	0.7	200

表 5-3 在用汽车排气污染物排放限值（体积分数）　　　　　　　　　　　%

车型	怠速		高怠速	
	CO	HC	CO	HC
1995 年 7 月 1 日前生产的轻型汽车	4.5	1 200	3.0	900
1995 年 7 月 1 日起生产的轻型汽车	4.5	900	3.0	900
2000 年 7 月 1 日起生产的第一类轻型汽车	0.8	150	0.3	100
2000 年 10 月 1 日起生产的第二类轻型汽车	1.0	200	0.5	150
1995 年 7 月 1 日前生产的重型汽车	5.0	2 000	0.5	1 200
1995 年 7 月 1 日起生产的重型汽车	4.5	1 200	3.0	900
2004 年 9 月 1 日起生产的重型汽车	1.5	250	0.7	200

对于使用闭环控制电子燃油喷射系统及三元催化转化器技术的汽车进行过量空气系数 λ 的测定，发动机转速为高怠速转速时，应在 1.00±0.03 或制造厂规定的范围内。进行 λ 测试前，应按照制造厂使用说明书的规定预热发动机。

（2）柴油车排气烟度限值。

根据《车用压燃式发动机和压燃式发动机汽车排气烟度排放限值及测量方法》（GB 3847—2005），对标准实施前后的在用汽车，按照生产日期规定了不同的排放限值。

1）对于 2001 年 10 月 1 日前生产的在用汽车。

自 1995 年 6 月 30 日以前生产的在用汽车和 1995 年 7 月 1 日起至 2001 年 9 月 30 日期间生产的在用汽车，应按《在用汽车自由加速试验滤纸式烟度法》的要求进行自由加速试验，所测得的自由加速烟度排放限值如表 5-4 所示。

表 5-4 柴油车自由加速烟度排放限值　　　　　　　　　　　　　　　　Rb

汽车类型	烟度值
1995 年 6 月 30 日前生产的在用车	5.0
1995 年 7 月 1 日至 9 月 30 日期间生产的在用车	4.5

2）对于 2001 年 10 月 1 日起生产的在用汽车。

自 2001 年 10 月 1 日起至 2005 年 7 月 1 日生产的在用汽车，应按标准规定的《在用汽车自由加速试验不透光烟度法》的要求进行自由加速试验，所测得的自由加速烟度排放限值如表 5-5 所示。

表 5-5 柴油车自由加速烟度排放限值　　　　　　　　　　　　　　　　　　　　　　　　m^{-1}

汽 车 类 型	排气光吸收系数
自然吸气式	2.5
涡流增压式	3.0

3）对于 2005 年 7 月 1 日以后生产的在用汽车。

自 2005 年 7 月 1 日起，按标准规定经型式核准生产的在用汽车应按《在用汽车自由加速试验不透光烟度法》进行自由加速试验，所测得的排气光吸收系数应不大于车型核准的自由加速排气烟度排放限值再加 0.5 m^{-1}。

5. 汽车排气污染物检测仪器及检测方法

（1）汽油车排气污染物的检测仪器及检测方法。

1）不分光红外线气体分析仪。

不分光红外线气体分析仪是一种能够从汽车排气管中采集气样，并对其中所含 CO 和 HC 的浓度进行连续测量的仪器，由废气取样装置、废气分析装置、废气浓度指示装置和校准装置等组成。

① 废气取样装置。

该装置由取样头、滤清器、导管、水分离器和泵等组成，如图 5-10 所示。通过取样探头、导管和泵从汽车排气管中采集废气，经滤清器和水分离器除去废气中的炭渣、灰尘和水分后，送入气体分析装置。

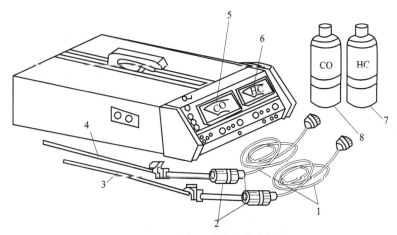

图 5-10 不分光红外线气体分析仪

1—导管；2—滤清器；3—低浓度取样探头；4—高浓度取样探头；5—CO 指示仪表；
6—HC 指示仪表；7—标准 HC 气样瓶；8—标准 CO 气样瓶

② 气体分析装置。

该装置根据废气中 CO、HC 能分别吸收不同波长红外线能量的原理，从来自取样装置的混有多种成分的废气中分别测量出 CO 和 HC 的浓度，并以电信号形式输送给浓度指示装置。

分析仪的测量原理是建立在一种气体只能吸收其独特波长的红外线特性基础上的。即基于大多数非对称分子对红外线波段中一定波长具有吸收功能,而且其吸收程度与被测气体的浓度有关。如 CO 能够吸收 4.5~5 μm 波长的红外光线,CO_2 能吸收 4~4.5 μm 波长的红外线,CH_4 能吸收 2.3 μm、3.4 μm、7.6 μm 波长的红外线,NO 能吸收 5.3 μm 波长的红外线。

气体分析装置由红外线光源、气样室、旋转光栅和传感器组成。气样室由比较室和试样室构成,其中比较室内充满不吸收红外线能量的气体(如 N_2),以作为比较之用;而试样室则可接受连续流过的废气,以供分析。检测室用于吸收红外光的能量,它由容积相等的左、右两腔构成,中间用兼作电容传感器极板的金属膜片隔开,两腔充有相同浓度的被测气体,如测废气中 CO 含量时,两腔均充有 CO,而测 HC 含量时,充有 C_6H_{14} 气体。在过滤室中充有干扰气体,其作用是预先过滤掉干扰气体所能吸收的那部分波段,以防检测时排气中所含的干扰气体的干涉而产生测量误差,如分析 CO 时,在过滤室中充入 CO_2、HC_4 等,就可在分析时不受排气中 CO_2 和 HC_4 的干扰。旋转光栅的作用是交替遮挡和让开红外线,使两极间的电容循环变化,从而产生交替信号,有利于测量。

③ 浓度指示装置。

从废气分析装置送来的电信号,在 CO 指示仪表上 CO 的浓度以体积百分数(%)表示;在 HC 指示仪表上 HC 浓度以正己烷当量体积的百万分数表示。不分光红外线气体分析仪面板如图 5-11 所示。

图 5-11 不分光红外线气体分析仪面板

2)汽油车排气污染物的检测方法。

① 怠速工况法。

按照 GB/T 3845—1993《汽油车排气污染物的测量怠速法》的规定,汽油车怠速污染物的检测应在怠速工况下,采用不分光红外线气体分析仪,按规定程序检测 CO 和 HC 的浓度值。双怠速试验按 GB/T 3845—1993《汽油车排气污染物的测量怠速法》附录 C 的规定进行。

怠速工况是指发动机运转;离合器处于接合位置;油门踏板与手油门处于松开位置;变速器处于空挡位置;采用化油器的供油系统,其阻风门处于全开位置。

a. 仪器准备。

● 按仪器使用说明书的要求做好各项检查工作。

● 接通电源,对气体分析仪预热 5~30 min 以上。

● 用标准气样校准仪器,先让气体分析仪吸入清洁空气,用零点调整旋钮把仪表指针调整到零点,然后把标准气样从标准气样注入口注入,再用标准调整旋钮把仪表指针调到标准指示值。注意:在灌注标准气样时,要关掉气体分析仪上的泵开关。

● 用简易装置校准仪器,先接通简易校准开关,对于有校准位置刻度线的仪器,可用标准调整旋钮将仪表指针调整到正对标准刻度线位置。对于没有标准刻度线的仪器,要在标准气样校准后立即进行简易校准,使仪表指针与标准气样校准后的指示值重合。

● 把取样探头和取样导管安装到气体分析仪上,此时如果仪表指针超过零点,则表明导管内壁吸附有较多的 HC,需要用压缩空气或布条等清洁取样探头和导管。

b. 受检车辆或发动机准备。

进气系统应装有空气滤清器,排气系统应装有排气消声器,并不得有泄漏。

汽油应符合国家标准的规定。

测量时发动机冷却水和润滑油温度应达到汽车使用说明书所规定的热状态。

c. 怠速测量程序。

● 必要时在发动机上安装转速计、点火定时仪、冷却水和润滑油测温计等测试仪器,如图 5-12 所示。

● 发动机由怠速工况加速至 0.7 倍额定转速,维持 60 s 后降至怠速状态,如图 5-13 所示。

图 5-12　在发动机上安装转速表

图 5-13　用秒表记录时间

● 发动机降至怠速状态后,将取样探头插入排气管中,深度等于 400 mm,并固定于排气管上,如图 5-14 和图 5-15 所示。

图 5-14　取样探头

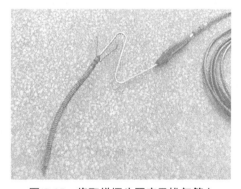

图 5-15　将取样探头固定于排气管上

● 先把指示仪表的读数转换开关打到最高量程挡位,再一边观看指示仪表,一边用读数转换开关选择适于排气含量的量程挡位。发动机在怠速状态维持 15 s 后开始读数,读取 30 s 内的最高值和最低值,其平均值即为测量结果,如图 5-16 所示。若为多排气管,则取各排气管测量结果的算术平均值。

● 测量工作结束后,把取样探头从排气管里抽出来,让它吸入新鲜空气 5 min,然后倒挂于仪器上,待仪器指针回到零点后再关闭电源,如图 5-17 所示。

② 双怠速法。

双怠速法是指在怠速工况和高怠速工况下测试汽车的排放浓度。高怠速工况指满足怠速工况条件下,用加速踏板将发动机转速稳定控制在 50%额定转速或制造厂技术文件中规定的高怠速时的工况,轻型汽车的高怠速转速规定为(2 500±100)r/min,重型汽车高怠速规定为(1 800±100)r/min,如有特殊规定,则按照制造厂技术文件规定的高怠速转速。

图 5-16　读取 30 s 内的最高值和最低值

图 5-17　取样探头倒挂于仪器上

双怠速法测量程序如下：

a. 必要时在发动机上安装转速计、点火定时仪、冷却水和润滑油测温计等测试仪器。

b. 发动机由怠速工况加速至 0.7 倍额定转速，维持 60 s 后降至高怠速（即 0.5 倍额定转速）。

c. 发动机降至高怠速状态后，将取样探头插入排气管中，深度等于 400 mm，并固定于排气管上。

d. 先把指示仪表的读数转换开关打到最高量程挡位，再一边观看指示仪表，一边用读数转换开关选择适于排气含量的量程挡位。发动机在高怠速状态维持 15 s 后开始读数，读取 30 s 内的最高值和最低值，取平均值即为高怠速排放测量结果。

e. 发动机从高怠速状态降至怠速状态，在怠速状态维持 15 s 后开始读数，读取 30 s 内的最高值和最低值，其平均值即为怠速排放测量结果。

f. 若为多排气管，则分别取各排气管高怠速排放测量结果的算术平均值和怠速排放测量结果的算术平均值。

g. 测量工作结束后，把取样探头从排气管里抽出来，让它吸入新鲜空气 5 min，然后倒挂于仪器上，待仪器指针回到零点后再关闭电源。

（2）柴油车排气污染物的检验设备及检测方法。

1）滤纸式烟度计。

GB/T 3846—1993《柴油车自由加速烟度的测量滤纸烟度法》规定柴油车排气烟度检测时，应采用滤纸式烟度计，并对检测工况和测量程序进行了具体规定。

滤纸式烟度计的测量原理是，用一个活塞式抽气泵，从柴油机排气管中抽取一定容积的废气，使它通过一张一定面积的白色滤纸，废气中的炭烟存留在滤纸上，使其染黑。用检测装置测定滤纸的染黑度，再由指示装置指示出来。该染黑度即代表柴油车的排气烟度。

滤纸式烟度计是应用最广的烟度计之一，有手动、半自动和全自动三种形式。其结构都是由废气取样装置、染黑度检测与指示装置和控制装置等组成的，如图 5-18 所示。

指示电表是一块微安表，是滤纸染黑度亦即排气烟度的指示装置。当环形硒光电池送来的光电流强度不同时，指示仪表指针的位置也不同。指示表头以 Rb0～Rb10 表示。其中，0 是全白滤纸的 Rb 单位，10 是全黑滤纸的 Rb 单位，从 0～10 均匀分布，如图 5-19 所示。

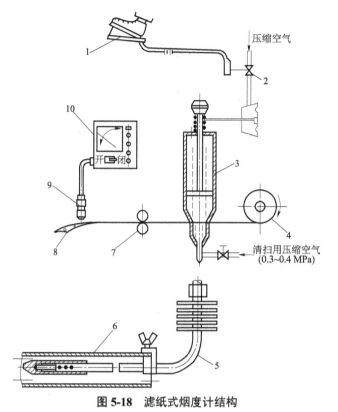

图 5-18　滤纸式烟度计结构

1—脚踏开关；2—电磁阀；3—抽气泵；4—滤纸卷；5—取样探头；6—排气管；7—进给机构；
8—染黑的滤纸；9—光电传感器；10—指示仪表

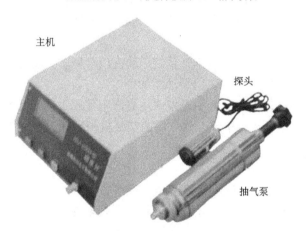

图 5-19　滤纸式烟度计

2）柴油车自由加速烟度的检测方法。

GB/T 3846—1993《柴油车自由加速烟度的测量滤纸烟度法》规定，柴油车自由加速烟度的检测应在自由加速工况下，采用滤纸式烟度计，按如图 5-20 所示测量规程进行测试。

自由加速工况是指：柴油发动机于怠速工况（发动机运转，离合器处于接合位置，油门踏板与手油门处于松开位置，变速器处于空挡位置，具有排气制动装置的发动机蹀形阀处于全开位置），将油门踏板迅速踏到底，维持 4 s 后松开。

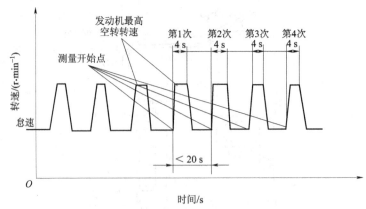

图 5-20 自由加速烟度测试规范

① 仪器准备。

a. 通电前,检查指示仪表指针是否在机械零点上,否则用零点调整螺钉使指针与"10"的刻度重合。

b. 接通电源,仪器进行预热。打开测量开关,在检测装置上垫 10 张全白滤纸,调节粗调及微调电位器,使表头指针与"0"的刻度重合。

c. 在 10 张全白滤纸上放上标准烟样,并对准检测装置,仪表指针应指在标准烟样的染黑度数值上,否则应进行调节。

d. 检查取样装置和控制装置中各部机件的工作情况,特别要检查脚踏开关与活塞抽气泵动作是否同步。

e. 检查控制用压缩空气和清洗用压缩空气的压力是否符合要求。

f. 检查滤纸进给机构的工作情况是否正常。检查滤纸是否合格,应洁白无污。

② 受检车辆准备。

a. 进气系统应装有空气滤清器,排气系统应装有消声器并且不得有泄漏。

b. 柴油应符合国家规定,不得使用燃油添加剂。

c. 测量时发动机的冷却水和润滑油温度应达到汽车使用说明书所规定的热状态。

d. 自 1975 年 7 月 1 日起新生产柴油车用的柴油机,应保证起动加浓装置在非起动工况不再起作用。

③ 测量程序。

a. 用压力为 0.3~0.4 MPa 的压缩空气清洗取样管路。

b. 把抽气泵置于待抽气位置,将洁白的滤纸置于待取样位置,将滤纸夹紧。

c. 将取样探头固定于排气管内,插入深度等于 400 mm,并使其轴线与排气管轴线平行,如图 5-21 所示。

d. 将脚踏开关引入汽车驾驶室内,但暂不固定在油门踏板上。

e. 按照自由加速工况的规定加速 3 次,以清除排气系统中的积存物。然后把脚踏开关固定在油门踏板上,进行实测,如图 5-22 和图 5-23 所示。

f. 测量取样,按照自由加速工况的规定和自由加速烟度测量规程,将油门踏板与脚踏开关一并迅速踩到底,持续 4 s 后立刻松开,维持怠速运转,循环测量 4 次,取后 3 个循环烟度读数的算术平均值作为所测烟度值,如图 5-24 所示。

图 5-21 将取样探头固定于排气管内

图 5-22 加速 3 次

图 5-23 把脚踏开关固定在油门踏板上

图 5-24 将油门踏板与脚踏开关一并迅速踩到底

g. 当汽车发动机出现黑烟冒出排气管的时间与抽气泵开始抽气的时间不同步现象时,应取最大烟度值作为所测烟度值。

h. 在被染黑的滤纸上记下试验序号、试验工况和试验日期等,以便保存。

i. 检测结束,及时关闭电源和气源。

6. 排气污染物检测结果分析

(1) 在用汽油车排气污染物检测结果分析。

通过汽车尾气排放的检测结果,根据尾气中不同气体成分的含量,对发动机的燃烧状况进行综合评价,为诊断发动机各系统的故障提供依据。汽车发动机各系统在实际工作中的状况对发动机的燃烧会产生不同的影响,因此会影响到汽车排放污染物的产生,这些影响通过各种运转参数表现,如燃油供给系统和进排气系统在汽车运行时表现的空燃比、点火系统表现的点火正时和点火能量等。

1) 影响汽车尾气排放的主要因素。

① 空燃比的影响。

汽车尾气排放主要与发动机混合气形成、燃烧过程及燃烧结束后在排气过程中的化学反应有关。汽油发动机在怠速运转时,理想的空燃比为 14.7:1,由于空气中的主要成分为氧(O_2)和氮(N_2),汽油中的主要成分为碳(C)和氢(H_2),最理想的结果是发动机排放出二氧化碳(CO_2)、水(H_2O)及氮(N_2),但发动机无法达到百分之百的燃烧效率,因此会产生一些不平衡燃烧气体,其中包括一氧化碳(CO)、碳氢化合物(HC)、氮氧化物(NO_x)、二氧化碳(CO_2)和氧(O_2)。

碳氢化合物（HC）有未参加燃烧的碳氢化合物分子；有燃烧过程中高温分解与合成的中间产物和部分氧化物，如醛、烯等；有不完全燃烧产物以及润滑油的碳氢化合物等成分。CO主要来自空气不足情况下可燃混合气的不完全燃烧，是汽油机尾气中有害成分浓度最大的物质。CO_2是困扰混合气燃烧的产物，它能够反映出燃烧的效率。

在发动机尾气中NO_x主要是指NO，NO在大气中逐渐和氧或臭氧结合形成NO_2，NO的产生主要取决于燃烧温度以及氧的浓度。当温度超过2 000℃时，氧分子会分解成氧原子，它和氮分子化合生成NO。

如图5-25所示，随着空燃比的增加，CO的排放浓度逐渐下降，当空燃比小于14.7:1时（混合气变浓），由于空气量不足引起不完全燃烧，CO、HC的排放量增大。空燃比接近理论空燃比14.7:1，燃烧越完全，CO、HC降低，O_2接近于零，而CO_2值升高。当空燃比超过16.2:1时（混合气变稀），由于燃料成分减少，用通常的燃烧方式已不能正常着火，产生失火，使未燃HC大量排出。混合气过浓将产生大量的CO、HC，混合气过稀将引起失火而生成过多的HC。

② 点火正时的影响。

点火提前角对CO的排放没有太大的影响，过分推迟点火会使CO没有时间完全氧化而引起CO排放量增加，但适度推迟点火可减小CO排放。实际上当点火时间推迟时，为了维持输出功率不变需要开大节气门，这时CO排放明显增加。随着点火提前角的推迟，HC的含量降低，主要是因为增高了排气温度，促进了CO和HC的氧化。点火提前角与汽车尾气成分的关系如图5-26所示。

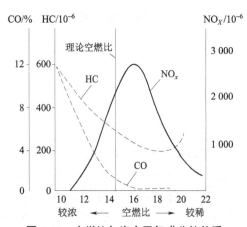

图5-25 空燃比与汽车尾气成分的关系

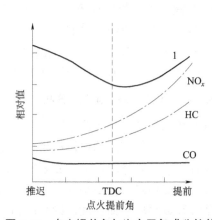

图5-26 点火提前角与汽车尾气成分的关系

③ 点火能量的影响。

火花塞电极间隙影响点火能量，HC的排放浓度常随着火花塞电极间隙的增加而减少，而CO的排放浓度则随着火花塞电极间隙的增大而增加；但当火花塞电极间隙继续增大时，CO排放浓度则又随之降低。

④ 汽缸密封性的影响。

进排气门、汽缸衬垫的密封性，活塞、活塞环、缸套的磨损与密封性等，都会影响汽车尾气的排放。如汽缸压力过低会使燃烧不良，不仅会使燃油经济性下降，而且会使HC和CO的排放量增加。

⑤ 有关装置工作状况的影响。

曲轴箱强制通风装置、燃油箱蒸发控制装置的工作状况与 HC 的生成有关，二次空气喷射、进气预热的工作状况与 HC 和 CO 有关，催化转化器的工作温度、转化效率、使用寿命则影响 HC、CO、NO_x 的生成。

2）汽车尾气检测结果与系统故障的分析。

不同工况下汽车尾气排放浓度值范围见表 5-6，汽车尾气测试值与系统故障的关系如表 5-7 所示。

表 5-6 不同工况下汽车尾气排放浓度值范围

转速	CO/%	HC/10^{-6}	CO_2/%	O_2/%
怠速	0.5~3	0~250	13~15	1~2
1 500 r/min 空负荷	0~2.0	0~200	—	1~2
2 500 r/min 空负荷	0~1.5	0~150	13~15	1~2

表 5-7 汽车尾气测试值与系统故障对应规则表

CO	HC	CO	O_2	系统故障
很高	很高/高	低	低	混合气浓
很低	很高/高	低	很高/高	混合气稀
高	低	正常	正常	点火过迟
低	高	正常	正常	点火过早
低	很高	低	高	间歇性失火
低	很高	低	低	汽缸压力低
变化	变化	低	正常	EGR 阀泄漏
低	低	低	高	排气管漏气

HC 的读数高，说明燃油没有充分燃烧。混合气过浓或过稀（可通过 CO 和 O_2 的含量来判定到底是混合气过浓还是过稀）、点火系统缺火或点火能量不足、配气相位不正确、点火正时不准确、油压过高或过低、汽缸密封性不良、发动机温度过低、混合气由燃烧室向曲轴箱泄漏、三元催化转换器故障、二次空气喷射控制系统故障、燃油蒸发控制系统不能正常工作、温度传感器不良、喷油嘴漏油或堵塞等因素都将导致 HC 读数过高。

CO 的读数是零或接近零，则说明混合气充分燃烧。CO 含量过高，表明燃油供给过多、空气供给过少；燃油供给系统和空气供给系统有故障，如喷油嘴漏油、燃油压力过高、空气滤清器不洁净被阻塞；其他问题如三元催化转换器有故障、二次空气喷射控制系统存在故障、燃油蒸发控制系统不能正常工作、活塞环胶结阻塞、曲轴箱强制通风系统受阻、点火提前角过大或水温传感器有故障等。

CO_2 是可燃混合气燃烧的产物，CO_2 的高低反映出混合气燃烧的好坏，即燃烧效率。可燃混合气燃烧越完全，CO_2 的读数就越高，混合气充分燃烧时尾气中 CO_2 的含量达到峰值 13%~6%（无论是否装有催化转化器）。当发动机混合气出现过浓或过稀时，CO_2 的含量都将降低。当排气管尾部的 CO_2 低于 12% 时，要根据其他排放物的浓度来确定发动机混合气是过浓还是过稀。燃油滤芯太脏、燃油油压低、喷油嘴堵塞、真空泄漏、EGR 阀泄漏等将造成混合气过稀，而空气滤清器阻塞、燃油压力过高等都可能导致混合气过浓。

O_2 的含量是反映混合气空燃比的最好指标，其读数是最有用的诊断数据之一，和其他 3 个读数一起能帮助找出诊断问题的难点。如上所述，可燃混合气燃烧越完全，CO_2 的读数就越高。与此相反，燃烧正常时，只有少量未燃烧的 O_2 通过汽缸，尾气中 O_2 的含量应为 1%～2%。O_2 读数小于 1% 说明混合气过浓，O_2 读数大于 2% 表示混合气太稀。混合气过浓，O_2 的读数低而 CO 的读数高；反之，混合气过稀，O_2 读数高而 CO 的读数低。导致混合气过稀的原因有很多，如燃油滤芯太脏、燃油油压低、喷油嘴堵塞、真空泄漏、EGR 阀泄漏等。而空气滤清器阻塞、燃油压力过高等都可能导致混合气过浓。

当读 O_2 数偏低而 CO 读数偏高时，应主要检查混合气过浓的原因，如喷油器有故障（喷油器密封不严造成燃油泄露）、燃油压力调节器损坏造成燃了油压力过高、与燃油喷射系统有关的传感器和发动机控制模块存在故障、曲轴箱强制通风系统存在故障使过多的曲轴箱窜气参与燃烧、燃油蒸发控制系统不能正常工作造成混合气过浓等。

当读数 O_2 偏高而 CO 的读数偏低时，应主要检查混合气过稀的原因，如真空泄漏、燃油压力过低、喷油器堵塞、控制系统存在故障、二次空气喷射控制系统有故障、排气系统密封性不良、EGR 阀泄漏等。

利用功率平衡试验和尾气分析仪的读数，可指出每个缸的工作状况，进行各缸工作均匀性判断。如果每个缸 CO、CO_2 的读数都下降，HC、O_2 的读数都上升，且上升和下降的量都一样，表明每个缸都工作正常。如果只有一个缸的变化很小，而其他缸都一样，则表明这个缸点火和燃烧不正常。另外，当某缸不工作时，O_2 浓度即会增加。如四缸发动机当有一缸不工作时，其浓度将上升到 4.75%～7.25%，若有两缸不工作，则会上升到 9.5%～12.5%。

（2）在用柴油车排气烟度检测结果分析。

在用柴油车排气烟度检测结果超标，主要原因是柴油机供油系统调整不当所致。此外，柴油机汽缸活塞组和曲柄连杆机构的技术状况及柴油的质量等对排放烟度也有影响。柴油机供油系统调整不当和相关系统技术状况的变化，主要表现在柴油机冒黑烟、蓝烟及白烟故障。其黑烟对排放烟气检测结果的影响最大。柴油机工作时黑烟浓重，其故障多属于喷油量过大、雾化不良、各缸喷油量不均匀、喷油时刻过早、调速器失调和空气滤清堵塞等因素引起的，建议主要检查以下几个方面：

1）检查个别缸喷油量。用分缸停止供油和结合观察排气烟色的方法予以判别。如某缸停止供油（旋松喷油器）后，烟色减轻，即为该缸喷油量过大。

2）检查该缸喷油泵柱塞调节齿扇固定螺钉是否松脱。

3）检查喷油器是否良好。检查喷油器时，可将喷油器从汽缸体上拆下，仍然连接高压油管，用旋具撬动该缸喷油泵柱塞弹簧座，做喷油动作，观察喷油雾化情况和有无滴油现象。若雾化不良，则应解体检查喷油器。

4）检查调速器。若各缸喷油量均过大，则应打开调速器盖，检查调节齿杆的刻度是否向喷油泵体内移动过多（刻线应与喷油泵壳后端面平行），同时，还需检查调速器飞块是否卡滞而引起喷油量过大。如在柴油机冒黑烟的同时，还可以听到汽缸内有清脆敲击声，则说明喷油时刻过早，应正确校准喷油正时。如检查中发现空气滤清器堵塞（滤芯脏污），则应立即清洗、吹净，并按规定加注新润滑油。

此外，柴油车冒黑烟还与柴油质量有关，为使着火性能良好，一般柴油机选用十六烷值为 40~45 的柴油为宜。若十六烷值超过 65，则柴油蒸发性变差，致使燃烧不彻底，工作时也可发生冒黑烟现象。

（三）噪声的检测

1. 噪声的评价指标

（1）噪声的声压。

噪声的主要物理参数有声压与声压级、声强与声强级和声功率与声功率级。其中声压与声压级是表示声音强弱的最基本的参数。

声压是指由于声波的存在引起在弹性介质中压力的变化值。声音的强弱取决于声压，声压越大听到的声音越强。人耳可以听到的声压范围是 2×10^{-5}（听阈声压）~20 Pa（痛阈声压），相差 100 万倍，因此用声压的绝对值表示声音的强弱会感到很不方便，所以人们常用声压级来表示声音的强弱。

声压级是指某点的声压 P 与基准声压（听阈声压）P_0 的比值取常用对数再乘以 20 的值，单位为分贝（dB）。可闻声的声压级为 0~120 dB。

（2）噪声级。

为了模拟人耳在不同频率有不同的灵敏性，在声级计内设有一种能够模拟人耳的听觉特性，把电信号修正为与听觉近似值的网络，这种网络称作计权网络。通过计权网络测得的声压级，已不再是客观物理量的声压级，而是经过听感修正的声压级，称作计权声级或噪声级。

国际电工委员会（IEC）对声学仪器规定了 A、B、C 等几种国际标准频率计权网络，它们是参考国际标准等曲线而设计的。由于 A 计权网络的特性曲线接近人耳的听感特性，故目前普遍采用 A 计权网络对噪声进行测量和评价，记作 dB（A）。

2. 汽车噪声的检验标准

根据《营运车辆综合性要求和检验方法》（GB 18565—2001）中规定，对于在用汽车，从汽车定值噪声、客车车内噪声、驾驶人耳旁噪声和喇叭声级四个方面，对汽车噪声进行控制，并规定了噪声的限值和测量方法。

汽车定值噪声是指被检车辆定置（不行驶）在测量场地上，发动机处于空载运转状态，按 GB 16170—19963 中规定的方法测得的噪声，其限值如表 5-8 所示。

表 5-8　汽车定置噪声限值

车辆类型	燃料种类		1998年1月1日前出厂车辆	1998年1月1日起出厂车辆
轿车	汽油		87	85
轻型客车、货车	汽油		90	88
97 轻型客车、货车、越野车	汽油	$n \leqslant 4\ 300$ r/min	94	92
	汽油	$n > 4\ 300$ r/min	97	95
	柴油		100	98

续表

车辆类型	燃料种类		1998年1月1日前出厂车辆	1998年1月1日起出厂车辆
中型客车、货车、大型客车	汽油		97	95
	柴油		103	101
重型货车	柴油	$P \leqslant 147$ kW	101	99
		$P > 147$ kW	105	103
备注：P—发动机额定功率；n—发动机额定转速。				

（1）客车车内噪声的限值。

按照 GB 7258—2004《机动车运行安全技术条件》规定，客车以 50 km/h 的速度均匀行驶时，客车车内噪声声级应不大于 79 dB（A）。

（2）汽车驾驶员耳旁噪声级。

按照 GB 7258—2004《机动车运行安全技术条件》中规定，汽车驾驶人耳旁噪声声级应不大于 90 dB（A）。

（3）机动车喇叭声级。

机动车喇叭声级在距车前 2 m、离地高 1.2 m 处测量时，其值应为 90~115 dB。

3．汽车噪声检验的仪器

在汽车噪声的测量方法中，国家标准规定使用的仪器是声级计。

声级计是一种能把噪声以近似于人耳听觉特性测定其噪声级的仪器，可以用来检测机动车的行驶噪声、排气噪声和喇叭声音响度级。

声级计一般由传声器、放大器、衰减器、计权网络、检波器、指示表头和电源等组成。其工作原理是：被测的声波通过传声器被转换为电压信号，根据信号大小选择衰减器或放大，放大后的信号送入计权网络作处理，最后经过检波在以 dB 标度的表头上指示出噪声数值。

国家标准规定，汽车噪声使用的测量仪器有精密声级计或普通声级计和发动机转速表，声级计误差不超过±2 dB，并要求在测量前后，按规定进行校准。

4．汽车噪声的测量方法

（1）车外噪声测量方法。

1）测量条件。

① 测量场地应平坦而空旷，在测试中心以 25 m 为半径的范围内，不应有大的反射物，如建筑物、围墙等。

② 测试场地跑道应有 20 m 以上平直、干燥的沥青路面或混凝土路面，路面坡度不超过 0.5%。

③ 本底噪声是指测量对象噪声不存在时，周围环境的噪声。本底噪声（包括风噪声）应比所测车辆噪声至少低 10 dB，并保证测量不被偶然的其他声源所干扰。

④ 为避免风噪声干扰，可采用防风罩，但应注意防风罩对声级计灵敏度的影响。

⑤ 声级计附近除测量者外，不应有其他人员，如不可缺少时，则必须在测量者背后。

⑥ 被测车辆不载重，测量时发动机应处于正常使用温度，车辆带有其他辅助设备亦是噪声源，测量时是否开动，应按正常使用情况而定。

2）测量场地及测点位置。

图 5-27 所示为汽车噪声的测量场地及测量位置，测试传声器位于 20 m 跑道中心点 O 两侧，分别距中线 7.5 m、距地面高度 1.2 m，用三脚架固定，传声器平行于路面，其轴线垂直于车辆行驶方向。

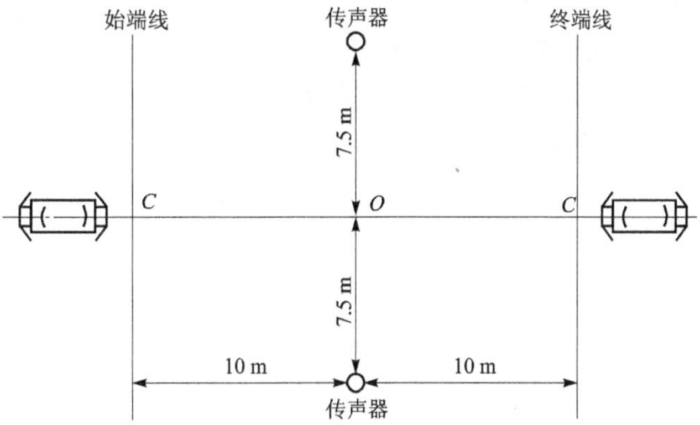

图 5-27 车外噪声测量场地及测量位置

3）加速行驶车外噪声测量方法。

① 车辆须按规定条件稳定地到达始端线，前进挡位为 4 挡以上的车辆用第 3 挡，前进挡位为 4 挡或 4 挡以下的用第 2 挡，发动机转速为其标定转速的 3/4。如果此时车速超过了 50 km/h，那么车辆应以 50 km/h 的车速稳定地到达始端线。对于自动变速器的车辆，应使用在试验区间加速最快的挡位。辅助变速装置不应使用。在无转速表时，可以控制车速进入测量区，即以所定挡位相当于 3/4 标定转速的车速稳定地到达始端线。

② 从车辆前端到达始端线开始，立即将加速踏板踏到底或节气门全开，直线加速行驶，当车辆后端到达终端线时，立即停止加速。车辆后端不包括拖车以及和拖车连接的部分。

本测量要求被测车在后半区域发动机达到标定转速，如果车速达不到这个要求，则可延长 OC 距离为 15 m，如仍达不到这个要求，则车辆使用挡位要降低一挡。如果车辆在后半区域超过标定转速，则可适当降低到达始端线的转速。

③ 声级计用"A"计权网络、"快"挡进行测量，读取车辆驶过时的声级计表头最大读数。

④ 同样的测量往返进行 1 次。车辆同侧两次测量结果之差应不大于 2 dB，并把测量结果记入规定的表格中。取每侧 2 次声级平均值中最大值作为检测车的最大噪声级。若只用 1 只声级计测量，同样的测量应进行 4 次，即每侧测量 2 次。

4）匀速行驶车外噪声测量方法。

① 车辆用常用挡位，加速踏板保持稳定，以 50 km/h 的车速匀速通过测量区域。

② 声级计用"A"计权网络、"快"挡进行测量，读取车辆驶过时声级计的最大读数。

③ 同样的测量往返进行 1 次，车辆同侧两次测量结果之差应不大于 2 dB，并把测量结果记入规定的表格中。若只用 1 个声级计测量，同样的测量应进行 4 次，即每侧测量 2 次。

（2）车内噪声测量方法。

1）测量条件。

① 测量跑道应有足够试验需要的长度，且应是平直、干燥的沥青路面或混凝土路面。

② 测量时风速（指相对于地面）应不大于 3 m/s。

③ 测量时车辆门窗应关闭。车内带有其他辅助设备为噪声源，测量时是否开动，应按正

常使用情况而定。

车内本底噪声比所测车内噪声至少低 10 dB，并保证测量不被偶然的其他声源所干扰。

车内除驾驶员和测量人员外，不应有其他人员。

2）测点位置。

① 车内噪声测量通常在人耳附近布置测点，传声器朝车辆前进方向。

② 驾驶室内噪声测点的位置如图 5-28 所示。

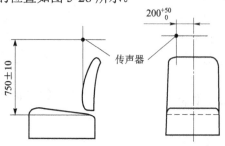

图 5-28　驾驶室内噪声测点的位置

3）测量方法。

① 车辆以常用挡位、50 km/h 以上的不同车速匀速行驶，分别进行测量。

② 用声级计"慢"挡测量"A"挡"C"计权声级，分别读取最大读数的平均值，测量结果记入规定的表格中。

二、任务实施

项目（一）汽车前照灯检测

1. 项目说明

汽车前照灯检测是汽车安全性能检测的重要项目。前照灯诊断的主要参数是发光强度和光束照射位置。当发光强度不足或光束照射位置偏斜时，会造成夜间行车驾驶员视线不清，或使迎面来车的驾驶员炫目，将极大地影响行车安全，所以应定期对前照灯的发光强度和光束照射位置进行检测、校正。前照灯的技术状况可用前照灯校正仪检测。

按照前照灯校正仪的结构特征与测量方法不同，常用汽车前照灯校正仪可分为投影式和自动追踪光轴式两种类型。

不同类型的前照灯校正仪均由接受前照灯光束的受光器、使受光器与汽车前照灯对正的照准装置、前照灯发光强度指示装置、光轴偏斜方向和偏斜量指示装置及支柱、底板、导轨、汽车摆正找准装置等组成。

投影式前照灯检测仪采用把前照灯光束的影像映射到投影屏上，来检测发光强度和光轴偏斜量。检测时，测试距离一般为 3 m。

2. 技术要求与标准

（1）一个学员能在 20 min 内完成此项目。

（2）技术标准。

1）前照灯光束照射位置的检验标准。

根据 GB 7258—2004《机动车运行安全技术条件》的规定，汽车前照灯的检验指标为光束照射位置的偏移值和发光强度（cd）。前照灯光束照射位置应符合以下要求：

① 机动车（运输用拖拉机除外）在检验前照灯的近光光束照射位置时，前照灯在距离屏幕 10 m 处，光束明暗截止线转角或中点的高度应为 $0.6H$～$0.8H$（H 为前照灯基准中心高度），其水平方向位置向左向右偏移均不得超过 100 mm。

② 四灯制前照灯其远光单光束灯的调整，在屏幕上光束中心离地高度为 $0.85H$～$0.90H$，水平位置左灯向左偏移不得大于 100 mm，向右偏移不得大于 170 mm；右灯向左或向右偏移均不得大于 170 mm。

③ 机动车装用远光和近光双光束灯时，以调整近光光束为主。对于只能调整远光单光束的灯，则调整远光单光束。

2）前照灯发光强度的检验标准。

根据 GB 7258—2004《机动车运行安全技术条件》的规定，机动车每只前照灯的远光光束发光强度（cd）要求见表 5-1。测试时，其电源系统应处于充电状态。

3. 设备器材

（1）待检汽车一辆。

（2）投影式前照灯检测仪、自动追踪光轴式前照灯检测仪各一台。

4. 作业准备（检测前的准备）

（1）前照灯检测仪的准备。在不受光的情况下，调整光度计和光轴偏斜量指示计是否对准机械零点。若指针失准，则可用零点调整螺钉调整。

检查聚光透镜和反射镜的镜面上有无污物。若有，则可用柔软的布料或镜头纸擦拭干净。

检查水准器的技术状况。若水准器无气泡，则应进行修理或更换；若气泡不在红线框内，则可用水准器调节器或垫片进行调整。

检查导轨是否沾有泥土等杂物。若有，则应扫除干净。

（2）被检车辆的准备。清除前照灯上的污垢；轮胎气压应符合汽车制造厂的规定；前照灯开关和变光器应处于良好状态；汽车蓄电池和充电系统应处于良好状态。

5. 操作步骤

（1）用投影式前照灯检测仪检测发光强度和光轴偏斜量的过程如图 5-29（a）～图 5-29（h）所示。

1）待检车辆沿引导线居中驶入离检测仪规定的距离 3 m 处停车，如图 5-29（a）所示。

2）开启前照灯远光灯，如图 5-29（b）所示。

3）将前照灯检测仪推到左前照灯的前方检测左远光灯，如图 5-29（c）所示。

4）开启前照灯近光灯检测左近光灯，如图 5-29（d）所示。

5）从光轴刻度盘上读取光轴偏斜量，如图 5-29（e）所示。

6）从光度计上读取发光强度，如图 5-29（f）所示。

7）用同样方法检测右前照灯，如图 5-29（g）所示。

8）检测结束后关闭检测仪的电源，检测仪回位，如图 5-29（h）所示。

图 5-29 用投影式前照灯检测仪检测发光强度和光轴偏斜量的过程

(a) 待检车辆沿引导线居中驶入离检测仪规定的距离 3 m 处停车；(b) 开启前照灯远光灯；(c) 将前照灯检测仪推到左前照灯的前方检测左远光灯；(d) 开启前照灯近光灯检测左近光灯；(e) 从光轴刻度盘上读取光轴偏斜量；
(f) 从光度计上读取发光强度；(g) 用同样方法检测右前照灯；(h) 检测结束后关闭检测仪的电源，检测仪回位

（2）自动追踪光轴式前照灯检测仪检测发光强度及光轴偏斜量的检测过程如图5-30（a）～图5-30（f）所示。

1）待检车辆沿引导线居中驶入离检测仪规定的距离3 m处停车，如图5-30（a）和图5-30（b）所示。

2）开启前照灯远光灯，检测仪自动搜寻右远光灯，如图5-30（c）所示。

3）开启前照灯近光灯，检测仪自动搜寻右近光灯，如图5-30（d）所示。

4）开启前照灯远光灯，检测仪自动搜寻左远光灯，如图5-30（e）所示。

5）开启前照灯近光灯，检测仪自动搜寻左近光灯，如图5-30（f）所示。

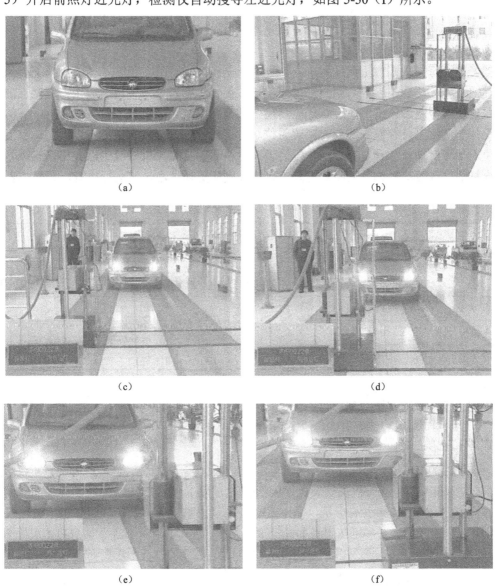

图 5-30　自动追踪光轴式前照灯检测仪检测发光强度和光轴偏斜量的过程

（a），（b）待检车辆沿引导线居中驶入离检测仪规定的距离3 m处停车；
（c）开启前照灯远光灯，检测仪自动搜寻右远光灯；（d）开启前照灯近光灯，检测仪自动搜寻右近光灯；
（e）开启前照灯远光灯，检测仪自动搜寻左远光灯；（f）开启前照灯近光灯，检测仪自动搜寻左近光灯

6. 检测结果分析

前照灯检验不合格有两种情况，一种是前照灯发光强度偏低，另一种是前照灯照射位置偏斜。

（1）左右前照灯发光强度均偏低。

1）检查前照灯反光镜的光泽是否明亮，如昏暗或镀层剥落或发黑，则应予以更换。

2）检查灯泡是否老化、质量是否符合要求，如老化或质量不符合要求，光度偏低者应更换。

3）检查蓄电池端电压是否偏低，如端电压偏低，则应先充足电再检测。仅靠蓄电池供电，前照灯发光强度一般很难达到标准的规定，故检测时应用发电机供电。

（2）左右前照灯发光强度不一致。

检查发光强度偏低的前照灯的反射镜光泽是否灰暗、灯泡是否老化、质量是否符合要求，一般多为搭铁线路接触不良。

（3）前照灯光束照射位置偏斜。

前照灯安装位置不当或因强烈振动而错位致使光束照射位置偏斜，应予以调整。前照灯光束照射位置偏斜的调整可在前照灯检测仪上进行。

根据检测标准，在检测调整光束照射位置时，对于远、近双光束灯，以检测调整近光光束为主。如果制造质量合格的灯泡，近光调整合格后，远光光束一般也能合格；若近光光束调整合格后，经复核远光光束照射方向不合格，则应更换灯泡。请进行检测，并完成表5-9。

表5-9 前照灯检测作业表

学生姓名			车辆型号			
检测项目	检测标准		检测数据		是否合格	结果分析及采取措施
	左前照灯	右前照灯	左前照灯	右前照灯		
垂直偏差						
水平偏差						
发光强度						

项目（二）汽车尾气检测

1. 项目说明

目前使用的汽车排气分析仪中，汽油车尾气排放污染物的检测仪器有红外线分析仪、氢火焰离子分析仪和化学发光分析仪等设备。根据现有的设备，使用BOSCH 740综合分析仪进行尾气排放检测，BOSCH 740综合分析仪操作简单，使用方便。能比较直观地看到被测相关参数，可对闭环控制电子燃油发动机在用汽车进行排放监控，并对其进行怠速、高怠速工况检测及分析。更加直观地学习汽车尾气排放的检测方法，从而通过科学的分析方法找到汽车故障原因所在。

2. 技术要求与标准

（1）被测车辆发动机进气系统应装有空气滤清器，排气系统应装有排气消声器，并不得有泄漏。

（2）发动机正常运转；离合器处于接合位置；油门踏板处于松开位置；变速器处于空挡位置。

(3）汽车所用汽油应符合国家标准的规定。

(4）按照《点燃式发动机汽车排放污染物排放限值及测量方法（双怠速法及简易工况法）》GB 18285—2005 规定的汽车怠速和高怠速工况下排气污染物限值的要求，轻型汽车高怠速转速为 2 500 r/min±100 r/min。

3. 设备器材

（1）诊断仪的连接电源。

（2）BOSCH 740 综合分析仪，如图 5-31 所示。

图 5-31　BOSCH 740 综合分析仪

（3）轻型汽车及尾气排放装置，如图 5-32 和图 5-33 所示。

图 5-32　在用汽车　　　　　图 5-33　尾气排放装置

4. 作业准备

（1）工具准备　　　　　　　　　　　　　　　　　　□ 任务完成

（2）车辆准备　　　　　　　　　　　　　　　　　　□ 任务完成

（3）仪器准备　　　　　　　　　　　　　　　　　　□ 任务完成

（4）记录单准备　　　　　　　　　　　　　　　　　□ 任务完成

5. 操作步骤

（1）怠速工况法。

1）BOSCH 740 综合分析仪电源连接。
2）BOSCH 740 综合分析仪与车辆连接，如图 5-34 所示。
① BOSCH 740 综合分析仪蓄电池夹连接（红色接蓄电池正极，黑色接蓄电池负极），如图 5-35 所示。

图 5-34　综合分析仪与车辆连接

图 5-35　蓄电池夹子连接

② 取出机油尺，将机油温度传感器插入机油尺插口并固定到标准位置，如图 5-36 所示。
3）按照 BOSCH 740 综合分析仪说明书调试设备。
① 起动车辆发动机处于怠速工况，输入车辆信息，如图 5-37 和图 5-38 所示。

图 5-36　机油温度传感器插入机油口并到位

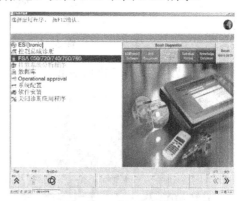

图 5-37　选择设备类型

② 系统自动进入零点调整状态，如图 5-39 所示。

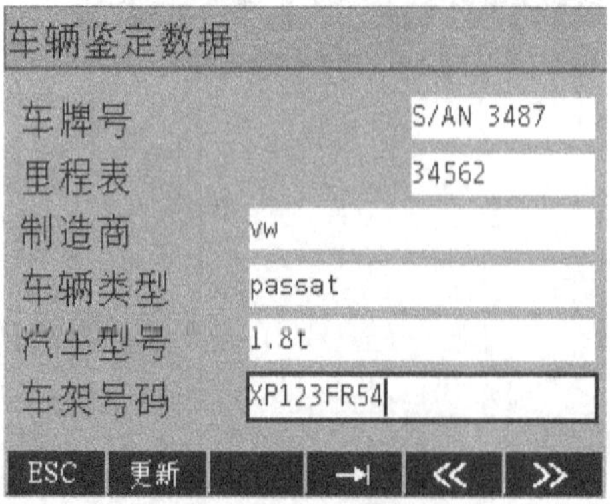

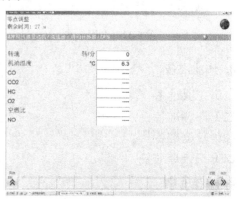

图 5-38　输入车辆信息

图 5-39　进入零点调整状态

③ 根据显示屏提示，设备自动进入泄漏测试状态，用堵头堵住取样探头，时间为30 s，显示器将显示泄漏测试结果，如图5-40和图5-41所示。

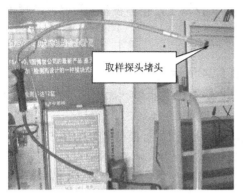

图5-40　用堵头堵住取样探头口

图5-41　泄漏测试结果显示

④ 在无泄漏的情况下，查看显示器机油温度读数直到规定的正常温度（89℃），将取样探头堵头取下。

4）发动机降至怠速状态后，将取样探头插入排气管中，并固定于排气管上，如图5-42和图5-43所示。

5）观察显示器所显示的有关参数，如图5-44和图5-45所示，并保存到文件中或者打印出来。

图5-42　取样探头插入排气管

图5-43　固定取样探头到位

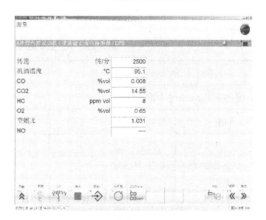

图5-44　检测结果显示　　　　图5-45　高怠速状态显示结果

6）测量工作结束后，把取样探头从排气管里抽出来，让它吸入新鲜空气 5 min，然后倒挂于仪器上，并填写记录表，如表 5-10 所示。

7）拆下蓄电池夹子和油温传感器并按照顺序挂在仪器上，整理设备和工具，清理卫生。

（2）双怠速工况法。

1）BOSCH 740 综合分析仪电源连接。

2）BOSCH 740 综合分析仪与车辆连接，如图 5-34 所示。

① BOSCH 740 综合分析仪蓄电池夹连接（红色接蓄电池正极，黑色接蓄电池负极）如图 5-35 所示。

② 取出机油尺，将机油温度传感器插入机油尺插口并固到标准位置，如图 5-36 所示。

3）按照 BOSCH 740 综合分析仪说明书调试设备。

① 起动车辆，发动机处于怠速工况，输入车辆信息，如图 5-37 和图 5-38 所示。

② 系统自动进入零点调整状态，如图 5-39 所示。

③ 根据显示屏提示，设备自动进入泄漏测试状态，用堵头堵住取样探头，时间 30 s，显示器将显示泄漏测试结果，如图 5-40 和图 5-41 所示。

④ 在无泄漏的情况下，查看显示器机油温度读数直到规定的正常温度（89℃），将取样探头堵头取下。

4）发动机降至怠速状态后，将取样探头插入排气管中，并固定于排气管上，如图 5-42 和图 5-43 所示。

5）观察显示器所显示的有关参数，如图 5-44 和图 5-45 所示，并保存到文件中或者打印出来。

6）发动机由怠速工况加速至 0.7 倍额定转速，维持 60 s 后降至高怠速状态（2 000 r/min±50 r/min）并维持 60 s，插入取样探头到观察显示器参数，并把参数保存记录或者打印出来，把打印出的数据填写到表 5-11 中。

7）测量工作结束后，把取样探头从排气管里抽出来，让它吸入新鲜空气 5 min，然后倒挂于仪器上。

8）拆下蓄电池夹子和油温传感器并按照顺序挂在仪器上，整理设备和工具，清理卫生。

6. 检测结果分析

（1）怠速工况法，废气检测结果分析见表 5-10。

表 5-10 废气检测结果分析表（怠速工况法）

怠速工况法		检 测 结 果				检测结果分析	解决方案
车速为 800 r/min±100 r/min							
车型	检测标准	CO	HC	CO_2	O_2		
汽车 2005 年 7 月 1 日起新生产的第一类轻型汽车	怠速工况 CO—0.5% HC—100%						

（2）双怠速工况法，废气检测结果分析见表 5-11。

表 5-11 废气检测结果分析表（双怠速法）

双怠速法		检测结果				检测结果分析	解决方案
车速为 800 r/min±100 r/min 和 2 000 r/min±50 r/min							
车型	检测标准	CO	HC	CO_2	O_2		
汽车 2005 年 7 月 1 日起新生产的第一类轻型汽车	怠速工况 CO—0.5% HC—100%						
	高怠速工况 CO—0.3% HC—100%						

项目（三）汽车喇叭检测

1. 项目说明

为了使汽车喇叭起到警示功能，喇叭声级不能过低，但同时为减少喇叭声对城市环境的影响，喇叭声应做适当的控制。

2. 技术要求与标准

根据 GB 18565—2001 的规定，喇叭声级应为 90～115 dB（A）。

3. 设备器材

（1）在用车辆一辆。

（2）喇叭噪声检测工具声级计。

4. 作业准备

（1）在用车辆准备　　　　　　　　　　　　　　　　□ 任务完成

（2）仪器准备　　　　　　　　　　　　　　　　　　□ 任务完成

（3）记录单准备　　　　　　　　　　　　　　　　　□ 任务完成

5. 操作步骤

（1）喇叭测声设备准备。

准备好喇叭噪声检测工具声级计，并确定其位置，要求离停车位置 2 m、离地高度 1.2 m，麦克风要面向汽车，如图 5-46 和图 5-47 所示。

（2）输入车辆信息进入工位。

根据检测流程，将车驶入检测工位，并观察显示屏幕处于待命状态，如图 5-48 和图 5-49 所示。

（3）检测操作并记录检测结果。

按照显示屏提示，开始喇叭声级检测，按喇叭三次，间隔时间 2 s，并迅速记录每次检查结果，填写喇叭噪声记录表。

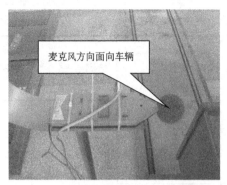

图 5-46　声级计调整方向面向车辆

图 5-47　声级计定位状态

图 5-48　汽车喇叭噪声的测点位置

图 5-49　汽车驶入待命区

（4）检测注意事项。

汽车喇叭声的测点位置如图 5-48 所示，测量时应注意不被偶然的其他声源峰值所干扰。测量次数宜在 2 次以上，并注意监听喇叭声是否悦耳。

6. 检测结果分析

声级计检测结果记录单见表 5-12。

表 5-12　声级计检测结果记录单

车型	检测标准	检测结果		检测结果分析	解决方案
轻型车辆	喇叭声级在距车前 2 m、离地高 1.2 m 处测量时，其值应为 90~115 dB。	第一次			
		第二次			
		第三次			

三、拓展学习

汽车环保检测

随着汽车产销量的激增，我国国内汽车保有量迅速扩大。虽然中国千人汽车保有量还不足世界平均水平的一半，但已经给国内的能源供应、环境保护和道路交通带了巨大压力。近年来国内新增炼油能力全部被新增汽车消耗,汽车尾气成为许多大城市空气污染的主要来源,汽车与环境的矛盾日益突出。为此,我国部分城市已开始出台汽车环保法规和政策,并在地方建立市区机动车环保检测线。原来机动车尾气由公安车管所代检,采用的是"怠速工况法",也就是在车辆发动机自然运转、未加油门情况下进行的检测,但其不能完全检出车辆尾气排放的污染成分。随着国家对大气污染防治的重视,"怠速工况法"检测已越来越不适应形势发展的需要。目前,环保检测所采用的检测方法是"稳态工况法""瞬态工况法""简易瞬态工况法"。这些工况法检测线全程由电脑控制,与地方环保部门数据标准库联网,在模拟车辆各种运行状况(包括怠速、加速、急剧加速等情况)下检测尾气。检测合格的机动车,根据国家尾气排放标准和地方环保部门授权,颁发绿色环保标志,如图 5-50 和图 5-51 所示。

图 5-50 环保检测线

图 5-51 环保标志

1. "工况法"的优点

"工况法"与"怠速法"相比,不仅准确率可靠,而且效率也大幅度提高,其检测一辆车仅需 3 min,效率较以往提高 5 倍以上。

2. 环保检测常用的"工况法"介绍

环保检测线对机动车环保监测常用的方法有"稳态工况法""瞬态工况法""简易瞬态工况法"等,简称"工况法",下面简单介绍一下这几种"工况法"的知识。

(1) 稳态工况法。

稳态工况法(ASM)是指汽车预热到规定的热状态后,加速至规定车速,根据汽车规定车速时的加速负荷,通过底盘测功机对汽车加载,使汽车保持等速运转的运行工况,在此工况下测试汽车排气污染物情况。

ASM 测试运转循环由 ASM5025 和 ASM2540 两个稳态工况组成,其规范如图 5-52 所示。

1) ASM5025 工况。

经预热后的车辆加速至 25.0 km/h,测功机以车辆速度为 25.0 km/h、加速度为 1.475 m/s^2 时输出功率的 50% 作为设定功率对车辆加载,工况计时器开始计时($t=0$ s)。车辆以 (25.0 ± 1.5) km/h 的速度持续运转 5 s,如果底盘测功机模拟的惯量值在计时开始后持续 3 s 超出所规定误差范围,工况计时器将重新开始计时($t=0$ s)。如果再次出现该情况,检测将被停止。系统将根据分析仪最长响应时间进行预置(如果分析仪响应时间为 10 s,则预置时间为 10 s,$t=15$ s),然后系统开始取样,持续运行 10 s($t=25$ s)即为 ASM5025 快速检查工况。ASM5025 快速检查工况结束后继续运行至 90 s($t=90$ s)即为 ASM5025 工况。

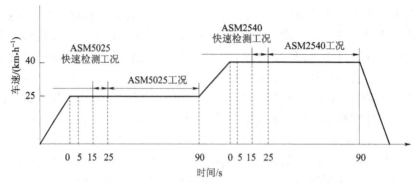

图 5-52 稳态工况法（ASM）试验运转循环

2）ASM2540 工况。

ASM5025 工况检测结束后，车辆立即加速至 40.0 km/h，测功机以车辆速度为 40.0 km/h、加速度为 1.475 m/s² 时输出功率的 25%作为设定功率对车辆加载，工况计时器开始计时（$t=0$ s）。车辆以（40.0+1.5）km/h 的速度持续运转 5 s，如果底盘测功机模拟的惯量值在计时开始后持续 3 s 超出所规定误差范围，工况计时器将重新开始计时（$t=0$ s）。如果再次出现该情况，检测将被停止。系统将根据分析仪最长响应时间进行预制（如果分析仪响应时间为 10 s，则预时间为 10 s，$t=15$ s），然后系统开始取样，持续运行 10 s（$t=25$ s）即为 ASM2540 快速检测工况。ASM2540 快速检测工况结束后继续运行至 90 s（$t=90$ s）即为 ASM2540 工况。

（2）瞬态工况法。

瞬态工况法是使汽车在底盘测功机上运转以模拟汽车真实运行工况，在加载情况下测定汽车发动机排出的各种废气成分的瞬态浓度值，其真实反映汽车实际行驶时的排放特征。瞬态工况法的试验循环包含了怠速、加速、匀速和减速等各种工况，所以要比怠速法和 ASM 法复杂。瞬态工况法排气污染物测量值的单位以 g/km 表示。

由于这种排放测试系统不仅体积庞大，而且价格昂贵，故限制了它的广泛使用。至今，各国按多任务工况循环法制定的汽车行驶排放标准仅作为定型鉴定、科研和生产抽检之用。

瞬态工况法排放测试系统的基本配置有底盘测功机、排气取样系统和排气分析仪。

底盘测功机应配备功率吸收装置和惯性飞轮组（或电模拟惯量），以模拟道路行驶阻力和汽车加速惯量。它应装备双滚筒，且滚筒直径为 200～530 mm，适用于最大总质量不大于 3 500 kg 的轻型汽车。其最大功率要保证在 100 km/h 时为 56 kW，其最大安全测试速度为 130 km/h。

排气取样系统采用临界流量文氏管（CFV）式定容取样系统（CVS），可以连续计量及在控制条件下用环境空气稀释采集到的排气样气。取样探头安装在 CVS 系统内，其结构应保证采集的样气为连续、等容积的。由于设备所在试验场地的环境温度可能较低，故要求取样管为加热式，加热温度最低为 50℃、最高为 120℃，试验期间应能够对该温度进行监控。

排气分析系统应能对 HC、CO、CO_2、NO_x 几种排气污染物自动取样、积分和记录。对分析仪器的准确度、精度、抗干扰、噪声等有关特性的要求与美国 EPA420 R-00-007 法规中相关规定一致。总碳氢化合物（THC）分析采用 FID 法，CO 和 CO_2 分析均采用 NDIR 法，NO_x 分析应采用 CLD 法。

与稳态工况相比，瞬态工况法不仅能够识别排放高的车辆，而且能够判别车辆是否得到正确维修，并能对活性炭罐蒸发排放控制系统的功能进行检查。

(3) 简易瞬态工况法。

简易瞬态工况法是美国最新开发的一种在用车排放测试方法，以克服瞬态工况法费用太高的缺点。该方法成本略高于稳态工况法，但比瞬态工况法低且测试精度较高。

简易瞬态工况法仍采用与瞬态工况完全相同的运行工况，使用与瞬态工况法相同的底盘测功机，并吸取了瞬态工况测量稀释排气量最终可得出污染物排放质量的优点，其简易之处是吸取了 ASM 直接利用简便式废气分析仪就可对各个污染物浓度测试的特点，采用"气体流量分析仪"来测得汽车的排气流量，经处理计算，最终也可得出在用车每种污染物排放质量。由于没有采用复杂的 CVS 废气分析系统，故操作简单，设备投资降低 50%。

简易瞬态工况污染物排放试验设备包括一个至少能模拟加速惯量和匀速负荷的底盘测功机、一个五气排气分析仪和一个气体流量分析仪等组成的采样分析系统，它可以实时地分析汽车在负荷工况下排气污染物的排放质量。简易瞬态工况法排气污染物测量值的单位也用 g/km 表示。

简易瞬态工况法与瞬态工况法的测试工况和所使用的底盘测功机相同。五气排气分析仪对 CO、HC 和 CO_2 采用 NDIR 法进行分析，对 NO 采用电化学法进行分析。

气体流量分析仪的作用是最终检测出排放污染物的质量。其结构由微处理器、锆氧气传感器、鼓风机、通气室、流量传感器、温度和压力传感器组成。其中锆氧传感器是用来测量在测试过程中稀释气体的氧气浓度改变的传感装置，它也可以测量测试开始时环境空气的氧气浓度。通过与五气排气分析仪氧气浓度比较，还可以用来计算稀释比率。流量传感器测得的流量值是稀释气体的实际流量，即经过温度和压力补偿校正后得到的标准流量。

采样系统有两个分支，一个分支是五气排气分析仪采样管抽取小量原始排放气体送至五气排气分析仪，分析原排放污染物浓度；另一个分支是气体流量分析仪的抽气机吸入排气管剩余排放气体，与环境空气混合稀释后，送至气体流量分析仪，通过分析得到排气流量。

在数据采集过程中，系统将实时测量的排放气体浓度和稀释流量值送给计算机，并由计算机计算出每秒污染物质量排放值。

3. "工况法"的检测流程

(1) 环保检测线整个流程，如图 5-53 所示。

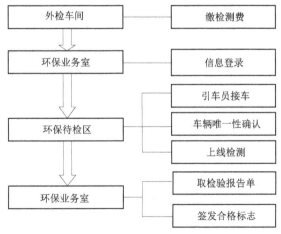

图 5-53 环保检测流程

(2) 环保检测线的机动车尾气排放检测仪，如图 5-54 和图 5-55 所示。

图 5-54 尾气排放检测仪

图 5-55 尾气排放仪显示屏

(3) 环保检测线检测步骤。

1) 检测人员首先进行车辆信息输入,将车辆行驶证信息输入电脑,随后检测线上液晶屏上显示检测车辆号牌后,开始出现操作提示。

2) 根据操作提示将车开进检测线,将前轮(驱动轮)停在底盘测功机上,并将一根长取样探头伸入排气管内,如图 5-56 和图 5-57 所示。

图 5-56 取样探头插入配气管

图 5-57 底盘测功机

3) 按提示加大油门将车速保持在 25 km/h 上下,检测员面前的显示屏上即显示出尾气中一氧化碳、二氧化碳、氮氧化物、碳氢化合物、铅及硫氧化合物等主要污染物的含量指标。

4) 约 0.5 min 后,液晶屏上显示检测结束,在屏幕右下角出现了两个红字"合格"。尾气通过采样后自动分析汽车尾气排放物,随即就会出具一张检测表格。如果检测合格,车主即可拿着这张表格到环保局服务柜台领取绿色环保标志了。

学习任务 6

车底检测

张先生驾驶一辆东风标致 207 车来到检测站检测车辆，根据流程行至底盘工位，由检测技师对其车辆进行检测。

通过本任务学习，应能：
1. 了解检测线流程；
2. 了解车底检测使用的工具及设备；
3. 掌握车底检测的检测内容及项目；
4. 掌握车底检测的标准；
5. 对检测结果进行分析。

2 学时。

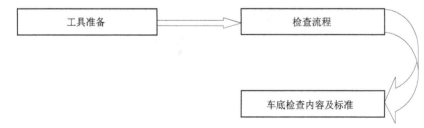

一、知识准备

(一)工具准备

常用工具如图 6-1～图 6-4 所示。

图 6-1 快速扳手一套

图 6-2 世达工具一套

图 6-3 限力扳手、锤子、撬杠

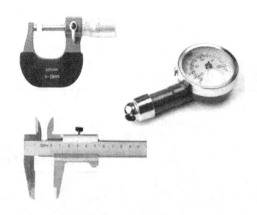

图 6-4 量具

（二）检查流程（见图6-5）

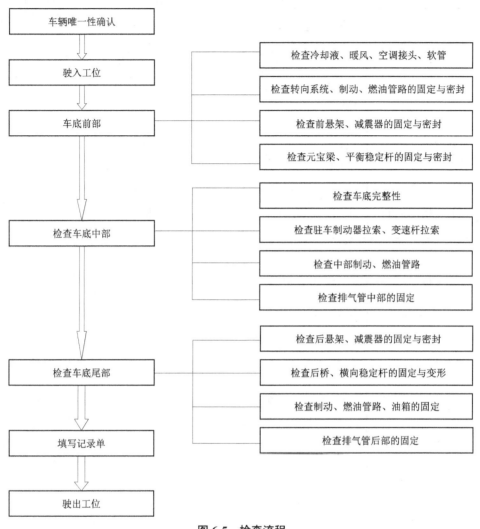

图6-5　检查流程

（三）车底检查内容及标准

车底外观检查项目及标准见表6-1。

表6-1　车底外观检查项目及标准

序号	检查项目	检查标准	序号	检查项目	检测标准
1	发动机及其连接	发动机托架前部紧固，100 N·m；发动机托架后部紧固，100 N·m	3	发动机及变速箱等动力总成油底壳	无磕碰、无渗漏
2	冷却水箱上下管路	固定良好、无渗漏	4	转向器的转向轴及其万向节	无松旷

续表

序号	检查项目	检查标准	序号	检查项目	检测标准
5	转向器支架	固定牢靠	20	制动管路检查	接头牢靠、无渗漏、无老化
6	转向器连接部位	转向机构与发动机托架紧固，80 N·m	21	变速传动机构	无松旷、无变形
7	转向器	固定牢靠，无松旷、无渗漏	22	离合器及操纵机构	走向正确、无松旷
8	转向节及其连接部位检查	转向节与减震器紧固，80 N·m；转向节下部紧固，50 N·m。防尘套无破损、无老化	23	变速器底部密封检查	无渗漏、无磕碰
9	转向横拉杆检查	转向横拉杆球头紧固，35 N·m。防尘套无老化、无破损	24	驻车制动器检查	拉索固定牢靠、走向正确
10	三角臂与发动机托架连接	三角臂与发动机托架前部连接紧固，110 N·m；三角臂与发动机托架后部连接紧固，110 N·m	25	隔热板固定检查	固定良好、无变形
11	左、右三角臂与连接杆	三角臂与连接杆紧固，70 N·m，防尘套无破损、无老化	26	减震器检查	减震器上部紧固，62 N·m；减震器下部紧固，57 N·m。无渗漏
12	左前、右前减震器	无变形、无渗漏	27	排气管及三元催化器检查	固定牢靠
13	传动轴检查	无松旷、无渗漏	28	后悬架检查	叉形座与车身紧固，62 N·m；后桥与叉形座紧固，76 N·m。检查油封无渗漏
14	横向稳定杆检查	连接杆与稳定杆紧固，36 N·m；稳定杆与支撑紧固，104 N·m。防尘套无破损、无老化	29	后桥横向平衡杆检查	无变形
15	制动分泵软管	无渗漏、无老化	30	缓冲器、保险杠、牵引钩	固定牢靠、无磕碰
16	制动盘、制动盘最大磨损量	制动盘磨损量最大2 mm，制动片最大磨损量不超过2 mm	31	备胎架固定检查	固定牢靠
17	轮胎气压	前轮 2.3 bar[①]，后轮 2.1 bar，备胎 2.1 bar	32	油箱及油箱隔热板固定	固定牢靠、无磕碰
18	燃油管路检查	固定良好，走向正确，无渗漏、无老化	33	两个前轮制动盘、制动片	超出磨损极限应更换
19	线束、传感器	走向正确、无老化	34	观察轮胎标识为标准	用数显轮胎气压表检测符合标准

① 1 bar=0.1 MPa。

二、任务实施

项目（一）车底检查

1. 项目说明

车底工位检测是检测线的重要环节之一，车辆的技术性随着行驶里程的增加以及各种环境因素的影响而发生变化，各总成和零部件必然会产生不同程度的磨损、松动、变形或其他损伤等，原有的尺寸、形状和表面质量会发生变化，破坏零部件的配合特性和工作条件。由于车底制动、转向、悬架、燃油管理等主要安全部件直接影响行车安全，因此，对车底工位检查有着重要的意义。

车底检查要遵循以下操作要点："二边"即边检查、边记录；"四到"即目视检查的部位要做到眼到、手到、嘴到、心到。

2. 技术要求与标准

由于车型的不同，对汽车底盘工位检查的工艺标准要求也不一样，一般按照具体车型的检查工艺标准要求进行。

3. 设备器材

（1）东风标致 207 车辆一台，如图 6-6 所示。
（2）双立柱式举升机一台，如图 6-7 所示。
（3）检查工具一套。

图 6-6　轻型车辆

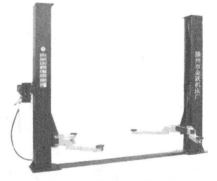

图 6-7　双立柱式举升机

4. 作业准备

（1）车辆及设备准备　　　　　　　　　　　　□ 任务完成
（2）工具准备　　　　　　　　　　　　　　　□ 任务完成
（3）记录单准备　　　　　　　　　　　　　　□ 任务完成

5. 操作步骤

（1）检查前准备。

1）将车辆停放到举升机正确的位置，如图 6-8 所示。车辆停放位置应该尽量在工位的中间偏乘员侧一点,这样司机开门比较方便。

2)降下司机侧车窗,关闭点火开关,变速杆放到空挡或 N 挡位置,保持手刹在松开位置,安装三件套,如图 6-9~图 6-11 所示。

图 6-8　车辆驶入工位

图 6-9　关闭点火开关

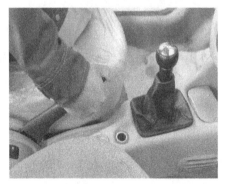

图 6-10　松开手制动器

图 6-11　安装三件套

3)将举升机支撑臂上的橡胶垫块对准车身上的举升支撑点,并确认是否准确到位,前后车轮放置阻挡块,如图 6-12 和图 6-13 所示。

图 6-12　车辆支撑点确认

图 6-13　放置车轮阻挡块

4)松开轮胎螺栓。稍微举升车辆,但车轮不能离地,用扳手拧松轮胎螺栓。
要点:每个车轮要对称拧松螺栓。

5)检查手制动器并拆卸轮胎,将车辆举升并离地,手制动器刺轮拉两个齿,检查后车辆应有阻尼,拉紧到 6~8 个齿,车辆应完全制动卡滞而不能转动。拆卸前后四个轮胎并放置到轮胎架上。

6）按下举升器上升开关,举升车辆到合适的工作高度,并锁止,如图6-14～图6-16所示。

7）拆下底护板。

要点：先拆前部螺栓,最后拆后部螺栓时要检查底护板前挂钩情况,如图6-17所示。

图6-14　按下举升机升起开关

图6-15　举升车辆至合适高度

图6-16　举升车辆并锁止

图6-17　拆卸防护板

（2）汽车动力总成底部密封检查。

1）检查发动机油底壳放油螺栓、机油滤清器及离合器液压分泵是否漏油,如发现有漏油的痕迹应仔细检查,找出漏油的地方并做好记录,如图6-18所示。

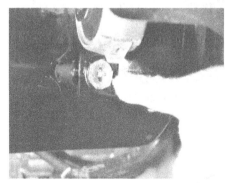

图6-18　检查油底壳放油螺栓

2）检查发动机前油封、后油封是否渗漏,如图6-19和图6-20所示。检查机油滤清器是否漏油,检查氧传感器走向是否良好、是否有干涉,如图6-21所示。

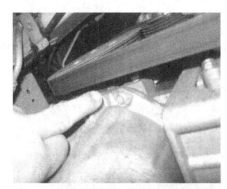
图 6-19 检查发动机前油封

图 6-20 检查发动机后油封

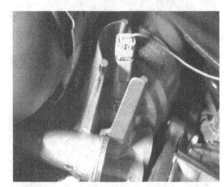
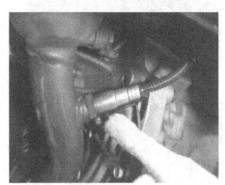
图 6-21 检查机油滤清器

3）检查发动机连接部位（接头、固定、走向）：散热器与发动机连接的冷却液管（见图 6-22）、暖风软管（见图 6-23）及空调管路等连接是否牢固、是否有渗漏，如有渗漏，则做好记录。

图 6-22 检查散热器与发动机连接软管

图 6-23 检查暖风软管

检查管路注意以下几点：
① 管路应做适当的清洁；
② 摇动接头处是否松旷，是否有泄漏痕迹；
③ 摇动固定处是否牢固；
④ 捏压橡胶管是否有老化或裂纹。

4）检查变速箱前油封、半轴油封处是否漏油，防尘套是否破损、老化，如图 6-24 所示。检查变速箱油底壳是否漏油，如图 6-25 所示。如发现漏油的痕迹应仔细检查，找出漏油的地方并做好记录。

图 6-24　检查半轴油封

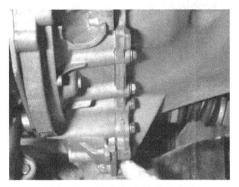

图 6-25　检查变速箱油底壳

（3）检查转向机构紧固与密封。

1）检查转向器及防尘套的状况和密封情况，如图 6-26 和图 6-27 所示。检查转向齿条伸缩情况（左、右各 1 处）。

要点：用手压捏橡胶件，检查有无老化裂纹现象；检查的部位应做适当清洁。

图 6-26　检查转向器是否漏油

图 6-27　检查转向器防尘套密封情况

2）检查转向横拉杆球头是否松旷、变形（见图 6-28 和图 6-29），防尘套是否破损、老化。

图 6-28　检查横拉杆球头是否松旷

图 6-29　检查横拉杆球头是否变形

3）检查助力转向泵及管路密封，只限制普通液压助力转向和液压助力转向，带电子助力泵的车辆不检查。如图 6-30 和图 6-31 所示。

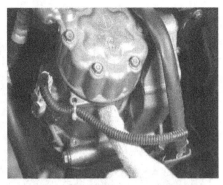 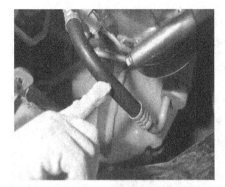

图 6-30 检查转向助力泵是否漏液　　图 6-31 检查助力转向液压管路是否漏液

（4）检查传动机构紧固与密封情况。

1）检查半轴是否松旷，如图 6-32 所示。

2）检查半轴两侧防尘套密封情况，如图 6-33 所示。

图 6-32 检查半轴是否松旷　　图 6-33 检查半轴两侧防尘套密封情况

（5）检查三角臂和连接杆情况。

1）检查三角臂和连接杆防尘套是否渗漏、破裂、老化，如图 6-34 所示。

要点：三角臂球头（左右各 1 处），连接杆球头（左、右各 2 处）。用手压捏橡胶件，检查有无老化裂纹现象；检查的部位应做适当清洁。

图 6-34 检查三角臂左、右防尘套密封情况

2）检查三角臂和连接杆紧固情况，如图 6-35 所示。

3）检查横向稳定杆球头是否松旷，防尘套是否破损、老化，如图 6-36 和图 6-37 所示。

要点：横向稳定杆连接杆球头（左、右各2处），如图6-38所示。

图6-35　检查三角臂是否松旷

图6-36　检查横向稳定杆是否松旷　　　　图6-37　检查防尘套密封情况

图6-38　检查横向稳定杆固定、坚固情况

4）检查元宝梁紧固情况，如图6-39所示。

图6-39　检查元宝梁固定情况

(6) 检查前左、右悬挂及减震器情况

1) 检查螺旋弹簧是否有变形,如图 6-40 所示。

2) 检查减震器是否有漏油或其他损坏,如图 6-41 所示。

要点:目视检查前左、前右减震器防尘套是否完好,有无漏油现象。

图 6-40 检查螺旋弹簧是否变形

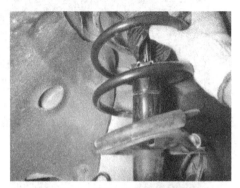

图 6-41 检查减震器是否漏油

3) 检查前减震器的紧固情况,如图 6-42 所示。

(7) 检查前左、右轮制动软管接头(固定、走向、老化)情况,如图 6-43 和图 6-44 所示。

图 6-42 检查前减震器固定情况

图 6-43 检查制动软管接头固定、老化情况

(8) 排气管和车身底部检查。

1) 目视检查排气管是否有机械损坏、变形,连接处密封是否良好及排气管路走向,如图 6-45 和图 6-46 所示。检查三元催化器是否有破损,如图 6-47 所示。

图 6-44 检查制动软管走向

图 6-45 检查排气管是否破损

图 6-46 检查排气管路走向

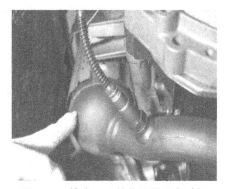
图 6-47 检查三元催化器是否有破损

2）用手晃动排气管检查固定是否牢固，检查排气管吊耳、排气管隔热板是否紧固，如图 6-48～图 6-50 所示。

要点：检查时应戴上手套，注意不要被热的排气管烫伤。

图 6-48 检查排气管固定情况

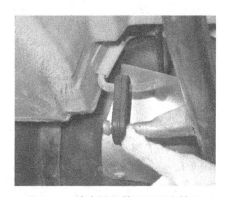
图 6-49 检查排气管吊耳固定情况

3）检查车身底部是否有撞击痕迹、是否有损坏。

4）底部线束、驻车制动器拉索固定是否牢固，如图 6-51 所示。检查变速杆连接部位是否脱落，如图 6-52 所示。

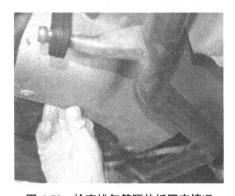
图 6-50 检查排气管隔热板固定情况

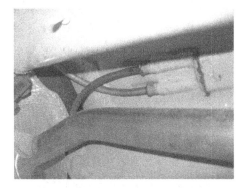
图 6-51 检查驻车制动器拉索

5）检查制动管路固定是否良好、连接部位是否良好，如图 6-53 和图 6-54 所示。检查燃油管路固定是否良好、连接部位是否有泄漏，如图 6-55 和图 6-56 所示。

图 6-52 检查变速器换挡机构

图 6-53 检查制动管路固定与走向

图 6-54 检查制动管路连接部位

图 6-55 检查燃油管路

6）检查油箱固定及油箱处隔热板固定情况（2 处），如图 6-57 和图 6-58 所示。

图 6-56 检查汽油滤清器接头

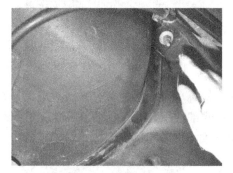

图 6-57 检查油箱固定

（9）检查车身后部紧固与密封情况。

1）检查悬挂与后桥的连接螺栓，如图 6-59 所示。

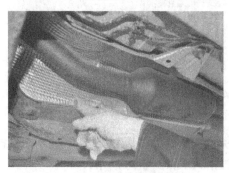

图 6-58 检查油箱处隔热板

图 6-59 检查悬挂与后桥连接螺栓

2）检查后桥与车身的连接螺栓，如图 6-60 所示。
3）检查后桥稳定杆是否变形、断裂，如图 6-61 所示。
4）检查后左、后右减振器是否渗漏，如图 6-62 所示。
5）检查后轮传感器走向，如图 6-63 所示。
6）安装下护板，解锁举升器，按下举升器按钮，把车辆放置半人高度并锁止。

（10）检查制动盘和制动盘。

1）解锁举升器锁止装置；放下车辆至半人高度。

图 6-60 检查后桥与车身连接螺栓　　图 6-61 检查后桥稳定杆螺栓

图 6-62 检查减震器是否漏油　　图 6-63 检查后轮传感器走向

2）转动车辆并观察制动盘是否有变形、退火现象，用千分尺检查制动盘磨损量；在制动盘相隔 120° 处分别测量制动盘厚度，三个数值中选择最小值为最大磨损量，读数并记录下来，最大磨损量不能超过 2 mm，如图 6-64 所示。

3）用游标卡尺测量制动片的磨损量，极限值不能低于 2 mm，如图 6-65 所示。

 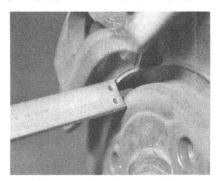

图 6-64 检查制动盘磨损量　　图 6-65 检查制动片磨损量

4）松开锁止开关，下降车辆到合适位置并用快速扳手固定车轮。

5）再次下降车辆使轮胎着地，安装车轮挡块。用限力扳手紧固轮胎固定螺栓，扭矩为 90 N·m，如图 6-66 所示。

要点：先解锁后才能放下车辆。

6）观看铰链处轮胎气压标签，并按照标准对轮胎气压至规定值，如图 6-67 所示。

图 6-66　紧固车辆至规定力矩

图 6-67　检查轮胎气压

（11）检查收尾。

1）取走车轮挡块。

2）拆下驾驶室内的三件套。

3）清点工具和量具，按照 5S 管理标准完成各项作业。

4）重新检查记录单记录情况有无漏缺。

6. 检查结果与分析

平镀检查结果分析见表 6-2。

表 6-2　车底检查结果分析表

	姓名		日期	
序号	检查项目	检查标准	检查结果记录	检测结果分析
1	发动机及其连接	发动机托架前部紧固，100 N·m；发动机托架后部紧固，100 N·m		
2	发动机油底壳	无磕碰、无渗漏		
3	转向器的转向轴及其万向节	无松旷		
4	转向器支架	固定牢靠		
5	转向器连接部位	转向机构与发动机托架的紧固，80 N·m		
6	转向器	固定牢靠，无松旷、无渗漏		
7	转向节及其连接部位检查	转向节与减震器紧固，80 N·m；转向节下部紧固，50 N·m		

续表

	姓名		日期	
序号	检查项目	检查标准	检查结果记录	检测结果分析
9	转向横拉杆检查	转向横拉杆球头紧固，35 N·m。防尘套无老化、无破损		
10	三角臂与发动机托架连接	三角臂与发动机托架前部连接紧固，110 N·m；三角臂与发动机托架后部连接紧固，110 N·m		
11	左、右三角臂与连接杆	三角臂与连接杆紧固，70 N·m		
12	左前、右前减震器	无变形、无渗漏		
13	传动轴检查	无松旷、无渗漏		
14	横向稳定杆检查	连接杆与稳定杆紧固，36 N·m；稳定杆与支撑紧固，104 N·m。防尘套无破损、无老化		
15	制动分泵软管	无渗漏、无老化		
16	燃油管路检查	固定良好、走向正确、无渗漏、无老化		
17	线束、传感器	走向正确、无老化		
18	制动管路检查	接头牢靠、无渗漏、无老化		
19	变速传动机构	无松旷、无变形		
20	离合器及操纵机构	走向正确、无松旷		
21	变速器底部密封检查	无渗漏、无磕碰		
22	驻车制动器检查	拉索固定牢靠，走向		
23	隔热板固定检查	固定良好、无变形		
24	后左右减震器检查	减震器上部紧固，62 N·m；减震器下部紧固，57 N·m。无渗漏		
25	排气管及三元催化器检查	固定牢靠		
26	后桥悬架、螺旋弹簧检查	叉形座与车身紧固，62 N·m；后桥与叉形座紧固，76 N·m。检查油封无渗漏		
27	后桥横向平衡杆检查	无变形		
28	缓冲器、保险杠、牵引钩	固定牢靠、无磕碰		
29	备胎架固定检查	固定牢靠		
注：不同车型的检修工艺不同，要根据车型工艺要求来检查。				

学习任务 7

转向系及车轮平衡检测

一辆北京现代伊兰特轿车,行驶 10 万千米,出现转向沉重且不好控制现象,维修技师小王经检查发现该车轮胎有羽毛状磨损,经路试确认存在方向不稳故障现象,通过询问确认该车没有发生过碰撞事故,随后制订维修计划,决定对该车的转向系、行驶系做详细的检查检测,找出并排除故障。

通过本任务学习,应能:
1. 正确叙述汽车转向系、行驶系经常检测的项目、检测方法及要求;
2. 正确使用检测设备对车辆进行检测诊断;
3. 严格按照操作规范进行操作。

4 学时。

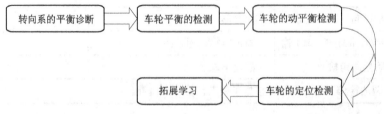

一、知识准备

汽车在使用过程中，随着时间的延长，各总成及零部件不可避免会产生磨损松旷，引起装配位置发生改变，进而引发汽车行驶中出现前面故障情景中提到的不稳定现象。因此应定期对引发车辆行驶不稳定的系统部件进行检测，确保行车安全。

（一）转向系的检测诊断

汽车转向系常见的故障有转向盘自由行程过大、转向沉重、自动跑偏、前轮摆振等。这些故障通常为综合性故障，故障原因除与转向系统有关外，还可能与轮胎、悬架、车身等因素有关。

1. 转向盘自由行程的检测

转向盘自由行程是指汽车转向轮处于直线行驶位置不动，左右转动转向盘时的自由转动量（游动角度）。当转向盘自由行程过大时，说明从转向盘至转向轮运动传递链中的若干配合副存在磨损过度或安装松动等现象。因此，转向盘自由行程为一综合诊断参数。

根据 GB 7258—2004《机动车运行安全技术条件》的规定：最高设计车速≥100 km/h 的机动车，其转向盘的最大自由转动量不得大于 20°；其他机动车不允许大于 30°。

简易的转向盘自由行程检测仪如图 7-1 所示，其主要由刻度盘和指针两部分组成，刻度盘通过磁座吸附在仪表板或转向柱管上，指针固定于转向盘外缘，亦可相反。

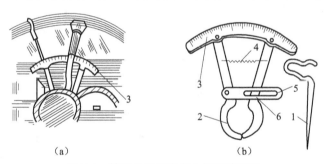

图 7-1 简易的转向盘自由行程检测仪
(a) 检测仪的安装；(b) 检测仪的结构
1—指针；2—夹盘；3—刻度盘；4—弹簧；5—连接板；6—固定螺钉

检测时，使汽车的两转向轮处于直线行驶位置不动，轻轻向左（或向右）转动转向盘至空行程一侧的极限位置后，调整指针指向刻度盘零度。然后再轻轻转动转向盘至另一侧空行程极限位置，指针所指刻度即为转向盘的自由行程。

在配备动力转向系统的车辆上，转向盘自由行程的检测是起动发动机，使车辆笔直向前，轻轻移动方向盘，在车轮就要开始移动时，使用一把直尺测量方向盘移动量（自由行程），如图 7-2 所示。

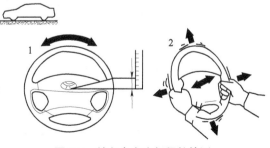

图 7-2 转向盘自由行程的检测

2. 转向盘转向力的检测

汽车应有适度的转向轻便性,若转向沉重,不仅会增加驾驶员的劳动强度,而且会因不能及时正确转向而影响行车安全。若转向太轻,则驾驶员路感太弱或出现方向发飘等现象,同样不利于行车安全。

转向盘转向阻力采用转向参数测量仪或转向测力仪等仪器检测。下面以国产 ZC-2A 型转向参数测量仪为例,介绍其结构组成与工作原理和检测方法。

(1)测量仪的结构及工作原理。

转向参数测量仪的结构如图 7-3 所示。该测量仪是以计算机为核心的智能测试仪器,可测量转向盘的转向力和转向盘的自由行程。

转向参数测量仪由操纵盘、主机箱、连接叉和定位杆四部分组成。操纵盘实际上是一个附加转向盘,用螺栓固定在三爪底板上,底板经力矩传感器与三个连接叉相接,每个连接叉上都有一只可伸缩长度的活动卡爪,以便与被测转向盘相连接。主机箱为一圆形结构,固定在底板中央,其内装有力矩传感器、接口板、微机板、转角编码器、打印机和电池等。从底板下伸出的定位杆,通过磁座吸附在驾驶室内的仪表盘上。定位杆的内端连接有光电装置,光电装置装在主机箱内的下部。

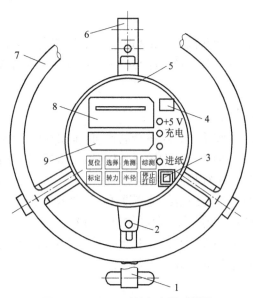

图 7-3 ZC-2A 型转向参数测量仪
1—定位杆;2—固定螺钉;3—电源开关;4—电压表;
5—主机箱;6—连接叉;7—操纵盘;8—打印机;9—显示器

当把转向测量仪对准被测转向盘中心,调整好三只活动卡爪长度,与转向盘牢固连接后,转动操纵盘的转向力通过底板、力矩传感器、连接叉传递到被测转向盘上,使转向轮偏转实现汽车转向。此时,力矩传感器把转向力矩转变成电信号,定位杆内端所连接的光电装置将转向角的变化转化为电信号。传感信号输送至主机箱后,由装在其内的微机自动完成数据采集、转角编码、运算、分析、存储、显示并打印出所测结果。该仪器既可测得转向力,又可测得转向盘转角,当然也可测得转向盘自由转动量。

(2)仪器的使用方法。

按照上述要求连接好仪器并接好电源,然后支起汽车转向桥,按下"转力"键,缓慢地将转向盘由一端尽头转到另一端尽头,即可测量出转动力矩 M。最后根据测量出的转向力矩 M 和转向半径 R,按公式 $F=M/2R$ 计算出转向盘边缘上的转动力 F。

3. 车轮定位的检测

现代汽车的行驶速度越来越高,车轮定位是否准确将直接影响到汽车的操纵稳定性、行驶安全性、燃油经济性、轮胎和有关机件的磨损程度及驾驶员的劳动强度等。因此应定期对车轮定位参数进行检测调整,同时车轮定位参数的检测也是汽车故障诊断的重要依据。

汽车车轮定位参数的检测有静态检测和动态检测两种类型。静态检测是指在汽车静止的情况下,使用测量仪器对车轮定位参数进行几何角度的测量。动态检测法是在汽车以一定车速行驶的状态下，用测量仪器检测车轮定位产生的侧向力或由此引起的车轮侧滑量。

(1) 四轮定位仪的检测项目。

四轮定位仪是用来测量车轮定位参数的专用设备。它可检测的项目包括前轮前束、前轮外倾角、主销后倾角、主销内倾角、后轮前束、后轮外倾角、轮距、轴距、转向20°时的前张角、推力角和左右轴距差等。部分检测项目如图7-4所示。

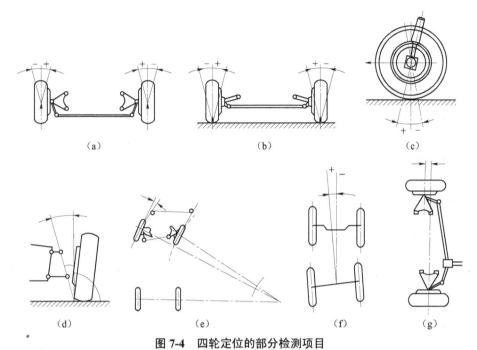

图7-4 四轮定位的部分检测项目

(a) 车轮前束值和前张角；(b) 车轮外倾角；(c) 主销后倾角；(d) 主销内倾角；
(e) 转向20°时的前张角；(f) 推力角；(g) 左右轴距差

(2) 四轮定位仪的结构。

现在使用的大多是计算机控制的四轮定位仪，由主机、前后车轮检测传感器、传感器支架、转盘、刹车锁、转向盘锁及充电导线等零部件构成。配有专用软件和数据光盘，可读取近10年来世界各地汽车的四轮定位参数，且可随时更新。还配有数码视频图像数据库，用于显示检查和调整位置等。

为便于检测和调整，被检汽车需放在地沟上或举升平台上，地沟或举升平台应处于水平状态，四轮定位仪则安装在地沟两旁或举升平台上，如图7-5和图7-6所示。

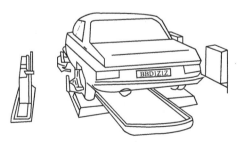

图7-5 定位仪安装于地沟两旁

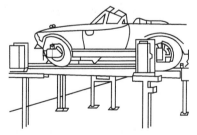

图7-6 定位仪安装于举升平台上

（3）对被检车辆的基本要求。

1）前后轮胎气压及胎面磨损基本一致。

2）车轮达到动平衡的要求。

3）前后悬架系统的零部件完好，不松旷。

4）转向系统调整适当，不松旷。

5）前后减震器性能良好，不漏油。

6）汽车前后高度与标准值的差不大于 5 mm。

7）制动系统正常。

（4）检测步骤。

1）把传感器支架安装在轮辋上，再把传感器（定位校正头）安装到支架上，并按使用说明书的规定调整。

2）开机进入测试程序，输入被检汽车的车型和生产年份。

3）轮辋变形补偿。转向盘位于直行位置，使每个车轮转一周，把轮辋变形误差输入电脑。

4）降下第二次举升量，使车轮落到平台上，把汽车前部和后部向下压动 4～5 次，使其做压力弹跳。

5）用刹车锁压下制动踏板，使汽车处于制动状态。

6）把转向盘左转至电脑发出"OK"声，输入左转角度；然后把转向盘右转至电脑发出"OK"声，输入右转角度。

7）把转向盘回正，电脑屏幕上显示出后轮的前束及外倾角数值。

8）调正转向盘，并用转向盘锁锁住转向盘使之不能转动。

9）把安装在四个车轮上传感器的水平仪调到水平线上，此时电脑屏幕上显示出转向轮的主销后倾角、主销内倾角、转向轮外倾角和前束的数值。

（5）调整。

1）调整主销后倾角、车轮外倾角及前束，调整方法可按电脑屏幕提示进行，若调整后仍不能解决问题，则应更换有关零件。

2）进行第二次压力弹跳，将转向轮左右转动，把车身反复压下后，观察屏幕上的数值有无变化，若数值变化，则应再次调整。

3）若第二次检查未发现问题，则应将调整时松开的部位紧固。

4）拆下传感器及其支架，进行路试，检查四轮定位检测调整效果。

（6）注意事项。

1）不同型号的四轮定位仪操作方法不尽相同，检测前应仔细阅读仪器的使用说明书。

2）传感器是电脑式四轮定位仪的核心元件，其内部有许多高灵敏度的电器元件，安装、拆卸时要注意轻拿轻放，避免磕碰。

3）对于用远红外线作为信号传递的四轮定位仪，检测时要注意避免挡住光束的传输。

4）四轮定位仪应半年标定一次，标定时应使用定位仪自带的标定器具，并按规定程序进行标定。

5）在检测四轮定位前，要进行车轮传感器偏摆补偿，否则会引起大的测量误差。

（二）车轮平衡的检测诊断

随着高速路网和城市立交系统的发展建设，汽车的行驶速度得以迅速提高，致使车轮不平衡对汽车行驶的平顺性、操作稳定性、安全性和乘坐舒适性的影响越来越严重。若车轮不平衡，车轮高速旋转时会引起车轮的上下振动和横向摆动，影响操作稳定性和行车安全性，使车辆难以控制，同时也会加剧轮胎、转向机构及部分行驶系与传动系机件的非正常冲击和磨损，缩短它们的使用寿命，同时车轮不平衡还是整车振动的激振源。因此车轮平衡度检测已成为汽车检测的重要项目之一。

车轮的平衡分为车轮静平衡和车轮动平衡。

1. 车轮静平衡

支起车轴，调整好轮毂轴承松紧度，用手轻转车轮，使其自然停转。车轮停转后在离地最近处做一标记，然后重复上述试验多次。若车轮经几次转动自然停转后，所做标记的位置各不一样，或强迫停转后，消除外力车轮也不再转动，则车轮为静平衡。静平衡的车轮，其旋转中心与车轮中心重合。

如果每次试验所做标记都停在离地最近处，则车轮为静不平衡。静不平衡的车轮其旋转中心与车轮中心不重合。

2. 车轮动平衡

在图 7-7（a）中，车轮是静平衡的，在该车轮旋转轴线的径向反位置上，各有一作用半径相同、质量也相同的不平衡点 m_1 与 m_2，且不处于同一平面内，对于这样的车轮，其不平衡点离心力的合力为零，但离心力的合力矩不为零，转动中会产生方向反复变动的力偶 M，使车轮处于动不平衡中。动不平衡的前轮将绕主销摆动。如果在 m_1 与 m_2 同一作用半径的相反方向上配置相同质量 m'_1 与 m'_2，则车轮处于动平衡中，如图 7-7（b）所示。

动平衡的车轮一定是静平衡的，但静平衡的车轮却不能保证是动平衡的。因此，主要应对车轮进行动平衡检测。

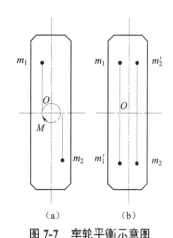

图 7-7 车轮平衡示意图
（a）车轮静平衡但动不平衡；（b）车轮动平衡

3. 车轮不平衡的主要原因

引起车轮不平衡的主要原因如下：

（1）前轮定位不当，尤其是前束和主销倾角，不仅影响汽车的操纵性和行驶稳定性，而且会造成轮胎偏磨，这种胎冠的不均匀磨损与轮胎不平衡将形成恶性循环，因而使用中会出现车轮不平衡，也可能是车轮定位角失准的信号。

（2）轮胎和轮辋以及挡圈等因几何形状失准或密度不均匀而先天形成的重心偏离。

（3）因轮毂和轮辋定位误差使安装中心与旋转中心难以重合。

（4）维修过程的拆装破坏了原有的整体综合重心。

（5）轮辋直径过小，运行中轮胎相对于轮辋在圆周方向滑移，从而发生波状不均匀磨损。

(6) 车轮碰撞造成的变形引起的质心位移。

(7) 轮胎翻新中因定位精度不高而造成新胎冠厚度不均匀而使重心改变。

(8) 高速行驶中制动抱死而引起的纵向和横向滑移，会造成局部的不均匀磨损。

4. 车轮不平衡量检测方法

（1）离车式车轮平衡机检测。

1）设备结构。

离车式车轮平衡机按动平衡原理工作，既可以检测不平衡力，也可以测定不平衡力矩。车轮拆离车桥装于平衡机主轴上，一切结构和安装基准都已确定，无须自行标定过程，因此平衡机的构造和电测系统都较简单，平衡操作时只要将被测车轮的轮辋直径和轮胎宽度以及安装尺寸输入电测电路即可进行平衡作业，平衡机仪表会自动显示车轮两侧的不平衡质量及其相位。离车式平衡机的主轴为卧式布置，称卧式平衡机，如图7-8所示。立式平衡机的主轴垂直布置，如图7-9所示。

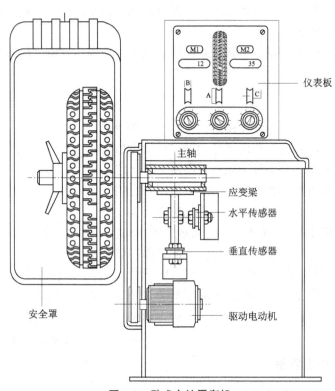

图7-8 卧式车轮平衡机

离车式平衡机的参数显示和操作系统采用CRT显示，或用发光二极管显示，其外形结构差异很大，但其基本操作内容则大同小异。前者显示形象美观，并有屏幕提示，便于操作，但造价较高；后者结构简单，工作可靠，参数调整方便，成本低廉。

车轮由专用的定位锥和紧固件安装就绪后即可起动电动机实施平衡，待转数周期累积足够时，上下（或左右）不平衡值 m_1 和 m_2 有数字显示，此时即可停车。待车轮完全停止后即可用手转动车轮，这时发光二极管会随转动而左右（或上下）跳闪，如将上排光点调至中点，就可在车轮的轮辋上平面正对外缘（操作者方向）处加装 m_1。用同样方法加装 m_2 值平衡重，加装完毕后进行第二次试验观察剩余不平衡量是否满足法规要求。具体操作步骤各机型略有差异，使用者应按所用机型的使用说明书进行操作。

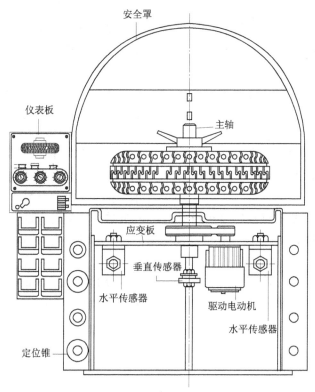

图 7-9 立式车轮平衡机

2）使用方法。

① 清除被测车轮上的泥土、石子和旧平衡块。

② 检查轮胎气压，视必要充至规定值。

③ 根据轮辋中心孔的大小选择定心锥体，仔细地装上车轮，用大螺距螺母上紧。

④ 打开电源开关，检查指示与控制装置的面板指示是否正确。

⑤ 用卡尺测量轮辋宽度 L、轮辋直径 D（也可由胎侧读出），用平衡机上标尺测量轮辋边缘至机箱的距离 A，再用键入或选择其旋钮对准测量值的方法将 A、L、D 值输入指示与控制装置中去。

⑥ 放下车轮防护罩，按下起动键，车轮旋转，平衡测试开始，自动采集数据。

⑦ 车轮自动停转或听到"笛"声按下停止键并操纵制动装置使车轮停转后，从指示装置读取车轮内、外部平衡量和不平衡位置。

⑧ 抬起车轮防护罩，用手慢慢转动车轮。当指示装置发出指示（音响、指示灯亮、制动、显示点阵或显示检测数据等）时停止转动。在轮辋内侧或外侧上部（时钟 12 点位置）加装指示装置显示该侧平衡块质量。内、外侧要分别进行，平衡块装卡要牢固。

⑨ 安装平衡块后有可能产生新的不平衡，应重新进行平衡试验，直至不平衡量小于 5 g、指示装置显示"00"或"OK"时为止。当不平衡值相差 10 g 左右时，如能沿轮辋边缘前后移动平衡块一定角度，则可获得满意的效果。

⑩ 测试结束，关闭电源开关。

（2）就车式车轮平衡机。

1）就车式平衡机的结构。

就车式平衡机如图 7-10 所示，因不平衡车轮是在其原车桥上振动，不平衡力传感器装在车桥支架内，它汇同制动鼓和车轮紧固件甚至是传动系统（驱动轴）一同进行平衡，是真正解决车轮实际使用状态时的平衡方法。

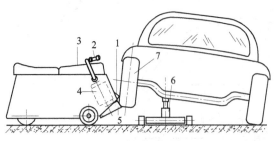

图 7-10 就车式平衡机
1—光电传感器；2—手柄；3—仪表板；4—电动机；
5—摩擦轮；6—传感器支架；7—被测车轮

被测车轮事先由举升器举离地面，并将车桥坐落于传感器支架 6 上。操作人员骑于车上推动手把，使摩擦轮紧压于被测车轮 7 上，起动电动机 4，摩擦拖动车轮以相当于 110 km/h 的车速旋转，这时车轮的不平衡质量产生的不平衡力随即被力传感器感知并转变成电量，这一电信号由电缆传入驱动小车内的电测系统并予以计量和处理。光电传感器 1 拾取车轮的初相位信号和转速信号，经电测电路处理后得到不平衡质量的量和相位值，分别显示于如图 7-11 所示仪表板的 4 和 5 两组数码管上。

测试前须在被测轮胎侧面任意处贴装白色反光标志。为使光电元件正常工作，胎侧距光电管不得超过 5 cm，检测程序分三步进行。

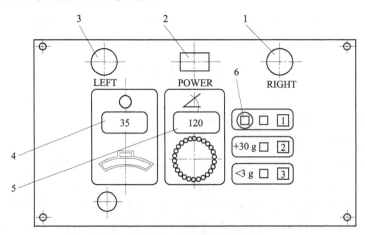

图 7-11 就车式平衡机显示面板
1—右转按钮；2—电源开关；3—左转按钮；4—质量显示；5—相位显示；6—显示灯

① 待摩擦轮与轮胎压紧后按下右按钮（左按钮也可），同时按压第一次试验按钮驱动车轮旋转，待转速上升到适当转速时，即分离摩擦轮，同时释放按钮，电路即记录与不平衡力及其相位有关的原始量并存入 CPU，仪表的 4 与 5 闪烁显示这组未经标定的不平衡质量数值和相位。

② 在反光标志处加装计算机预设的标定质量，如有的规定小客车为 30 g、大货车为 300 g，按下第二次试验按钮，重复上述操作，即用这已知预设质量对振动系统的刚性和结构参数进行计算。当转速上升到设定值时显示灯即被点亮，计算机即将第一次所测得的变量自动处理成常量，显示于仪表板上，这就是就车式平衡机的自标定功能。这时将显示的质量加

装在所显示的相位处,然后除去标定重块。

③ 剩余不平衡量检测,以证实剩余不平衡量是否满足有关法规的要求,如果达不到要求,则可进行第二次复试,如仍达不到标准要求,则只能拆下轮胎使用较高精度的离车式车轮平衡机进行平衡。

如果是驱动桥,则可用发动机拖动车轮旋转,其他操作如同前述。对于平衡要求较高的车辆,为了消除阻尼造成的相位误差,平衡时可令车轮左右各转一次,取两次的平均值为最后测定值。这里必须着重指出,所有平衡机都有最大不平衡量限值,严重失衡的车轮是不能上机平衡的。

2) 就车式车轮平衡机检测方法。

① 准备工作。

用千斤顶支起车轴,两边车轮离地间隙要相等;除去被测车轮上的泥土、石子和旧平衡块。

检查轮胎气压,视必要充至规定值;检查轮毂轴承是否松旷,视必要调整至规定的松紧度;在轮胎外侧面任意位置上用白粉笔或白胶布做上记号。

② 前从动轮静平衡。

用三角垫木塞紧对面车轮和后轴车轮,将测量装置推至被测前轮一端的前轴下,传感磁头吸附在悬架下或转向节下,调节可调支杆高度并锁紧。推车轮动平衡机至车轮侧面或前面(视车轮平衡机形式不同而异),检查频闪灯工作是否正常,检查转轮的旋转方向能否使车轮的转动与前进行驶时方向一致。操纵车轮动平衡机转轮与轮胎接触,起动电动机,带动车轮旋转至规定转速。观察频闪灯照射下的轮胎标记位置,并从指示装置(第一挡)上读取不平衡量数值。操纵车轮动平衡机上的制动装置,使车轮停止转动,用手转动车轮,使其上的标记仍处于上述观察位置上,此时轮辋的最上部(时钟12点位置)即为加装平衡块的位置。按指示装置显示的不平衡量选择平衡块,牢固地装卡到轮辋边缘上。重新驱动车轮进行复查测试,指示装置用二挡显示。若车轮平衡度不符合要求,则应调整平衡块质量和位置,直至符合平衡要求。

③ 前从动轮动平衡。

将传感磁头吸附在经过擦拭的制动底板边缘平整之处;操纵车轮动平衡机转轮,驱动车轮旋转至规定转速,观察轮胎标记位置,读取不平衡量数值,停转车轮找平衡块加装位置,加装平衡块和复查等方法与静平衡相同。

④ 驱动轮平衡。

对面车轮不必用三角垫木塞紧。用发动机、传动系驱动车轮,加速至 50～70 km/h,并在某一转速下稳定运转。测试结束后,用汽车制动器使车轮停转。其他方法同从动轮动、静平衡测试。

3) 注意事项。

① 动平衡机装有精密位移传感器和易碎裂的压电晶体传感器,严禁冲击和敲打主轴或传感器支架。

② 在检修车轮动平衡机时,传感器的固定螺栓不得松动。因为这一螺栓不是一般的紧固件,故需要由它向传感晶体提供必要的预紧力。当这一预紧力发生变化时,电算过程将完全失准。

③ 车轮动平衡机的机械系统和电算电路都是针对正常车轮使用条件下平衡失准或轻微受损但仍能使用的车轮而设计的，对严重变形的轮辋或胎面大面积剥离的车轮是不能上机进行平衡检测的，因为超值的不平衡力可能溢出电算范围而使仪器自动拒绝工作。

④ 当不平衡量超过最大配重时，可用两个以上配重并列使用。但这时要注意因多个配重占用较大的扇面会使其有效质量低于实际质量。

一般情况下，离车式车轮动平衡机和就车式车轮平衡机都是各自使用的。但对高速行驶的汽车车轮而言，如果用离车式车轮平衡机平衡后再装在车上行驶时仍出现不平衡现象，则最好能再用就车式车轮动平衡机进行校对。

二、任务实施

项目（一）车轮的动平衡检测

1. 项目说明

随着路网的高速发展，汽车的行驶速度得以迅速提高，长期隐藏在汽车低速行驶时的安全隐患越来越多，越来越严重地影响到汽车的使用安全性、操纵稳定性及经济性等。因此定期对车轮进行动平衡检测，已经成为广大车主的共识。而现在大家广泛采用的是离车平衡机平衡。

2. 技术要求与标准

（1）一个学员能在 20 min 内完成此项目。

（2）平衡完毕，要求不平衡量小于 5 g。

3. 设备器材

（1）北京现代伊兰特轿车一辆。

（2）WY-02 离车式车轮平衡机及相关设备一套，如图 7-12 所示。

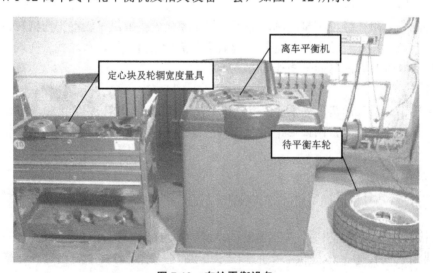

图 7-12　车轮平衡设备

4. 作业准备

（1）仪器准备　　　　　　　　　　　　　　　　　　　　　　□ 任务完成
（2）车辆准备　　　　　　　　　　　　　　　　　　　　　　□ 任务完成
（3）记录单准备　　　　　　　　　　　　　　　　　　　　　□ 任务完成

5. 操作步骤

（1）拆下车轮，检查轮辋轮胎是否符合要求。检查轮胎气压，视需要充至规定值，如图 7-13 所示。清除夹杂在轮胎花纹中的石子，如图 7-14 所示，提高平衡精度。

图 7-13　检查轮胎气压　　　　　图 7-14　清除轮胎花纹夹杂石子

（2）清除待检车轮上的泥土，如图 7-15 所示；清除轮辋上的旧平衡块，如图 7-16 所示。

图 7-15　清除轮辋泥土　　　　　图 7-16　清除轮辋上的旧平衡块

（3）根据轮辋中心孔的大小选择定心锥体及正确的定心方式，装上车轮，并用大螺距螺母紧固，如图 7-17 所示。

图 7-17　车轮在平衡机上的正确安装

(4) 打开电源开关，检查指示与控制装置的面板是否指示正确。用平衡机上的标尺测量轮辋边缘至机箱的距离，如图 7-18 所示；通过仪器面板上的按钮输入该数据到仪器控制与指示装置中，如图 7-19 所示。

图 7-18　测量平衡机身与轮辋边缘距离

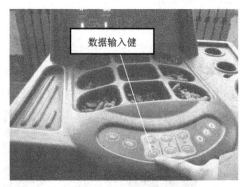

图 7-19　输入平衡机身与轮辋边缘距离

(5) 用卡尺测量轮辋宽度，如图 7-20 所示；通过仪器面板上的按钮输入该数据到仪器控制与指示装置中，如图 7-21 所示。

图 7-20　轮辋宽度测量

图 7-21　轮辋宽度值输入

(6) 从轮胎侧面读取轮辋直径，如图 7-22 所示；通过仪器面板上的按钮输入该数据到仪器控制与指示装置中，如图 7-23 所示。

图 7-22　轮辋直径读取

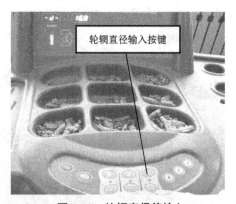

图 7-23　轮辋直径值输入

(7) 平衡机面板上其他按键如图 7-24 所示，按下 [C] 键后，仪器的平衡精度不大于 3 g。

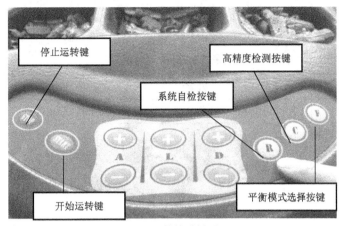

图 7-24　其他按键说明

（8）按下 [F] 键，按照车轮轮辋型式选择平衡模式，按下 [START] 键开始检测，车轮停止转动后，屏幕显示车轮内外侧的不平衡量值，如图 7-25 所示。按照前面述及的步骤及方法装夹平衡块，如图 7-26 所示。

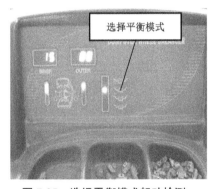
图 7-25　选择平衡模式起动检测

图 7-26　装夹平衡块

（9）按照前面述及的步骤及方法反复检测装夹平衡块，直至屏幕显示车轮内外两侧的不平衡量值为 0 为止，如图 7-27 所示。最后按要求轻轻卸下车轮，进一步装紧平衡块并装复车轮，清理、清洁、整顿仪器及场地。

图 7-27　平衡完毕

6. 记录与分析（见表 7-1）

表 7-1 记录与分析

基本信息	班级		姓名		检测日期	
	车型		设备名称		检测项目	车轮动平衡检测
检测记录与分析	故障情境描述：					
	作业准备：					
	检测注意事项：					
	检测过程记录：					

项目（二）车轮的定位检测

1. 项目说明

当车辆出现行驶不稳定、轮胎异常磨损等现象后，除了需对转向操纵机构、传动机构或悬架、减震器、车身高度、轮胎规格、轮毂轴承是否松旷等项目进行检查外，还应根据车辆出现此症状与车速的关系进行车轮的动平衡检测（车速越高，车辆振动越强烈），如果经过前面一系列的检查都没问题，就要对车辆的四轮进行定位检测，最终找出故障点并加以排除。

2. 技术要求与标准

（1）一个学员能在 20 min 内完成此项目。

（2）技术标准：被检车辆参数要求。

3. 设备器材

（1）北京现代伊兰特轿车一辆。

（2）剪式举升机。

（3）博世四轮定位仪及附属设备。

4. 作业准备

（1）仪器设备准备　　　　　　　　　　　　　　　　□ 任务完成

（2）检测车辆准备　　　　　　　　　　　　　　　　□ 任务完成

（3）记录单准备　　　　　　　　　　　　　　　　　□ 任务完成

5. 操作步骤

（1）按照前面述及的项目对车辆进行检查（前后轮胎气压及胎面磨损基本一致；车轮达到动平衡的要求；前后悬架系统的零部件完好不松旷；转向系统调整适当，不松旷；前后减震器性能良好，不漏油；汽车前后高度与标准值的差不大于 5 mm；制动系统正常；举升器平整度检查等），如图 7-28～图 7-36 所示。

图 7-28　车身高度检查

图 7-29　悬架检查

图 7-30　轮毂轴承松旷检查

图 7-31 轮胎气压检查

图 7-32 轮胎花纹及规格检查

图 7-33 前减震器漏油检查

图 7-34 后减震器漏油检查

图 7-35 稳定杆检查

图 7-36 拉杆检查

（2）车辆停稳后，拔下转角盘和后轮滑板定位销，安装传感器支架，按位置及要求安装好传感器，注意一定挂好安全绳索，确保传感器安全，如图 7-37 所示。开机进入检测程序，输入被检汽车的车型及生产年份，如图 7-38 所示。

图 7-37 安装传感器

图 7-38 开机输入被检车辆信息

(3)按要求依次转动车轮进行轮辋变形补偿,若车辆较新,则可跳过这一步,如图7-39所示,使车辆落到平台上,用刹车锁压下制动踏板,使车辆处于制动状态,如图7-40所示。

图7-39 轮辋偏差补偿

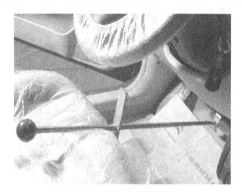

图7-40 用刹车锁制动车辆

(4)按照仪器屏幕提示,先向左转动方向盘,直至中间红色标注变绿,然后以同样方法向右转动方向盘,最后将方向盘回正,如图7-41所示,此时屏幕即显示后轮的定位参数值,如图7-42所示。

图7-41 按提示转动方向盘

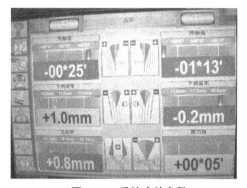

图7-42 后轮定位参数

(5)调正方向盘,并用转向盘锁锁住转向盘使之不能转动,如图7-43所示,将传感器的水平仪调水平,此时屏幕显示出转向轮的定位参数值,如图7-44所示。

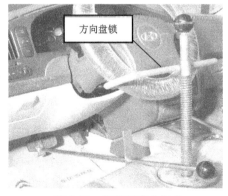

图7-43 用锁固定方向盘

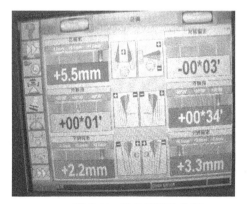

图7-44 转向轮定位参数

(6)检测结束,若发现车轮的定位参数显示红色(不合格),则应按屏幕提示进行调整,如图 7-45 所示，直至合格，并且经第二次压力弹跳，转向轮左右转动，车身反复按下，参数值不再变化，即为合格。最后应将调整时松开的部位紧固，拆下传感器及其支架，进行路试检验，如图 7-46 所示。

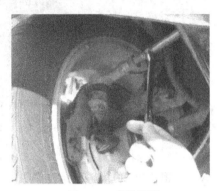

图 7-45　参数调整

图 7-46　设备整理准备路试

6. 记录与分析（见表 7-2）

表 7-2　记录与分析

基本信息	班级		姓名		检测日期	
	车型		设备名称		检测项目	车轮定位检测
检测记录与分析	故障情境描述：					
	作业准备：					
	检测注意事项：					
	检测过程记录：					

三、拓展学习

前面介绍了车轮定位的几个经常检测也是经常出问题的参数,下面介绍一下关于车轮定位的其他几个参数的意义及关于车轮定位检测的误差说明。

汽车动力性的道路检测。

(一)定位参数

1. 轮轴偏移

轮轴偏移是指两个前轮(或后轮)与地面接触点的连线和垂直于推力线的直线间的夹角。当右轮在左轮前方时此角度值为正,在左轮后方时此角度值为负,如图7-47所示。

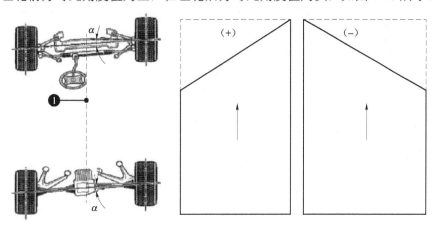

图7-47 轮轴偏移

2. 横向偏位

横向偏位是指左(右)前轮与相应后轮和地面接触点连线及推力线的夹角(即轮距向一侧变长或变短)。如果后轮超出前轮,则此角度为正,如图7-48所示。理想状态此角度左右两边应该相等。

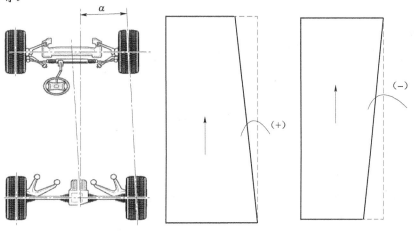

图7-48 横向偏位

3. 轴偏位

轴偏位指实际的前后轴的平分中心线连线与理论车辆几何中心线的夹角。两前轮或两后轮同时横移，其他参数（如前、后轮总前束）不改变，也存在推力角。前轴相对于后轴向左移位为正，前轴相对于后轴向右移位为负，如图 7-49 所示。

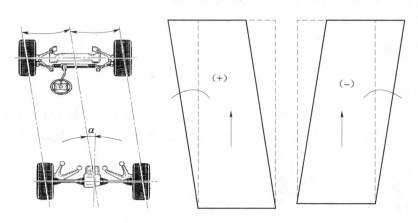

图 7-49 轴偏位

4. 轴距偏差

轴距偏差是指两前轮之间的连线与两后轮间连线不平行所形成的夹角。当右侧轮距大于左侧轮距时，此角度为正，反之为负，如图 7-50 所示。轴距变化，可以引起推力线歪斜，从而产生推力角。

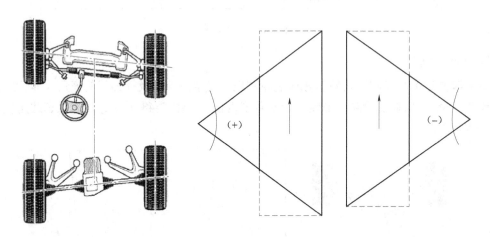

图 7-50 轴距偏差

5. 轨迹宽度偏差

轨迹宽度偏差是指左前轮与左后轮和地面接触点之间的连线，同右前轮与右后轮和地面接触点之间的连线的夹角。当后部宽度超过前部宽度时，此角度为正，反之为负，如图 7-51 所示。

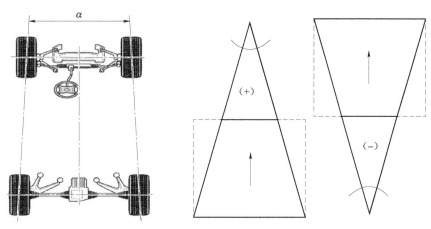

图 7-51 轨迹宽度偏差

（二）误差说明

（1）检测前是否进行了必要的检查（车轮轴承、轮胎气压、连接臂、轮辋变形情况、车轮平衡等）。

（2）举升机的水平要求。

举升机的水平不够准确将给测量带来较大误差。

1）根据厂家要求，需要将举升机上转角盘和后滑板的中点的水平度调节到左右±0.5 mm、前后±1.0 mm、对角线±1.0 mm 的范围之内。

2）四柱举升机的水平不够准确将对测量带来误差，仅 2 mm 的左右偏差就能产生 6.18′的外倾角误差和 0.96′的前束误差。

所以举升机的水平度对外倾角的测量结果影响很大。如果使用定位仪的定位效果不理想（调整后效果不好或每次检测结果不同），则应该重点检查举升机的水平。

举升机的水平应使用专用水准仪检查，如图 7-52 所示，而不是水平尺或水管。工作台水平要求：左右误差小于 1 mm；对角线和前后误差小于 2 mm。

图 7-52 专用水准仪

附　　录

附录一　机动车运行安全技术条件
GB 7258—2014

前　言

本标准的附录为推荐性的，其余均为强制性的。

本标准代替 GB 7258—1997《机动车运行安全技术条件》。

本标准与 GB 7258—1997 相比，主要修订内容如下：

1. 增加了"3. 术语和定义"，明确了中置轴挂车、乘用车列车、电动汽车等概念；将"三轮农用运输车"更名为"三轮汽车"，将"四轮农用运输车"更名为"低速货车"，明确"农用运输车"实质上是汽车的一类；将"运输用拖拉机"更名为"拖拉机运输机组"，明确了拖拉机牵引挂车方可从事道路运输作业。

2. 在"4.1 整车标志"中：

（1）删除了 GB 7258—1997 第 3.1.1 条中"在车身外表面的易见部位上应装置能识别车型的标志"的要求；

（2）细化了各种类型机动车产品标牌应标明的项目，明确项目名称均应有中文，允许使用符合规定的柔性标牌（4.1.2）；

（3）明确了汽车、摩托车及轻便摩托车、半挂车必须具有车辆识别代号，规定车辆识别代号一经打刻不允许更改、变动（4.1.3）；

（4）取消了 GB 7258—1997 第 3.1.3 条中的发动机型号和出厂编号应易于拓印的要求；

（5）增加了道路运输危险货物车辆标志的要求（4.1.5）。

3. 在"4.4 轴荷及质量参数"中增加了汽车及汽车列车、挂车的轴荷和质量参数的要求。

4. 在"4.5 核载"中调整、细化了机动车乘坐人数（或乘员数）核定的要求。

5. 在"4.8 图形和文字标志"中增加了"机动车的警告性文字均应有中文标注"的要求。

6. 在"7.2 行车制动"中增加了部分重型汽车和挂车应装备防抱制动装置的要求，在"7.12. 制动报警装置"中规定了采用液压制动的汽车应装备液压传能装置部件失效报警装置的要求及安装具有防抱制动装置的汽车应具有防抱制动装置失效报警功能。

7. 在"7.13 路试检验制动性能"中增加了用充分发出的平均减速度 MFDD 检验三轮汽车、低速货车行车制动性能的规定；在"7.14 台试制动性能检验"中增加了乘用车和总质量不大于 3 500 kg 的货车的后轴制动力及三轮汽车的整车制动力等要求，并针对用平板检验台检验乘用车行车制动提出了特殊要求。

8. 在"8.4.6 远光光束发光强度"中适当提高了部分机动车远光光束的发光强度要求；在"8.4.7 光束照射位置要求"中调整了前照灯近光光束和远光光束的高度照射位置和水平照射位置要求。

9. 在"8.5 其他电气设备和仪表"中增加了部分汽车应安装行驶记录装置的要求。

10. 在"9. 行驶系"中增加了乘用车用轮胎应有胎面磨耗标志的要求（9.1.8）及部分机动车的车轮动平衡要求（9.4）和悬架特性（9.8）要求，允许乘用车备胎规格与其他轮胎不同（9.1.8）。

11. 增加了"10.5 车速受限车辆的特殊要求"。

12. 在"11.6 车门和车窗"中进一步明确了各种类型安全玻璃的适用范围（11.6.3），允许只在沿道路中央车道设置的公共汽车专用道上运营使用的公共汽车根据需要在车身左侧开设乘客门（11.6.5）。

13. 在"12 安全防护装置"中规定了乘用车的所有座椅（第三排及第三排以后的可折叠座椅除外）均应装置汽车安全带的要求（12.1）、"12.8 气体燃料专用装置的安全防护"及汽车（三轮汽车除外）均应装备符合规定的三角警告牌的要求（12.12）。

14. 在"14 机动车环保要求"中增加了机动车车外噪声控制的要求。

15. 在"附录"中规定了机动车安全技术检验时适宜采用的检验方法和设备，规定对满载/空载两种状态下后轴轴荷之比大于 2.0 的货车和半挂牵引车宜加载（或满载）检验制动性能。

本标准实施的过渡期要求：

1. 4.8.3 机动车的警告性文字均应有中文标注的要求（对于进口机动车）；7.2.11 有关部分机动车应装备防抱制动装置的要求；7.12.2 有关采用液压制动的汽车应装备液压传能装置部件失效报警装置的要求；8.2.5 挂车及车长大于 6 m 的机动车应安装侧反射器和侧标志灯的要求(对于组成拖拉机运输机组的单轴挂车及车长大于 6 m 且不大于 10 m 的机动车)；8.2.7 部分机动车应设置车身反光标识的要求；8.5.5 的要求（对于车长大于 9 m 的长途客车和旅游客车）；9.1.8 乘用车用轮胎应具有轮胎磨耗标志的要求；10.5 对于车速受限车辆的特殊要求；11.2 有关可翻转的驾驶室在翻转操纵机构附近易见部位应有提示文字的要求；12.12 汽车（三轮汽车除外）应装备三角警告牌的要求。以上要求自本标准发布之日起第 7 个月开始对新注册车实施。

2. 7.12.4 有关防抱制动装置失效时报警的要求；12.1.1 乘用车的所有座椅（第三排及第三排以后的可折叠座椅除外）均应装置汽车安全带的要求（对于座位数不大于 5 的乘用车）；12.1.1 长途客车和旅游客车的同向或相向座椅的座间距大于某一限值且座椅前方一定距离内无防护物时应装置汽车安全带的要求。以上要求自本标准发布之日起第 13 个月开始对新生产车实施。

3. 4.1.2 产品标牌上标明的所有项目的名称均应有中文名称的要求（对于进口机动车）。自本标准发布之日起第 19 个月开始对新进口车实施。

4. 12.1.1 乘用车的所有座椅（第三排及第三排以后的可折叠座椅除外）均应装置汽车安全带的要求（对于座位数大于 5 的乘用车）。自本标准发布之日起第 19 个月开始对新生产车实施。

5. 7.1.2 汽车应具有应急制动功能的要求（对于低速货车）。自本标准发布之日起第 25 个月开始对新生产车实施。

6. 4.1.2 和 4.1.3 有关汽车应标明（打刻）车辆识别代号的要求（对于三轮汽车和低速货车）。具体实施日期另行规定，在实施日期之前应标明（整车）出厂编号（4.1.2）和打刻整车型号和出厂编号（4.1.3）。

7. 8.5.5 的要求（对于其他应安装行驶记录仪的汽车）。具体实施日期按照相关法律法规的规定执行。

本标准主要起草单位：公安部交通管理科学研究所、交通部公路科学研究所。

本标准主要起草人：应朝阳、周天佑、耿磊、张咸胜、王玉林、秦煜麟、何勇、吴卫、魏嘉文、王凡、尚项绳、刘欣、赵家琳、鲍晓峰、李爱民、占建云。

本标准所代替标准的历次版本发布情况为：
——GB 7258—1987、GB 7258—1997。

引　言

国家标准《机动车运行安全技术条件》（以下简称"GB 7258"）是我国机动车安全技术管理的最基本的技术性法规，是公安机关交通管理部门新车注册登记和在用车定期检验、事故车检验等安全技术检验的主要技术依据，同时也是我国机动车新车定型强制性检验、新车出厂检验及进口机动车检验的重要技术依据之一。

GB 7258—1997 自 1998 年 1 月 1 日起在全国范围内正式实施后，在加强机动车运行安全管理、提高机动车运行安全水平、保障道路交通安全等方面都起到了十分积极的作用。然而，随着国民经济的持续快速发展，我国机动车保有量迅猛增加（私人汽车增长尤为迅速），道路交通事故四项指标逐年上升，道路交通安全形势十分严峻。为此，根据我国机动车制造行业生产技术水平和道路等级不断提高的实际情况，及时修订 GB 7258、提高机动车安全技术要求十分必要。

根据《中华人民共和国道路交通安全法》的精神和我国机动车安全管理的实际情况，此次 GB 7258 修订工作的修订原则主要有：

1. 更换"农用运输车"的名称，将其纳入"汽车"范围以加强管理；
2. 适当提高乘用车的安全技术要求，允许乘用车拖带挂车，以适应汽车快速进入普通居民家庭的现况；
3. 适当提高大型客车、中重型货车和高速机动车的安全技术要求，提高此类机动车的运行安全性能，以更好地保证道路交通安全；
4. 增加气体燃料汽车、两用燃料汽车和双燃料汽车的其他基本安全技术要求，以加强此类机动车的安全技术管理；
5. 根据汽车及其相关技术发展状况适当简化管理环节。

需要指出的是：

1. 鉴于对新技术给予足够的市场培育期、使技术趋于成熟是目前国际通用做法，为避免因不合理的技术要求限制电动汽车技术的发展，修订后的 GB 7258 仅明确了电动汽车的概念，未针对电动汽车制定特殊的具体要求。新车注册登记和在用车定期检验时电动汽车的特殊项目可暂时免于检验，但新生产的电动汽车应符合现行有效的相关标准和规定的要求。

2. 为满足人民群众不断提高生活质量的要求，修订后的 GB 7258 允许乘用车拖挂挂车，但未提出针对性的具体技术要求。为保证乘用车列车的运行安全，国家相关部门应尽快制定乘用车拖挂挂车的相关技术标准和管理规定。

3. 鉴于目前我国机动车排气污染物排放控制和噪声控制的标准体系仍在不断完善之中，且国家环保部门正在制定在用车排气污染物排放的系列标准，修订后的 GB 7258 仅定性地规定"机动车排气污染物排放应符合相关标准的规定"和"机动车车外噪声应符合相关标准的规定"，未直接引用相关标准的名称及年号，机动车生产厂家、管理和使用部门应按照规定执行相关标准。

4. 修订后的 GB 7258 未对轮式专用机械车的外廓尺寸、制动性能、前照灯发光强度和照射位置等作出规定，轮式专用机械车的生产厂家、管理和使用部门应按照规定执行相关标准。

5. 鉴于外型和结构的特殊性，叉车不适于作为一种机动车在道路上行驶和使用，修订后的 GB 7258 明确 GB 7258 不适用于叉车。叉车的技术要求应符合相关标准的规定。

机动车运行安全技术条件

1. 范围

本标准规定了机动车的整车及主要总成、安全防护装置等有关运行安全的基本技术要求及检验方法。本标准还规定了机动车的环保要求及消防车、救护车、工程救险车和警车的附加要求。

本标准适用于在我国道路上行驶的机动车。

2. 规范性引用文件

下列文件中的条款通过本标准的引用而成为本标准的条款。凡是注日期的引用文件，其随后所有的修改单（不包括勘误的内容）或修订版均不适用于本标准，然而，鼓励根据本标准达成协议的各方研究是否可使用这些文件的最新版本。凡是不注日期的引用文件，其最新版本适用于本标准。

GB 1589—2004　道路车辆外廓尺寸、轴荷及质量限值

GB/T 3181　漆膜颜色标准

GB 4094　汽车操纵件、指示器及信号装置的标志

GB 4599　汽车前照灯配光性能

GB 4785　汽车及挂车外部照明和信号装置的安装规定

GB 5948　摩托车白炽丝光源前照灯配光性能

GB 8108　车用电子警报器

GB 8410　汽车内饰材料的燃烧特性

GB 9656　汽车安全玻璃

GB 10395.1　农林拖拉机和机械　安全技术要求　第一部分：总则

GB 10396　农林拖拉机和机械、草坪和园艺动力机械　安全标志和危险图形　总则

GB/T 11381—1989　客车顶部静载试验方法

GB 11567.1　汽车和挂车侧面防护要求
GB 11567.2　汽车和挂车后下部防护要求
GB/T 12428　客车装载质量计算方法
GB 13057　客车座椅及其车辆固定件的强度
GB 13392　道路运输危险货物车辆标志
GB/T 13594　机动车和挂车防抱制动性能和试验方法
GB 13954　特种车辆标志灯具
GB 15084　机动车辆后视镜的性能和安装要求
GB 15365　摩托车操纵件、指示器及信号装置的图形符号
GB 16735　道路车辆　车辆识别代号（VIN）
GB 17352　摩托车和轻便摩托车后视镜及其安装要求
GB/T 17676　天然气汽车和液化石油气汽车　标志
GB 18100　两轮摩托车及轻便摩托车照明和光信号装置的安装规定
GB/T 18411　道路车辆产品标牌
GB 18565　营运车辆综合性能要求和检验方法
GB/T 18697—2002　声学　汽车车内噪声测量方法（eqv ISO 5128：1980）
GB/T 19056　汽车行驶记录仪
GB 19151　机动车用三角警告牌
GB 19152　轻便摩托车前照灯配光性能
GA　406　车身反光标识
QC/T 659—2000　汽车空调（HFC-134a）用标识

3. 术语和定义

下列术语和定义适用于本标准。

3.1　机动车　power-driven vehicle

由动力装置驱动或牵引、在道路上行驶的、供乘用或（和）运送物品或进行专项作业的轮式车辆，包括汽车及汽车列车、摩托车及轻便摩托车、拖拉机运输机组、轮式专用机械车和挂车等，但不包括任何在轨道上运行的车辆。

3.2　汽车　motor vehicle

由动力驱动、具有四个或四个以上车轮的非轨道承载的车辆，主要用于：

——载运人员和/或货物；

——牵引载运货物的车辆或特殊用途的车辆；

——特殊用途。

本术语还包括：

（1）与电力线相连的车辆，如无轨电车；

（2）整车整备质量超过 400 kg 的三轮车辆。

3.2.1　乘用车　passenger car

在其设计和技术特性上主要用于载运乘客及其随身行李和/或临时物品的汽车，包括驾驶员座位在内最多不超过 9 个座位。它也可以牵引一辆挂车。

[GB/T 3730.1—2001 第 2.1.1 条]

3.2.2 客车 bus

在其设计和技术特性上主要用于载运乘客及其随身行李的商用车辆,包括驾驶员座位在内座位数超过 9 个。客车有单层的或双层的。

3.2.2.1 卧铺客车 sleeper coach

专门设计和制造供全体乘客卧睡的长途客车。

3.2.2.2 公共汽车 public city-bus

专门设计和制造供公众就座或站立、有固定的线路和车站的城市客车。

3.2.3 半挂牵引车 semi-trailer towing vehicle

装备有特殊装置用于牵引半挂车的商用车辆。

[GB/T 3730.1—2001 第 2.1.2.2 条]

3.2.4 货车 goods vehicle

一种主要为载运货物而设计和装备的商用车辆,其能否牵引一辆挂车均可。

[GB/T 3730.1—2001 第 2.1.2.3 条]

3.2.4.1 三轮汽车(原"三轮农用运输车")tri-wheel vehicle

最高设计车速小于等于 50 km/h 的、具有三个车轮的货车。

3.2.4.2 低速货车(原"四轮农用运输车")low-speed goods vehicle

最高设计车速小于 70 km/h 的、具有四个车轮的货车。

3.2.5 专用作业车 specical motor vehicle

在其设计和技术特性上用于特殊工作的车辆。例如:道路清洁车辆、垃圾车、汽车起重机等。

3.2.6 气体燃料汽车 gaseous fuel vehicle

装备以液化石油气、天然气或煤气等气体为燃料的发动机的汽车。

3.2.7 两用燃料汽车 bi-fuel vehicle

具有两套相互独立的燃料供给系统,一套供给天然气或液化石油气,另一套供给天然气或液化石油气之外的燃料,两套燃料供给系统可分别但不可共同向汽缸供给燃料的汽车,如汽油/压缩天然气两用燃料汽车、汽油/液化石油气两用燃料汽车等。

3.2.8 双燃料汽车 dual-fuel vehicle

具有两套燃料供给系统,一套供给天然气或液化石油气,另一套供给天然气或液化石油气之外的燃料,两套燃料供给系统按预定的配比向汽缸供给燃料,在缸内混合燃烧的汽车,如柴油—压缩天然气双燃料汽车、柴油—液化石油气双燃料汽车等。

3.2.9 电动汽车 electric vehicle

纯电动汽车、混合动力(电动)汽车和燃料电池电动汽车的总称。

3.3 挂车 trailer

就其设计和技术特性需由汽车或拖拉机牵引才能正常使用的一种无动力的道路车辆,包括中置轴挂车、牵引杆挂车和半挂车,用于:

——载运货物;

——特殊用途。

3.3.1 中置轴挂车 centre axle trailer

牵引装置不能垂直移动（相对于挂车）、车轴位于紧靠挂车的重心（当均匀载荷时）的挂车。这种挂车只有较小的垂直载荷（不超过相当于挂车最大设计总质量的10%或10 000 N，两者取较小者）作用于牵引车，其中一轴或多轴可由牵引车来驱动。

3.3.2　牵引杆挂车　draw-bar-trailer

至少有两根轴的挂车，包括牵引杆货车挂车、通用牵引杆挂车和专用牵引杆挂车，具有：

——一轴可转向；

——通过角向移动的牵引杆与牵引车连接；

——牵引杆可垂直移动，连接到底盘上，因此不能承受任何垂直力。

3.3.3　半挂车　semi-trailer

车轴位于车辆重心（当车辆均匀受载时）后面，并且装有可将垂直力和/或水平力传递到牵引车的连接装置的挂车，包括货车半挂车、专用半挂车和旅居半挂车。

3.4　汽车列车　combination vehicles

由一辆汽车（三轮汽车和低速货车除外）牵引一辆挂车组成的机动车，包括乘用车列车、货车列车和铰接列车。

3.4.1　乘用车列车　passenger/car trailer combination

乘用车和中置轴挂车的组合。

3.4.2　货车列车　goods road train

货车和牵引杆挂车或中置轴挂车的组合。

3.4.2.1　牵引杆挂车列车　draw-bar tractor combination

全挂拖斗车；

货车和牵引杆挂车的组合。

3.4.2.2　中置轴挂车列车　centre axle trailer combination

货车和中置轴挂车的组合。

3.4.3　铰接列车　articulated vehicle

半挂牵引车和具有角向移动连接的半挂车的组合。

3.5　摩托车　motorcycle

无论采用何种驱动方式，其最高设计车速大于50 km/h，或若使用内燃机，其排量大于50 mL的两轮或三轮车辆，包括两轮摩托车、边三轮摩托车和正三轮摩托车（边三轮摩托车和正三轮摩托车可合称为三轮摩托车）。

3.6　轻便摩托车　moped

无论采用何种驱动方式，其最高设计车速不大于50 km/h，且若使用内燃机，其排量不大于50 mL的两轮或三轮车辆，包括两轮轻便摩托车和三轮轻便摩托车，但不包括最高设计车速不大于20 km/h的电驱动的两轮车辆。

3.7　拖拉机运输机组　tractor towing trailer for transportation

由拖拉机牵引一辆挂车组成的用于载运货物的机动车，包括轮式拖拉机运输机组和手扶拖拉机运输机组。

注1：本标准所指的拖拉机是指最高设计车速不大于20 km/h、牵引挂车可从事道路货物运输作业的手扶拖拉机和最高设计车速不大于40 km/h、牵引挂车可从事道路货物运输作业的轮式拖拉机。

注 2：手扶拖拉机运输机组还包含手扶变型运输机，即发动机 12 小时标定功率不大于 14.7 kW，采用手扶拖拉机底盘，将扶手把改成方向盘，与挂车连在一起组成的折腰转向式运输机组。

3.8 轮式专用机械车 roller mobile machinery shop for special purpose

有特殊结构和专门功能，装有橡胶车轮可以自行行驶，最高设计车速大于 20 km/h 的轮式工程机械，如装载机、平地机、挖掘机、铲车、推土机等，但不包括叉车。

4. 整车

4.1 整车标志

4.1.1 机动车在车身前部外表面的易见部位上应至少装置一个能永久保持的商标或厂标。

4.1.2 机动车应至少装置一个能永久保持的产品标牌，该标牌的固定、位置及型式应符合 GB/T 18411 的规定，组成拖拉机运输机组的拖拉机的标牌的固定、位置及型式应符合相关标准的规定；若使用符合 QC/T 659—2000 附录 A 规定的特殊情况下的标识和标签系统（柔性标牌），则其项目内容应采用蚀刻方式，使用的黏接剂应为压力敏感型。产品标牌的具体位置应在产品使用说明书中指明。改装车不应拆改原底盘的产品标牌。

机动车均应在产品标牌上标明品牌、整车型号、制造年月、生产厂名及制造国，各类机动车产品标牌应标明的其他项目见表附 1.1。产品标牌上标明的内容应规范、清晰耐久且易于识别，项目名称均应有中文名称。

附表 1.1 各类机动车产品标牌应补充标明的项目

机动车类型		应补充标明的项目
汽车[a]	乘用车[b]、客车[c]	车辆识别代号、发动机型号、发动机排量、发动机最大净功率或额定功率、最大设计总质量（以下简称为"总质量"）、乘坐人数（乘员数）
	货车[d]	车辆识别代号、发动机型号、发动机最大净功率或额定功率、总质量、整车整备质量（以下简称为"整备质量"）、最大设计牵引质量
	半挂牵引车	车辆识别代号、发动机型号、发动机最大净功率或额定功率、整备质量、牵引座最大设计静载荷、最大设计牵引质量
摩托车及轻便摩托车[e]		车辆识别代号、发动机型号、发动机排量或最大净功率、整备质量
组成拖拉机运输机组的拖拉机		出厂编号、发动机型号、发动机标定功率、使用质量、最大设计牵引质量
轮式专用机械车		车架号、发动机型号、发动机标定功率、整备质量、最高设计车速
挂车		车辆识别代号[f]、总质量、整备质量
a 电动汽车还应标明电动动力系统净功率和直流或交流标称电压。 b 乘用车具备牵引功能时还应标明最大设计牵引质量。 c 客车可不标发动机排量。 d 货车没有牵引功能时可不标最大设计牵引质量。 e 正三轮摩托车还应标明装载质量或乘坐人数，两轮摩托车及轻便摩托车可不标车辆识别代号。 f 牵引杆挂车和中置轴挂车在未采用统一的车辆识别代号之前应标明车架号。		

4.1.3 汽车、摩托车及轻便摩托车、半挂车必须具有车辆识别代号，其内容和构成应符

合 GB 16735 的规定；应至少有一个车辆识别代号打刻在车架（无车架的机动车为车身主要承载且不能拆卸的部件）上，打刻位置应尽量位于前部右侧，如受结构限制也可打刻在其他部位。打刻的车辆识别代号应易见且易于拓印，其字母和数字的字高不应小于 7.0 mm，深度不应小于 0.3 mm；对于摩托车及轻便摩托车，打刻的车辆识别代号的字母和数字的字高不应小于 5.0 mm，深度不应小于 0.2 mm。

其他机动车应在相应位置打刻易见且易于拓印的整车型号和出厂编号，型号在前、出厂编号在后，在出厂编号的两端应打刻起止标记；打刻的整车型号和出厂编号字高为 10.0 mm、深度不应小于 0.3 mm。

车辆识别代号（或整车型号和出厂编号）打刻的具体位置应在产品使用说明书中指明，一经打刻不允许更改、变动。同一辆机动车的车架（无车架的机动车为车身主要承载且不能拆卸的部件）上，不允许既打刻车辆识别代号，又打刻整车型号和出厂编号；同一辆车上标识的所有车辆识别代号内容应相同。

4.1.4　发动机型号和出厂编号应打刻（或铸出）在汽缸体上且应能永久保持，在出厂编号的两端应打刻起止标记（没有打刻起止标记的空间时可不打刻）；若打刻（或铸出）的发动机型号和出厂编号不易见，则应在发动机易见部位增加能永久保持的发动机型号和出厂编号的标识；若采用符合 QC/T 659—2000 附录 A 规定的特殊情况下的标识和标签系统（柔性标签），则其项目内容应采用蚀刻方式，使用的黏接剂应为压力敏感型。摩托车及轻便摩托车应在发动机的易见部位铸出商标或厂标，发动机出厂编号应打刻在曲轴箱易见部位，在出厂编号的两端应打刻起止标记（没有打刻起止标记的空间时可不打刻）。发动机出厂编号的具体位置应在产品使用说明书中指明。

4.1.5　道路运输危险货物车辆的标志应符合 GB 13392 的规定。

4.2　外廓尺寸

汽车及汽车列车、挂车的外廓尺寸应符合 GB 1589—2004 的规定，摩托车及轻便摩托车、拖拉机运输机组的外廓尺寸限值见附表 1.2。

附表 1.2　摩托车及轻便摩托车、拖拉机运输机组外廓尺寸限值　　　　　　　　　　m

机动车类型		长	宽	高
摩托车及轻便摩托车	两轮摩托车	≤2.50	≤1.00	≤1.40
	边三轮摩托车	≤2.70	≤1.75	≤1.40
	正三轮摩托车	≤3.50	≤1.50	≤2.00
	两轮轻便摩托车	≤2.00	≤0.80	≤1.10
	三轮轻便摩托车	≤2.00	≤1.00	≤1.10
拖拉机运输机组	轮式拖拉机运输机组	≤10.00 [a]	≤2.50	≤3.00 [a]
	手扶拖拉机运输机组	≤5.00	≤1.70	≤2.20

a　对标定功率大于 58 kW 的运输机组长度限值为 12.00 m，高度限值为 3.50 m。

4.3　后悬

客车及封闭式车厢（或罐体）的机动车后悬不允许超过轴距的 65%。对于专用作业车和轮式专用机械车，在保证安全的情况下，其后悬可按客车后悬要求核算，其他机动车后悬不允许超过轴距的55%。机动车的后悬均不应大于3.5 m。

注：对于多轴机动车，其轴距按第一轴至最后轴的距离计算（对铰接客车按第一轴至第二轴的距离计算），后悬从最后一轴的中心线往后计算。对于客车，后悬以车身外蒙皮尺寸计算，如后保险杠突出于后背外蒙皮，则以后保险杠尺寸计算，不计后尾梯。

4.4 轴荷和质量参数

4.4.1 汽车及汽车列车、挂车的轴荷和质量参数应符合 GB 1589—2004 的规定。

4.4.2 机动车在空载和满载状态下，整备质量和总质量应在各轴之间合理分配，轴荷应在左右车轮之间均衡分配。

4.4.3 边三轮摩托车处于空载及满载状态时，边车车轮轮荷应分别为整备质量及总质量的35%以下。

4.5 核载

4.5.1 质量参数核定。

4.5.1.1 机动车最大允许总质量依据发动机功率、最大设计轴荷、轮胎的承载能力及正式批准的技术文件进行核算后，从中取最小值核定。

4.5.1.2 机动车在空载和满载状态下，转向轴轴荷（或转向轮轮荷）与该车整备质量和最大允许总质量的比值不允许小于：

——乘用车，30%；

——三轮汽车、正三轮摩托车，18%；

——其他机动车，20%。

注：对于铰接列车，应在空载和满载状态下对牵引车部分进行核算；对于铰接客车，应在空载和满载状态下对前车进行核算。

4.5.1.3 汽车或汽车列车驱动轴的轴荷不允许小于汽车或汽车列车最大允许总质量的25%。

4.5.1.4 货车列车的挂车的最大允许装载质量不允许大于货车的最大允许装载质量。

4.5.1.5 轮式拖拉机运输机组的挂拖质量比（挂车最大允许总质量与拖拉机使用质量之比）不允许大于3。

4.5.2 乘用车乘坐人数核定。

4.5.2.1 前排座位按乘客舱内部宽度（系指驾驶员两侧门窗下缘，并在车门后支柱内侧量取）不小于 1 200 mm 时核定 2 人，不小于 1 650 mm 时核定 3 人。

4.5.2.2 除前排座位外的其他排座位，按坐垫中间位置测量的乘客舱内部宽度，在能保证与前一排座位的间距不小于 650 mm 且坐垫深度不小于 400 mm 时，每 400 mm 核定 1 人。

4.5.3 客车乘员数核定。

4.5.3.1 按乘员质量核定：按 GB/T 12428 确定。

4.5.3.2 按坐垫宽和供站立乘客用的地板面积核定：坐垫宽按每人不小于 400 mm 核定；按站立乘客用的地板面积计算：城市公共汽车及无轨电车按每人不小于 0.125 m^2 核定，其他城市客车按每人不小于 0.15 m^2 核定，长途客车和旅游客车及车长不大于 6 m 的客车不允许核定站立人数。设立席的客车供乘客用的地板面积按 GB/T 12428 确定。

注：城市公共汽车是指仅在城市道路上运营使用的公共汽车。

4.5.3.3 按卧铺铺位核定：卧铺客车的每个铺位核定 1 人。

4.5.3.4 以 4.5.3.1、4.5.3.2 及 4.5.3.3 计算的乘员数取最小值核定。

4.5.4 有驾驶室机动车的驾驶室乘坐人数核定（摩托车及轻便摩托车除外）。

4.5.4.1 驾驶室内只有一排座位或双排座位的前排座位，按驾驶室内部宽度（系指驾驶室门窗下缘，并在车门后支柱内侧量取）不小于 1 200 mm 时核定 2 人，不小于 1 650 mm 时核定 3 人。

4.5.4.2 驾驶室内双排座椅的后排座椅，按坐垫中间位置测量的车身内部宽度，在能保证与前排座椅的间距不小于 650 mm 且坐垫深度不小于 400 mm 时，每 400 mm 核定 1 人。

4.5.4.3 对带卧铺的货车，其卧铺铺位均不核定乘坐人数。

4.5.4.4 对有驾驶室的拖拉机运输机组和三轮汽车，除驾驶员外可再核定乘坐一名副驾驶员，但其坐垫宽不应小于 400 mm、座椅深不应小于 400 mm，且座椅不应增加拖拉机运输机组或三轮汽车的外廓尺寸；不具备上述条件时，只允许乘坐驾驶员 1 人。

4.5.4.5 货车驾驶室乘坐人数不允许超过 6 人。

4.5.5 摩托车及轻便摩托车乘坐人数核定。

4.5.5.1 两轮摩托车除驾驶员外，有固定座位的可再乘坐 1 人。

4.5.5.2 边三轮摩托车除驾驶员外，主车和边车有固定座位的各乘坐 1 人。

4.5.5.3 正三轮摩托车驾驶室核定乘坐驾驶员 1 人；车厢在有纵向布置（与机动车前进方向相同）的固定座椅（该固定座椅的坐垫深度不应小于 400 mm 且其与驾驶员座椅的间距不应小于 650 mm）时，按坐垫宽度每 400 mm 核定 1 人，最多为 2 人；不具备上述条件时，车厢不允许乘坐人员。

4.5.5.4 轻便摩托车核定乘坐驾驶员 1 人。

4.6 比功率

三轮汽车、低速货车及拖拉机运输机组的比功率不应小于 4.0 kW/t，除无轨电车外的其他机动车的比功率不允许小于 5.0 kW/t。

注：比功率为发动机最大净功率（或 0.9 倍的发动机额定功率或 0.9 倍的发动机标定功率）与机动车最大允许总质量之比。

4.7 侧倾稳定角及驻车稳定角

4.7.1 机动车在空载、静态状态下，向左侧和右侧倾斜最大侧倾稳定角不允许小于：

——三轮机动车（包括三轮汽车和三轮摩托车，下同），25°；

——双层客车，28°；

——总质量为整备质量的 1.2 倍以下的机动车，30°；

——卧铺客车、总质量不小于整备质量的 1.2 倍的专用作业车和轮式专用机械车，32°。

——其他机动车（两轮摩托车及轻便摩托车除外），35°。

4.7.2 两轮摩托车和轻便摩托车在用撑杆支撑时，向左、向右、向前的驻车稳定角分别不应小于 9°、5°、6°；在用停车架支撑时，向左、向右、向前的驻车稳定角均不应小于 8°。

4.8 图形和文字标志

4.8.1 汽车（三轮汽车和装用单缸柴油机的低速货车除外）、摩托车及轻便摩托车应分别按照 GB 4094 和 GB 15365 的规定设置操纵件、指示器及信号装置的图形标志。

4.8.2 三轮汽车和装用单缸柴油机的低速货车的变速杆、手柄和开关等操纵机构，除作用非常明确的外,应在操纵机构上或其附近用耐久性标志明确标明其功能、操作方向等。标志用操作符号应与背景有明显的色差。产品使用说明书中应给出所有操纵机构的浅显易懂且详细的操作说明。

4.8.3 机动车的警告性文字均应有中文标注。

4.8.4 气体燃料汽车、两用燃料汽车和双燃料汽车应按 GB/T 17676 的规定标注其使用的气体燃料类型。

4.8.5 专门用于运送易燃和易爆物品的道路运输危险货物车辆,应在车身两侧喷有明显的"禁止烟火"字样或标记。

4.8.6 三轮汽车、低速货车和拖拉机运输机组应对需要提醒人们注意的安全事项设置相应的安全警示标志。安全警示标志应符合 GB 10396 的规定。

4.9 外观

4.9.1 机动车外观应整洁,各零部件应完好,连接紧固,无缺损。

4.9.2 车体应周正,车体外缘左右对称部位高度差不允许大于 40 mm。

4.9.3 两轮摩托车和轻便摩托车的方向把和导流板等左右对称的零部件离地面高度差不应大于 10 mm;正三轮摩托车的驾驶室和车厢等左右对称的零部件离地面高度差不应大于 20 mm。

4.10 漏水检查

在发动机运转及停车时,水箱、水泵、缸体、缸盖、暖风装置及所有连接部位均不应有明显渗漏现象。

4.11 漏油检查

机动车连续行驶距离不小于 10 km,停车 5 min 后观察,不应有明显渗漏现象。

4.12 车速表指示误差(最高设计车速不大于 40 km/h 的机动车除外)

车速表指示车速 V_1(单位:km/h)与实际车速 V_2(单位:km/h)之间应符合下列关系式:

$$0 \leqslant V_1 - V_2 \leqslant (V_2/10) + 4$$

车速表指示误差的检查方法见附录 A。

4.13 行驶轨迹

汽车列车和轮式拖拉机运输机组在平坦、干燥的路面上直线行驶时,挂车后轴中心相对于牵引车前轴中心的最大摆动幅度,对铰接列车、乘用车列车和中置轴挂车列车不应大于 110 mm,对其他列车不应大于 220 mm。其他机动车直线行驶时,其前后轴中心的连线与行驶轨迹的中心线应一致。

4.14 其他要求

专用作业车与轮式专用机械车的特殊结构和专用装置不允许影响机动车的安全运行。

5. 发动机

5.1 发动机应动力性能良好,运转平稳,怠速稳定,无异响,机油压力正常。发动机功率不允许小于标牌(或产品使用说明书)标明的发动机功率的 75%。

5.2 发动机应有良好的起动性能。汽车(三轮汽车和装用单缸柴油机的低速货车除外)发动机应能由驾驶员在座位上起动。

5.3 柴油机停机装置必须灵活有效。

5.4 发动机点火、燃料供给、润滑、冷却和排气等系统的机件应齐全,性能良好。

6. 转向系

6.1 汽车(三轮汽车除外)的方向盘必须设置于左侧,其他机动车的方向盘不允许设置于右侧;专用作业车按需要可设置左、右两个方向盘。

6.2 机动车的方向盘(或方向把)应转动灵活,操纵方便,无阻滞现象。机动车应设置转向限位装置。转向系统在任何操作位置上,不允许与其他部件有干涉现象。

6.3 机动车(两轮和三轮的机动车、手扶拖拉机运输机组除外)转向轮转向后应能自动回正,以使机动车具有稳定的直线行驶能力。

6.4 机动车方向盘的最大自由转动量不允许大于:
(1)最高设计车速不小于 100 km/h 的机动车,20°;
(2)三轮汽车,45°;
(3)其他机动车,30°。

6.5 汽车(三轮汽车除外)应具有适度的不足转向特性。

6.6 三轮汽车、摩托车及轻便摩托车的转向轮向左或向右转角不允许大于:
(1)三轮汽车、三轮摩托车、三轮轻便摩托车,45°;
(2)两轮摩托车、两轮轻便摩托车,48°。

6.7 机动车在平坦、硬实、干燥和清洁的道路上行驶不应跑偏,其方向盘(或方向把)不应有摆振、路感不灵或其他异常现象。

6.8 机动车在平坦、硬实、干燥和清洁的水泥或沥青道路上行驶,以 10 km/h 的速度在 5 s 之内沿螺旋线从直线行驶过渡到直径为 24 m 的圆周行驶,施加于方向盘外缘的最大切向力不应大于 245 N。

6.9 机动车转向轴最大设计轴荷大于 4 000 kg 时,应采用转向助力装置。装有转向助力装置的机动车,行驶时其转向助力功能不允许出现时有时无的现象,当转向助力装置失效时,仍应具有用方向盘控制机动车的能力。装有电动转向助力装置的汽车,行驶时应保证转向助力装置的电能供应。

6.10 汽车和汽车列车(不计具有作业功能的专用装置的突出部分)、轮式拖拉机运输机组必须能在同一个车辆通道圆内通过,车辆通道圆的外圆直径 D_1 为 25.00 m,车辆通道圆的内圆直径 D_2 为 10.60 m。汽车和汽车列车、轮式拖拉机运输机组由直线行驶过渡到上述圆周运动时,任何部分超出直线行驶时的车辆外侧面垂直面的值(外摆值)不应大于 0.80 m(对铰接客车和铰接式无轨电车外摆值不允许大于 1.20 m),其试验方法见 GB 1589—2004 附录 A。

6.11 汽车(三轮汽车除外)的车轮定位应符合该车有关技术条件,车轮定位值应在产品使用说明书中标明。对前轴采用非独立悬架的汽车,其转向轮的横向侧滑量,用侧滑台检验时应为-5~5 m/km。检验方法见附录 B。

6.12 转向节及臂,转向横、直拉杆及球销不允许有裂纹和损伤,并且球销不应松旷。对机动车进行改装或修理时横、直拉杆不允许拼焊。

6.13 三轮汽车、摩托车及轻便摩托车的前减振器、上下联板和方向把不应有变形和裂损。

7. 制动系

7.1 基本要求

机动车应设置足以使其减速、停车和驻车的制动系统或装置。

7.1.1 机动车应具有完好的行车制动系。

7.1.2 汽车（三轮汽车除外）应具有应急制动功能。

7.1.3 机动车（两轮、边三轮摩托车和轻便摩托车除外）应具有驻车制动装置。

7.1.4 行车制动的控制装置与驻车制动的控制装置应相互独立。

7.1.5 制动系应经久耐用，不允许因振动或冲击而损坏。

7.1.6 某些零件，如制动踏板及其支架、制动主缸及其活塞、制动总阀、制动主缸和踏板、制动气室、轮缸及其活塞和制动臂及凸轮轴总成之间的连接杆件应视为不易失效的零部件。这些零部件应易于维修保养。若这些零部件的失效会导致汽车无法达到应急制动规定的性能，则这些零部件都必须用金属材料或具有与金属材料性能相当的材料制造，并且在制动装置正常工作时不应产生明显的变形。

7.1.7 制动系统的各种杆件不允许与其他部件在相对位移中发生干涉、摩擦，以防杆件变形、损坏。

7.1.8 制动管路应为专用的耐腐蚀的高压管路。它们的安装必须保证其具有良好的连续功能、足够的长度和柔性，以适应与之相连接的零件所需要的正常运动，而不致造成损坏；它们必须有适当的安全防护，以避免擦伤、缠绕或其他机械损伤，同时应避免安装在可能与机动车排气管或任何高温源接触的地方。制动软管不允许与其他部件干涉，且不应有老化、开裂、被压扁等现象。其他气动装置在出现故障时不允许影响制动系统的正常工作。

7.2 行车制动

行车制动必须保证驾驶员在行车过程中能控制机动车安全、有效地减速和停车。行车制动必须是可控制的，且必须保证驾驶员在其座位上双手无须离开方向盘（或方向把）就能实现制动。

7.2.1 汽车（三轮汽车除外）、摩托车及轻便摩托车、挂车（总质量不大于 750 kg 的挂车除外）的所有车轮应装备制动器。

7.2.2 行车制动应作用在机动车（三轮汽车、拖拉机运输机组及总质量不大于 750 kg 的挂车除外）的所有车轮上。

7.2.3 行车制动的制动力应在各轴之间合理分配。

7.2.4 机动车（两轮、边三轮摩托车和轻便摩托车除外）行车制动的制动力应在同一车轴左右轮之间相对机动车纵向中心平面合理分配。

7.2.5 制动器应有磨损补偿装置。制动器磨损后，制动间隙应易于通过手动或自动调节装置来补偿。制动控制装置及其部件以及制动器总成应具备一定的储备行程，当制动器发热或制动衬片的磨损达到一定程度时，在不必立即做调整的情况下，仍应保持有效的制动。

7.2.6 采用真空助力的行车制动系，当真空助力器失效后，制动系统仍应能保持规定的应急制动性能。

7.2.7 行车制动系制动踏板的自由行程应符合该车有关技术条件。

7.2.8 行车制动在产生最大制动效能时的踏板力，对于乘用车不应大于 500 N；对于其他机动车不应大于 700 N。摩托车及轻便摩托车（正三轮摩托车除外）行车制动系产生最大制动效能的踏板力不应大于 400 N，手握力不应大于 250 N。

7.2.9 液压行车制动在达到规定的制动效能时，踏板行程不应大于踏板全行程的四分之三；制动器装有自动调整间隙装置的机动车的踏板行程不应大于踏板全行程的五分之四，且乘用车不应大于 120 mm，其他机动车不应大于 150 mm。

7.2.10 液压行车制动系不允许因制动液对制动管路的腐蚀或由于发动机及其他热源的作用形成气阻而影响行车制动系的功能。

7.2.11 总质量大于 12 000 kg 的长途客车和旅游客车、总质量大于 16 000 kg 允许挂接总质量大于 10 000 kg 的挂车的货车及总质量大于 10 000 kg 的挂车必须安装符合 GB/T 13594 规定的防抱制动装置。

注：本条中半挂车的总质量是指半挂车在满载并且和牵引车相连的情况下，通过半挂车的所有车轴垂直作用于地面的静载荷，不包括转移到牵引车牵引座的静载荷。

7.2.12 汽车列车行车制动系的设计和制造应保证挂车最后轴制动动作滞后于牵引车前轴制动动作的时间不大于 0.2 s。

7.3 应急制动

7.3.1 应急制动应保证在行车制动只有一处管路失效的情况下，在规定的距离内将汽车停住。

7.3.2 应急制动可以是行车制动系统具有应急特性或是与行车制动分开的系统。

7.3.3 应急制动应是可控制的，其布置应使驾驶员容易操作，驾驶员在座位上至少用一只手握住方向盘的情况下，就可以实现制动。它的控制装置可以与行车制动的控制装置结合，也可以与驻车制动的控制装置结合。

7.4 驻车制动

7.4.1 驻车制动应能使机动车即使在没有驾驶员的情况下，也能停在上、下坡道上。驾驶员必须在座位上就可以实现驻车制动。对于汽车列车和轮式拖拉机运输机组，若挂车与牵引车脱离，挂车（由轮式拖拉机牵引的装载质量 3 000 kg 以下的挂车除外）应能产生驻车制动。挂车的驻车制动装置应能够由站在地面上的人实施操纵。

7.4.2 驻车制动应通过纯机械装置把工作部件锁止，并且驾驶员施加于操纵装置上的力：手操纵时，乘用车不应大于 400 N，其他机动车不应大于 600 N；脚操纵时，乘用车不应大于 500 N，其他机动车不应大于 700 N。

7.4.3 驻车制动的控制装置的安装位置应适当，其操纵装置应有足够的储备行程（开关类操纵装置除外），一般应在操纵装置全行程的三分之二以内产生规定的制动效能；驻车制动机构装有自动调节装置时允许在全行程的四分之三以内达到规定的制动效能。棘轮式制动操纵装置应保证在达到规定驻车制动效能时，操纵杆往复拉动的次数不允许超过三次。

7.4.4 采用弹簧储能制动装置做驻车制动时，应保证在失效状态下能快速解除驻车状态；如需使用专用工具，这种工具应作为随车工具。

7.5 采用液压制动的机动车，在保持踏板力为 700 N（摩托车及轻便摩托车为 400 N）达到 1 min 时，踏板不允许有缓慢向前移动的现象。

7.6 采用气压制动的机动车，在气压升至 600 kPa 且不使用制动的情况下，停止空气压缩机 3 min 后，其气压的降低值不应大于 10 kPa。在气压为 600 kPa 的情况下，将制动踏板踩到底，待气压稳定后观察 3 min，汽车气压降低值不应大于 20 kPa，汽车列车、铰接客车及铰接式无轨电车、轮式拖拉机运输机组气压降低值不应大于 30 kPa。

7.7 采用气压制动的机动车,发动机在 75% 的额定转速下,4 min(汽车列车为 6 min,铰接客车和铰接式无轨电车为 8 min)内气压表的指示气压应从零开始升至起步气压(未标起步气压者,按 400 kPa 计)。

7.8 气压制动系统应装有限压装置,以确保储气筒内气压不超过允许的最高气压。

7.9 汽车(三轮汽车除外)的行车制动应采用双回路或多回路,当部分管路失效后,剩余制动效能仍应能保持原规定值的 30% 以上。

7.10 机动车在运行过程中不允许有自行制动现象。当挂车(由轮式拖拉机牵引的装载质量 3 000 kg 以下的挂车除外)与牵引车意外脱离后,挂车应能自行制动,牵引车的制动仍应有效。

7.11 储气筒

7.11.1 压缩空气与真空保护:装备储气筒或真空罐的机动车均应采用单向阀或相应的保护装置,以保证在筒(罐)与压缩空气源(真空源)连接失效或漏损的情况下,由筒(罐)提供的压缩空气(真空度)不致全部丧失。

7.11.2 储气筒的容量应保证在调压阀调定的最高气压下,且在不继续充气的情况下,机动车在连续五次踩到底的全行程制动后,气压不低于起步气压(未标起步气压者,按 400 kPa 计)。

7.11.3 储气筒应有排污阀。

7.12 制动报警装置

7.12.1 采用液压制动的机动车,其储液器的加注口必须易于接近,从结构设计上必须保证在不打开容器的条件下就能很容易地检查液面。若不能满足此条件,则必须安装制动液面过低报警装置。

7.12.2 采用液压制动的汽车(三轮汽车和装用单缸柴油机的低速货车除外),若液压传能装置任一部件失效,应通过红色报警信号灯通知驾驶员,该信号灯不应迟于促动控制装置发亮。只要失效继续存在且点火开关处在开(运行)的位置,该信号灯应保持发亮。但也允许采用当储液器内液面低于制造厂规定值时点亮的红色信号灯。报警信号灯即使在白天也应很醒目,驾驶员在其座位上应能很容易地检查报警信号灯工作是否正常,该装置的失效不应导致制动系统完全丧失制动效能。

7.12.3 采用气压制动的机动车,当制动系统的气压低于起步气压(未标起步气压时按 400 kPa 计)时,报警装置应能连续向驾驶员发出容易听到或看到的报警信号。

7.12.4 安装具有防抱制动装置的汽车,当防抱制动装置失效时,报警装置应能连续向驾驶员发出容易听到或看到的报警信号。

7.13 路试检验制动性能

机动车行车制动性能和应急制动性能检验应在平坦、硬实、清洁、干燥且轮胎与地面间的附着系数不小于 0.7 的水泥或沥青路面上进行。检验时发动机应脱开。

7.13.1 行车制动性能检验

7.13.1.1 用制动距离检验行车制动性能

机动车在规定的初速度下的制动距离和制动稳定性要求应符合附表 1.3 的规定。对空载检验的制动距离有质疑时,可用表 3 规定的满载检验制动距离要求进行。

制动距离是指机动车在规定的初速度下急踩制动时,从脚接触制动踏板(或手触动制动手柄）时起至机动车停住时止机动车驶过的距离。

制动稳定性要求是指制动过程中机动车的任何部位（不计入车宽的部位除外）不允许超出规定宽度的试验通道的边缘线。

附表1.3 制动距离和制动稳定性要求

机动车类型	制动初速度/(km·h⁻¹)	满载检验制动距离要求/m	空载检验制动距离要求/m	试验通道宽度/m
三轮汽车	20	≤5.0		2.5
乘用车	50	≤20.0	≤19.0	2.5
总质量不大于3 500 kg的低速货车	30	≤9.0	≤8.0	2.5
其他总质量不大于3 500 kg的汽车	50	≤22.0	≤21.0	2.5
其他汽车、汽车列车	30	≤10.0	≤9.0	3.0
两轮摩托车	30	≤7.0		—
边三轮摩托车	30	≤8.0		2.5
正三轮摩托车	30	≤7.5		2.3
轻便摩托车	20	≤4.0		—
轮式拖拉机运输机组	20	≤6.5	≤6.0	3.0
手扶变型运输机	20	≤6.5		2.3

7.13.1.2 用充分发出的平均减速度检验行车制动性能

汽车、汽车列车在规定的初速度下急踩制动时充分发出的平均减速度及制动稳定性要求应符合表4的规定，且制动协调时间对液压制动的汽车不应大于0.35 s，对气压制动的汽车不应大于0.60 s，对汽车列车、铰接客车和铰接式无轨电车不应大于0.80 s。对空载检验的充分发出的平均减速度有质疑时，可用表4规定的满载检验充分发出的平均减速度进行。充分发出的平均减速度MFDD：

$$MFDD = \frac{V_b^2 - V_e^2}{25.92(S_e - S_b)}$$

式中，$MFDD$——充分发出的平均减速度，单位为米每平方秒（m/s²）；

V_o——试验车制动初速度，单位为千米每小时（km/h）；

V_b——$0.8V_o$，试验车速，单位为千米每小时（km/h）；

V_e——$0.1V_o$，试验车速，单位为千米每小时（km/h）；

S_b——试验车速从V_o到V_b之间车辆行驶的距离，单位为米（m）；

S_e——试验车速从V_o到V_e之间车辆行驶的距离，单位为米（m）。

制动协调时间：是指在急踩制动时，从脚接触制动踏板（或手触动制动手柄）时起至机动车减速度（或制动力）达到附表1.4规定的机动车充分发出的平均减速度（或表6所规定的制动力）的 75%时所需的时间。

附表 1.4 制动减速度和制动稳定性要求

机动车类型	制动初速度/ (km·h^{-1})	满载检验充分 发出的平均减 速度/(m·s^{-2})	空载检验充分 发出的平均减 速度/(m·s^{-2})	试验通道宽度 /m
三轮汽车	20	≥3.8		2.5
乘用车	50	≥5.9	≥6.2	2.5
总质量不大于 3 500 kg 的低速货车	30	≥5.2	≥5.6	2.5
其他总质量不大于 3 500 kg 的汽车	50	≥5.4	≥5.8	2.5
其他汽车、汽车列车	30	≥5.0	≥5.4	3.0

7.13.1.3 进行制动性能检验时的制动踏板力或制动气压应符合以下要求：
（1）满载检验时
气压制动系：气压表的指示气压≤额定工作气压；
液压制动系：踏板力，乘用车≤500 N；
其他机动车≤700 N。
（2）空载检验时
气压制动系：气压表的指示气压≤600 kPa；
液压制动系：踏板力，乘用车≤400 N；
其他机动车≤450 N。
两轮、边三轮摩托车和轻便摩托车检验时，踏板力不应大于 400 N，手握力不应大于 250 N。
三轮汽车、正三轮摩托车和拖拉机运输机组检验时，踏板力不应大于 600 N。
7.13.1.4 汽车、汽车列车在符合 7.13.1.3 规定的制动踏板力或制动气压下的路试行车制动性能若符合 7.13.1.1 或 7.13.1.2，即为合格。
7.13.2 应急制动性能检验
汽车（三轮汽车除外）在空载和满载状态下，按附表 1.5 所列初速度进行应急制动性能检验，应急制动性能应符合附表 1.5 的要求。

附表 1.5 应急制动性能要求

机动车类型	制动初速度/ (km·h^{-1})	制动距离 /m	充分发出的平均 减速度/(m·s^{-2})	允许操纵力不应大于/N	
				手操纵	脚操纵
乘用车	50	≤38.0	≥2.9	400	500
客车	30	≤18.0	≥2.5	600	700
其他汽车（三轮汽车除外）	30	≤20.0	≥2.2	600	700

7.13.3 驻车制动性能检验

在空载状态下,驻车制动装置应能保证机动车在坡度为 20%(对总质量为整备质量的 1.2 倍以下的机动车为 15%)、轮胎与路面间的附着系数不小于 0.7 的坡道上正、反两个方向保持固定不动,其时间不应少于 5 min。对于允许挂接挂车的汽车,其驻车制动装置必须能使汽车列车在满载状态下时能停在坡度为 12%的坡道(坡道上轮胎与路面间的附着系数不应小于 0.7)上。

检验时操纵力按 7.4.2 规定。

注:在规定的测试状态下,机动车使用驻车制动装置能停在坡度值更大且附着力符合要求的试验坡道上时,应视为达到了驻车制动性能检验规定的要求。

7.14 台试检验制动性能

7.14.1 行车制动性能检验

7.14.1.1 汽车、汽车列车在制动检验台上测出的制动力应符合附表 1.6 的要求。对空载检验制动力有质疑时,可用附表 1.6 规定的满载检验制动力要求进行检验。

附表 1.6 台试检验制动力要求

机动车类型	制动力总和与整车重量的百分比		轴制动力与轴荷 [a] 的百分比	
	空载	满载	前轴	后轴
三轮汽车	≥45		—	≥60 [b]
乘用车、总质量不大于 3 500 kg 的货车	≥60	≥50	≥60 [b]	≥20 [b]
其他汽车、汽车列车	≥60	≥50	≥60 [b]	—
摩托车	—	—	≥60	≥55
轻便摩托车	—	—	≥60	≥50
a 用平板制动检验台检验乘用车时应按动态轴荷计算。				
b 空载和满载状态下测试均应满足此要求。				

摩托车及轻便摩托车的前、后轴制动力应符合附表 1.6 的要求,测试时只允许乘坐一名驾驶员。

检验时制动踏板力或制动气压按 7.13.1.3 的规定。

7.14.1.2 制动力平衡要求(两轮、边三轮摩托车和轻便摩托车除外)

在制动力增长全过程中同时测得的左右轮制动力差的最大值,与全过程中测得的该轴左右轮最大制动力中大者之比,对前轴不应大于 20%,对后轴(及其他轴)在轴制动力不小于该轴轴荷的 60%时不应大于 24%;当后轴(及其他轴)制动力小于该轴轴荷的 60%时,在制动力增长全过程中同时测得的左右轮制动力差的最大值不应大于该轴轴荷的 8%。

7.14.1.3 汽车的制动协调时间,对液压制动的汽车不应大于 0.35 s,对气压制动的汽车不应大于 0.60 s;汽车列车和铰接客车、铰接式无轨电车的制动协调时间不应大于 0.80 s。

7.14.1.4 汽车车轮阻滞力要求:进行制动力检验时各车轮的阻滞力均不应大于车轮所在轴轴荷的 5%。

7.14.2 驻车制动性能检验

当采用制动检验台检验汽车和正三轮摩托车驻车制动装置的制动力时，机动车空载，乘坐一名驾驶员，使用驻车制动装置，驻车制动力的总和不应小于该车在测试状态下整车重量的 20%（对总质量为整备质量 1.2 倍以下的机动车为不小于 15%）。

7.14.3 当机动车经台架检验后对其制动性能有质疑时，可用 7.13 规定的路试检验进行复检，并以满载路试的检验结果为准。

7.15 机动车制动性能检验方法见附录 C。

7.16 汽车制动完全释放时间（从松开制动踏板到制动消除所需要的时间）不应大于 0.80 s。

8. 照明、信号装置和其他电气设备

8.1 基本要求

机动车的灯具应安装牢靠、完好有效，不允许因机动车振动而松脱、损坏、失去作用或改变光照方向；所有灯光的开关应安装牢固、开关自如，不允许因机动车振动而自行开关。开关的位置应便于驾驶员操纵。除转向信号灯、危险警告信号及消防车、救护车、工程救险车和警车安装使用的标志灯具外，其他外部灯具不允许闪烁。

8.2 照明和信号装置的数量、位置、光色和最小几何可见度

8.2.1 汽车（三轮汽车和装用单缸柴油机的低速货车除外）及挂车的外部照明和信号装置的数量、位置、光色、最小几何可见度应符合 GB 4785 的规定。

8.2.2 两轮摩托车与轻便摩托车的照明和信号装置及其安装应符合 GB 18100 的规定。

8.2.3 三轮机动车、装用单缸柴油机的低速货车及拖拉机运输机组应设置前照灯、前位灯、后位灯、制动灯、后牌照灯、后反射器和前、后转向信号灯，正三轮摩托车还应设置后雾灯。照明和信号装置的光色应符合 GB 4785 有关规定，其数量、位置、最小几何可见度等参照 GB 4785 执行。

8.2.4 其他机动车的外部照明和信号装置的数量、位置、光色、最小几何可见度等参照 GB 4785 执行。

8.2.5 机动车必须装置后反射器。挂车及车长大于 6 m 的机动车应安装侧反射器和侧标志灯。反射器应与机动车牢固连接，且应能保证夜间在其正后方 150 m 处用汽车前照灯照射时，在照射位置就能确认其反射光。

8.2.6 空载高大于 3.00 m 或宽度大于 2.10 m 的机动车均应安装示廓灯。

8.2.7 总质量不小于 12 000 kg 的货车和总质量大于 3 500 kg 的挂车应在后部设置车身反光标识，后部的车身反光标识应能体现机动车后部宽度。车长不小于 10 m 的货车和总质量大于 3 500 kg 的挂车都应在侧面设置车身反光标识，车身反光标识的长度不应小于车长的 50%。

8.2.8 车身反光标识的粘贴技术规范及车身反光标识材料应符合 GA 406 的规定。

8.2.9 牵引杆挂车应在挂车前部的左右各装一只前白后红的标志灯，其高度应比牵引杆挂车的前栏板高出 300~400 mm，距车厢外侧应小于 150 mm。

8.2.10 附加的灯具、反射器或附属装置不允许影响本标准规定安装的灯具和信号装置的性能且不应对其他的道路使用者造成不利影响。

8.3 照明和信号装置的一般要求

8.3.1 机动车（手扶拖拉机运输机组除外）的前位灯、后位灯、示廓灯（若安装）、侧标志灯（若安装）、挂车标志灯（若安装）、牌照灯和仪表灯应能同时启闭，当前照灯关闭和发动机熄火时仍应能点亮。汽车和挂车的电路连接应保证前位灯、后位灯、示廓灯（若安装）、侧标志灯（若安装）和牌照灯只能同时打开或关闭，但当前位灯、后位灯、侧标志灯作为驻车灯使用（复合或混合）时，则上述情况不适用。

8.3.2 机动车的前后转向信号灯、危险警告信号及制动灯白天在距其 100 m 处应能观察到其工作状况，侧转向信号灯白天在距 30 m 处应能观察到其工作状况；前后位置灯、示廓灯、挂车标志灯夜间好天气时在距其 300 m 处应能观察到其工作状况；后牌照灯夜间好天气时在距其 20 m 处应能看清牌照号码。制动灯的发光强度应明显大于后位灯。

8.3.3 对称设置、功能相同灯具的光色和亮度不应有明显差异。

8.3.4 机动车照明和信号装置的任一条线路出现故障，不允许干扰其他线路的正常工作。

8.3.5 驾驶区的仪表板应采用不反光的面板或护板，车内照明装置及其在风窗玻璃、视镜、仪表盘等处的反射光线不应使驾驶员炫目。

8.3.6 仪表板上应设置仪表灯。仪表灯点亮时，应能照清仪表板上所有的仪表且不应炫目。

8.3.7 汽车（三轮汽车和装用单缸柴油机的低速货车除外）仪表板上应设置与行驶方向相适应的转向指示信号和蓝色远光指示信号。

8.3.8 汽车（三轮汽车除外）和轮式拖拉机运输机组均应具有危险警告信号装置，其操纵装置不应受灯光总开关的控制。对于牵引挂车的汽车，危险警告信号控制开关也应能打开挂车上的所有转向信号灯，即使在发动机不工作的情况下，仍应能发出危险警告信号。危险警告信号和转向信号灯的闪光频率应为 1.5 Hz±0.5 Hz，起动时间不应大于 1.5 s。

8.3.9 客车应设置车厢灯和门灯。车长大于 6 m 的客车应至少有两条车厢照明电路，仅用于进出口处的照明电路可作为其中之一。当一条电路失效时，另一条仍应能正常工作，以保证车内照明。车厢灯和门灯不应影响驾驶员的视线和其他机动车的正常行驶。

8.4 前照灯

8.4.1 在正常使用条件下，机动车前照灯光束照射位置应保持稳定。

8.4.2 装有前照灯的机动车应有远、近光变换装置，并且当远光变为近光时，所有远光应能同时熄灭。同一辆机动车上的前照灯不允许左、右的远、近光灯交叉开亮。

8.4.3 前照灯的远、近光灯上下并列设置时，近光灯应位于上侧，其他情况下近光灯应位于外侧。

8.4.4 所有前照灯的近光都不允许炫目。

8.4.5 汽车（三轮汽车除外）、摩托车及轻便摩托车装用的前照灯应分别符合 GB 4599、GB 5948 及 GB 19152 的规定。

8.4.6 远光光束发光强度

机动车每只前照灯的远光光束发光强度应达到附表 1.7 的要求。测试时，其电源系统应处于充电状态。

8.4.7 光束照射位置要求

8.4.7.1 在检验前照灯近光光束照射位置时，前照灯照射在距离 10 m 的屏幕上时，乘用车前照灯近光光束明暗截止线转角或中点的高度应为 $0.7H\sim0.9H$（H 为前照灯基准中心高度，下同），其他机动车（拖拉机运输机组除外）应为 $0.6H\sim0.8H$。机动车（装用一只前照灯的机动车除外）前照灯近光光束水平方向位置向左偏不允许超过 170 mm，向右偏不允许超过 350 mm。

附表1.7 前照灯远光光束发光强度最小值要求　　　　　　　　　　　cd

机动车类型		检 查 项 目					
		新注册车			在用车		
		一灯制	两灯制	四灯制 a	一灯制	二灯制	四灯制 a
三轮汽车		8 000	6 000	—	6 000	5 000	—
最高设计车速小于 70 km/h 的汽车		—	10 000	8 000	—	8 000	6 000
其他汽车		—	18 000	15 000	—	15 000	12 000
摩托车		10 000	8 000	—	8 000	6 000	—
轻便摩托车		4 000	—	—	3 000	—	—
拖拉机运输机组	标定功率＞18 kW	—	8 000	—	—	6 000	—
	标定功率≤18 kW	6 000 b	6 000	—	5 000 b	5 000	—
a 四灯制是指前照灯具有四个远光光束；采用四灯制的机动车其中两只对称的灯达到两灯制的要求时视为合格。 b 允许手扶拖拉机运输机组只装用一只前照灯。							

8.4.7.2 轮式拖拉机运输机组装用的前照灯近光光束的照射位置，按照上述方法检验时，要求在屏幕上光束中点的离地高度不允许大于 0.7H；水平位置要求，向右偏移不允许超过 350 mm，不允许向左偏移。

8.4.7.3 在检验前照灯远光光束及远光单光束灯照射位置时，前照灯照射在距离 10 m 的屏幕上时，要求在屏幕光束中心离地高度，对乘用车为 0.9H～1.0H，对其他机动车为 0.8H～0.95H；机动车（装用一只前照灯的机动车除外）前照灯远光光束水平位置要求，左灯向左偏不允许超过 170 mm，向右偏不允许超过 350 mm，右灯向左或向右偏均不允许超过 350 mm。

8.4.7.4 前照灯光束照射位置检验方法见附录 D。

8.5 其他电气设备和仪表

8.5.1 喇叭性能要求

8.5.1.1 机动车（手扶拖拉机运输机组除外）应设置具有连续发声功能的喇叭，其工作应可靠。

8.5.1.2 机动车喇叭声级在距车前 2 m、离地高 1.2 m 处测量时，其值对发动机最大净功率为 7 kW 以下的摩托车及轻便摩托车为 80～112 dB（A），对其他机动车为 90～115 dB（A）。

8.5.2 发电机技术性能应良好。蓄电池应能保持常态电压。电器导线应具有阻燃性能，所有电器导线均应捆扎成束、布置整齐、固定卡紧、接头牢固并有绝缘套，在导线穿越孔洞时应装设绝缘套管。

8.5.3 三轮汽车、装用单缸柴油机的低速货车和轮式拖拉机运输机组应装有机油压力表（或机油压力指示器）、水温表（蒸发式水冷却系统除外）、电流表或充电指示器；其他汽车应装有水温表或水温报警灯、电流表（或电压表、充电指示灯）、燃料表（对气体燃料汽车为气量显示装置,对电动汽车为动力蓄电池电量显示装置)、车速里程表和机油压力表(或油压报警灯)等各种仪表及开关,并应保持灵敏有效。采用气压制动系统的机动车还应装有气压表,摩托车及轻便摩托车应装有车速里程表。

8.5.4 车长大于6 m的客车应设置电源总开关,个别未经过电源总开关的线路(如危险警告信号线路)应设置保险装置。

8.5.5 长途客车和旅游客车、半挂牵引车、总质量不小于12 000 kg的货车应安装具备记录、存储、显示、打印车辆行驶速度、时间、里程等车辆行驶状态信息的行驶记录装置;安装数字式电子记录装置,其技术要求应符合GB/T 19056的有关规定。

8.5.6 无轨电车的电器要求

8.5.6.1 无轨电车在正常操作下,应能起动平稳、加速均匀。

8.5.6.2 牵引电动机在各种工况下,换向器上的火花等级最大不允许超过1.5级,无异响,绝缘性能良好。当周围空气相对湿度在75%~90%时,无轨电车的总绝缘电阻值不应小于3 mΩ;相对湿度在90%以上时不应小于1 mΩ。

8.5.6.3 集电头应动作灵活,当距地面高度在4.2~6.0 m时,集电器应能正常工作。当集电头脱离触线时,驾驶室应发出音响信号。集电头自由升起的最大高度距地面不应大于7.0 m。集电头与集电杆之间应有耐水电气绝缘,并应有带绝缘子的安全绳箱或其他安全措施。当集电杆与线网两根触线非正常接触时,应能防止短路。

8.5.6.4 线网在标准高度时,集电头对触线网的压力应能在80~100 N内调节,行驶中集电头在触线上滑行不应产生火花;经分、并线器及交叉器等时,不应产生严重火花。

9. 行驶系

9.1 轮胎要求

9.1.1 轮胎胎冠花纹深度:乘用车、摩托车及轻便摩托车和挂车轮胎胎冠上花纹深度不允许小于1.6 mm,其他机动车转向轮的胎冠花纹深度不允许小于3.2 mm;其余轮胎胎冠花纹深度不允许小于1.6 mm。

9.1.2 轮胎胎面不允许因局部磨损而暴露出轮胎帘布层。轮胎不允许有影响使用的缺损、异常磨损和变形。

9.1.3 轮胎的胎面和胎壁上不允许有长度超过25 mm或深度足以暴露出轮胎帘布层的破裂和割伤。

9.1.4 同一轴上的轮胎规格和花纹应相同,轮胎规格应符合整车制造厂的出厂规定。

9.1.5 机动车转向轮不允许装用翻新的轮胎。

9.1.6 机动车所装用轮胎的速度级别不应低于该车最高设计车速的要求。

9.1.7 双式车轮的轮胎的安装应便于轮胎充气,双式车轮的轮胎之间应无夹杂的异物。

9.1.8 乘用车用轮胎应有胎面磨耗标志。乘用车备胎规格与该车其他轮胎不同时,应在备胎附近明显位置(或其他适当位置)装置能永久保持的标识,以提醒驾驶员正确使用备胎。

9.2 轮胎负荷不应大于该轮胎的额定负荷,轮胎气压应符合该轮胎承受负荷时规定的压力。具有轮胎气压自动充气装置的汽车,其自动充气装置应能确保轮胎气压符合出厂规定。

9.3 车轮总成的横向摆动量和径向跳动量

总质量不大于 3 500 kg 的汽车不应大于 5 mm；摩托车及轻便摩托车不应大于 3 mm；其他机动车不应大于 8 mm。

9.4 最高设计车速大于 100 km/h 的机动车,其车轮的动平衡要求应符合有关技术条件的规定。

9.5 轮胎螺母和半轴螺母应完整齐全,并应按规定力矩紧固。

9.6 悬架系统各球关节的密封件不允许有切口或裂纹,稳定杆应连接可靠,结构件不允许有变形或残损。钢板弹簧不允许有裂纹和断片现象,同一轴上的弹簧形式和规格应相同,其弹簧形式和规格应符合产品使用说明书中的规定。中心螺栓和 U 形螺栓应紧固、无裂纹且不允许拼焊。钢板弹簧卡箍不允许拼焊或残损。

9.7 减振器应齐全有效,减振器不允许有明显渗漏油现象。

9.8 最高设计车速大于 100 km/h 且轴荷不大于 1 500 kg 的乘用车,其悬架特性应符合 GB 18565 的有关规定。

9.9 车架不应有变形、锈蚀和裂纹,螺栓和铆钉不应缺少或松动。

9.10 前、后桥不应有变形和裂纹。

9.11 车桥与悬架之间的各种拉杆和导杆不应变形,各接头和衬套不应松旷或移位。

10. 传动系

10.1 离合器

10.1.1 机动车的离合器应接合平稳,分离彻底,工作时不允许有异响、抖动或不正常打滑等现象。

10.1.2 踏板自由行程应符合整车技术条件的有关规定。

10.1.3 离合器彻底分离时,踏板力不应大于 300 N（拖拉机运输机组不应大于 350 N）,手握力不应大于 200 N。

10.2 变速器和分动器

10.2.1 换挡时齿轮应啮合灵便,互锁、自锁和倒挡锁装置应有效,不允许有乱挡和自行跳挡现象；运行中应无异响；换挡杆及其传动杆件不应与其他部件干涉。

10.2.2 在换挡杆上应有驾驶员在驾驶座位上即可容易识别变速器和分动器挡位位置的标志。若换挡杆上难以布置,则应布置在换挡杆附近易见部位。

10.2.3 有分动器的机动车,应在档位位置标牌或产品使用说明书上说明连通分动器的操作步骤。

10.2.4 如果电动汽车是通过改变电机旋转方向来实现倒车行驶,且前进和倒车两个行驶方向的转换仅通过驾驶员的一个操作动作来完成,则应通过设计保证只有在车辆静止或低速时才能够实现转换。

10.3 传动轴

传动轴在运转时不允许发生振抖和异响,中间轴承和万向节不允许有裂纹和松旷现象。发动机前置后驱动的客车的传动轴在车厢地板的下面沿纵向布置时,应有防止传动轴滑动连接（花键或其他类似装置）脱落或断裂等故障而引起危险的防护装置。

10.4 驱动桥

驱动桥壳、桥管不允许有变形和裂纹,驱动桥工作应正常且不允许有异响。

10.5 车速受限车辆的特殊要求

三轮汽车和低速货车等车速受限车辆应在设计及技术特性上确保其实际最大行驶速度在满载状态下不会超过其最高设计车速，在空载状态下不会超过其最高设计车速的110%。

注：实际最大行驶速度是指车辆在平坦良好路面行驶时能达到的最大速度。

11. 车身

11.1 车身的技术状况应能保证驾驶员有正常的工作条件和客货安全。

11.2 车身和驾驶室应坚固耐用，覆盖件无开裂和锈蚀。车身和驾驶室在车架上的安装应牢固，不能因机动车振动而引起松动。对于可翻转驾驶室，应有驾驶室锁止装置（如安全钩），并且在翻转操纵机构附近易见部位应有提醒驾驶员如何正确使用该操纵机构的文字。

11.3 客车顶部应能承受相当于总质量的均布静载荷，但最大试验载荷不应大于10 000 kg。对于铰接客车应对前、后车分别按此规定考核，其试验方法应按GB/T 11381—1989进行。

11.4 车身外部和内部乘员可能触及的任何部件、构件都不应有任何可能使人致伤的尖锐凸起物（如尖角、锐边等）。

11.5 汽车驾驶室和乘客舱所用的内饰材料应采用阻燃材料，其阻燃性应符合 GB 8410 的规定。

11.6 车门和车窗

11.6.1 车门和车窗应启闭轻便，不允许有自行开启现象，门锁应牢固可靠。门窗应密封良好，无漏水现象。

11.6.2 采用动力开启的乘客门，在有故障的情况下，仍应能简便地靠手动来开关，对长途客车和旅游客车还应有醒目的标志和使用方法。

11.6.3 机动车的门窗必须使用符合 GB 9656 规定的安全玻璃。汽车和有驾驶室的正三轮摩托车的前风窗玻璃应采用夹层玻璃或塑玻复合材料，不以载人为目的的机动车（如货车）可使用区域钢化玻璃，最高设计车速小于 40 km/h 时可使用钢化玻璃；其他车窗可采用夹层玻璃、钢化玻璃、中空安全玻璃或塑玻复合材料。作为安全窗的车窗不允许使用夹层玻璃，应使用可砸碎的安全玻璃。

11.6.4 机动车驾驶室必须保证驾驶员的前方视野和侧方视野，前风窗玻璃及风窗以外玻璃用于驾驶员视区部位的可见光透射比不允许小于70%。所有车窗玻璃不允许张贴镜面反光遮阳膜。

注：风窗以外玻璃驾驶员视区部位是指驾驶员驾驶时用于观察后视镜的部位。

11.6.5 客车除驾驶员门和安全门外，不允许在车身左侧开设车门。但对只在沿道路中央车道设置的公共汽车专用道上运营使用的公共汽车，由于公交站台位置的原因须在车身左侧上下乘客，故允许在车身左侧开设乘客门；此类公共汽车不允许在车身右侧开设车门。

11.6.6 装有电动门窗的机动车，其控制装置应确保车窗玻璃在上升过程中能在任意位置可靠停住或遇障碍可自动下降。

11.7 驾驶员座椅应具有足够的强度和刚度，固定可靠，汽车（三轮汽车除外）驾驶员座椅的前后位置应可以调整。驾驶区各操作机件应布置合理，操作方便，其具体要求应符合有关规定。

11.8 乘用车和客车的乘员座椅应合理分布。客车同向座椅的座间距不允许小于650 mm，相向座椅的座间距不允许小于 1 200 mm。长途客车和旅游客车的乘员座椅应纵向布置（与机动车前进方向相同）。客车车身及地板应密合并有足够强度，座椅及其车辆固定件的强度应符合 GB 13057 的规定。

11.9 卧铺客车的卧铺应纵向布置（与机动车前进方向相同），卧铺宽度不应小于 450 mm，卧铺纵向间距不应小于 1 400 mm，相邻卧铺的横向间距不应小于 350 mm，卧铺双层布置时上铺高不应小于 780 mm、铺间高不应小于 750 mm。

11.10 客车应设置乘客通道，通道的宽度和高度应保证符合规定的通道测量装置能顺利通过。

11.11 车长大于 7.5 m 的客车不允许设置车外顶行李架。其他客车需设置车外顶行李架时，行李架高度不允许超过 300 mm、长度不允许超过车长的三分之一。客车车内行李架应能防止物件跌落，其承载能力不应小于 40 kg/m²。

11.12 车长大于 6 m 的城市客车和无轨电车的乘客门的一级踏步高不应大于 400 mm；若采用钢板悬架，则后乘客门的一级踏步高不允许大于 430 mm。车长大于 6 m 的长途客车和旅游客车乘客门的一级踏步高不应大于 430 mm。

11.13 货箱应安装牢固可靠，货箱的栏板和底板应规整且具有足够的强度。

11.14 两轮摩托车、两轮轻便摩托车和边三轮摩托车的主车前后轮中心平面允许偏差不应大于 10 mm。

11.15 乘用车应装有护轮板，挂车后轮应有挡泥板，其他机动车的所有车轮均应有挡泥板。

11.16 机动车应设置能满足号牌安装要求的号牌板（架）。前号牌板（架）应设于前面的中部或右侧（按机动车前进方向），后号牌板（架）应设于后面的中部或左侧。

12. 安全防护装置

12.1 汽车安全带

12.1.1 乘用车的所有座椅（第三排及第三排以后的可折叠座椅除外）均应装置汽车安全带，座位数不大于 20（含驾驶员座位，下同）或者车长不大于 6 m 的客车及最高设计车速不小于 100 km/h 的货车和半挂牵引车的前排座椅应装置汽车安全带。长途客车和旅游客车的驾驶员座椅、前面没有座椅的座椅及前面护栏不能起到必要防护作用的座椅应装置汽车安全带；当（同向）座椅的座间距大于 1 000 mm 且坐垫前面沿座椅纵向不大于 600 mm 的范围内没有能起到防护作用的护栏或其他物体时，也应装置汽车安全带。

12.1.2 卧铺客车的每个铺位均应安装两点式汽车安全带。

12.1.3 汽车安全带应可靠有效，安装位置应合理，固定点应有足够的强度。

12.2 车外后视镜和前下视镜

12.2.1 机动车（挂车除外）应在左右至少各设置一面后视镜。汽车后视镜的性能和安装要求应符合 GB 15084 的规定，摩托车及轻便摩托车后视镜的性能和安装要求应符合 GB 17352 的规定。机动车（不带驾驶室的摩托车及轻便摩托车除外）外后视镜的安装位置和角度应保证驾驶员能看清车身左右外侧、车后 50 m 以内的交通情况。

12.2.2 车长大于 6 m 的平头货车和平头客车车前还应至少设置一面前下视镜，前下视镜应保证驾驶员能看清风窗玻璃前下方长 1.5 m、宽 3 m 范围内的情况。

12.2.3 车外后视镜和前下视镜应易于调节，并能有效保持其位置。

12.2.4 安装在外侧距地面 1.8 m 以下的后视镜，当行人等接触该镜时，应具有能缓和冲击的功能。

12.3 前风窗玻璃刮水器

12.3.1 机动车的前风窗玻璃应装备刮水器，其刮刷面积应确保驾驶员具有良好的前方视野。

12.3.2 刮水器应能正常工作。

12.3.3 刮水器关闭时，刮片应能自动返回至初始位置（拖拉机运输机组除外）。

12.4 汽车驾驶室内应设置防止阳光直射而使驾驶员产生炫目的装置，且该装置在汽车碰撞时，不应对驾驶员造成伤害。

12.5 乘用车前风窗玻璃应装有除雾、除霜装置。

12.6 安全出口

12.6.1 车长小于 6 m 的客车，在乘坐区的两侧应具有紧急时乘客易于逃生或救援的侧窗。

12.6.2 车长不小于 6 m 的客车，如车身右侧仅有一个供乘客上下的车门时，应设置安全门或安全窗。长途客车和旅游客车应设置车顶安全出口。卧铺客车的卧铺布置为上、下双层时，侧窗布置应为上下双排。使用安全门时应保证不用其他器具即可将其向外推开。安全出口的数量、位置应符合有关规定。

12.6.3 安全门应满足下列要求：

12.6.3.1 安全门的净高不应小于 1 250 mm，净宽不应小于 550 mm。

12.6.3.2 门铰链应在门前端，向外开启角度不应小于 100°，并能在此角度下保持开启，同时还应设有开启报警装置。若在安全门打开时能提供不小于 550 mm 的自由通道，则开度不小于 100° 的要求不能满足。

12.6.3.3 通向安全门的通道宽度不应小于 300 mm，不足 300 mm 时，允许采用迅速翻转座椅等方法加宽通道。

12.6.3.4 安全门应有锁止机构且锁止可靠。安全门关闭时应能锁止，且在车辆正常行驶情况下不会因车辆振动、颠簸、冲撞而自行开启。

12.6.3.5 安全门不用工具应能从车内外很方便地打开车门，门外手柄应设保护套，且离地面高度（空载时）不应大于 1 800 mm。

12.6.4 安全窗应满足下列要求：

12.6.4.1 安全窗和安全顶窗的面积不应小于（3×10^5）mm^2，且能内接一个 400 mm×600 mm（对车长不大于 7 m 的客车为 330 mm×500 mm）的椭圆；若安全窗位于客车后端面，则其面积不应小于（4×10^5）mm^2，且应能内接一个 500 mm×700 mm 的矩形。

12.6.4.2 安全窗应采用易于迅速从车内、外开启的装置；或采用安全玻璃，并在车内明显部位装备击碎玻璃的手锤。

12.6.4.3 安全顶窗应易于从车内、外开启或移开。安全顶窗开启后，应保证从车内外进出的畅通。弹射式安全顶窗应能防止误操作。

12.6.5 标志

12.6.5.1 每个安全出口应在其附近设有"安全出口"字样。

12.6.5.2 乘客门和安全出口的应急控制器应在其附近标有清晰的符号或字样，并注明其操作方法，字体高度不应小于 20 mm。

12.7 燃料系统的安全保护

12.7.1 燃料箱及燃料管路应坚固并固定牢靠，不会因振动和冲击而发生损坏和漏油现象。

12.7.2 燃料箱的加油口及通气口应保证在机动车晃动时不漏油。

12.7.3 机动车（摩托车和轻便摩托车及装用单缸柴油机的汽车除外）的燃料系统不允许用重力或虹吸方法直接向化油器或喷油器供油。

12.7.4 燃料箱的加油口和通气口不允许对着排气管的开口方向，且应距排气管的出气口端 300 mm 以上，否则应设置有效的隔热装置。燃料箱的加油口和通气口应距裸露的电气接头及外部可能产生火花的电气开关 200 mm 以上。车长大于 6 m 的客车的燃料箱的加油口和通气口应距排气管的任一部位 300 mm 以上。

12.7.5 汽车燃料箱各部分不允许前伸至前置汽油发动机的前端面。车长大于 6 m 的客车燃料箱距客车前端面不应小于 600 mm，距客车后端面不应小于 300 mm。不允许用户加装燃料箱。

12.7.6 机动车燃料箱的通气口和加油口不允许设置在有乘员的车厢内。

12.8 气体燃料专用装置的安全防护

12.8.1 气体燃料的供给系统应有效的安全保护结构措施，以防止气体泄漏，如高压过流保护装置。

12.8.2 对于两用燃料汽车，应设置燃料转换系统并安装燃料转换开关。在燃料控制上，应具有当发动机突然停止运转时，即使点火开关打开也能自动切断气体燃料供给的功能。燃料转换开关的安装位置应便于驾驶员操作，其挡位标记应明显，能分别控制供油、供气两种状态。气体燃料和汽油电磁阀的操作均应由燃料转换开关统一控制；当电流被切断时，电磁阀应处于"关闭"位置。

12.8.3 车用压缩天然气气瓶应符合相关标准规定，压缩天然气管路应采用不锈钢管或其他车用高压天然气专用管路；车用液化石油气气瓶应符合相关标准规定，高压管路应采用液化石油气专用管路。

12.8.4 气瓶应被安全地固定在车上，安装气瓶的固定座应具有阻止气瓶旋转、移动的能力，固定座应便于拆装工作。气瓶安装后其强度和刚度不允许下降，车架（车身）结构强度也不应受影响。

注：车用压缩天然气气瓶和车用液化石油气气瓶等统称为"气瓶"。

12.8.5 气瓶安装位置应远离热源，必要时应采取隔热措施。在任何情况下，气瓶及其所有高压管路和高压接头与发动机排气管和传动轴的任何部位之间的距离不允许小于 75 mm；当两者的距离为 75～200 mm 时，应设置固定可靠的隔热装置。

12.8.6 气瓶应安装在通风位置或采取有效的通风措施。

12.8.7 气瓶与汽车后轮边缘的距离不应小于 200 mm。气瓶安装在汽车车架下时，气瓶下方应采取有效防护措施且气瓶及其附件不允许布置在汽车前轴之前。

12.8.8 气瓶不允许直接安装在驾驶室、载人车厢和货箱内。当不得不安装在上述部位时，必须设置防护罩并将气瓶与驾驶室或载人车厢有效分离。隔离装置应有很强的防护功能，当车辆受到冲撞时，隔离装置应能有效地防止气瓶冲入驾驶室或载人车厢或货箱内。

12.8.9 气瓶的安装和保护罩的设置,应能保证气瓶集成阀的正常操作和检查。

12.8.10 手动截止阀和调压器应符合有关规定。手动截止阀应安装在气瓶到调压器之间易于操作的位置,阀体不允许直接安装在驾驶室内。

12.8.11 气瓶至调压器之间应安装滤清装置,并易于检查、清洗和更换。

12.8.12 高压管路的特殊部位(如相对移动的部件之间)应采用柔性管线,其余部位应采用刚性管线。

12.8.13 刚性高压管路应排列整齐、布置合理、固定有效,不允许与相邻部件碰撞和摩擦,所有高压管路和高压管接头应得到有效的保护,高压管接头应安装在能看得见且操作者易于接近的位置。

12.8.14 所有管路接头处均不应出现漏气现象,检验方法见附录 E。

12.9 机动车发动机的排气管口不允许指向车身右侧。

12.10 专门用于运送易燃和易爆物品的道路运输危险货物车辆,应在驾驶室上方安装红色标志灯,车上应备有消防器材并具有相应的安全措施。排气管应装在车身前部,机动车尾部应安装接地装置。

12.11 客车应装备灭火器,灭火器在车上应安装牢靠并便于取用。

12.12 汽车(三轮汽车除外)应装备符合 GB 19151 规定的三角警告牌,三角警告牌在车上应妥善放置。

12.13 乘用车和车长小于 6 m 的客车前后部应设置保险杠,货车(三轮汽车除外)应设置前保险杠。

12.14 机动车的货箱或其他载货装置,其构造应保证安全、稳妥地装载货物。

12.15 货车货箱(自卸车、装载质量 1 000 kg 以下的货车除外)前部应安装比驾驶室高至少 70 mm 的安全架。

12.16 无驾驶室的三轮汽车货箱前部应安装具有足够强度的安全架,其高度应高出驾驶员坐垫平面至少 800 mm。

12.17 驾驶员和货物同在一个车厢内的厢式车,在最后排座位的后方应安装具有足够强度的隔离装置。

12.18 牵引车与被牵引车的连接装置

12.18.1 连接装置应坚固耐用。

12.18.2 牵引车和被牵引车连接装置的结构应能确保相互牢固的连接。

12.18.3 牵引车和被牵引车的连接装置上应装有防止机动车在行驶中因振动和撞击而使连接脱开的安全装置。

12.19 汽车和挂车侧面及后下部防护装置

12.19.1 总质量大于 3 500 kg 的货车和挂车应提供防止人员卷入的侧面防护,其技术条件应符合 GB 11567.1 的规定。

12.19.2 货车列车的货车和挂车之间应提供防止人员卷入的侧面防护。

12.19.3 除半挂牵引车和长货挂车以外的总质量大于 3 500 kg 的货车和挂车的后下部必须装备符合 GB 11567.2 规定的后下部防护装置,该装置对追尾碰撞的机动车必须具有足够的阻挡能力,以防止发生钻入碰撞。

注:长货挂车是指为搬运无法分段的长货物而专门设计和制造的特殊用途车,如运输木

材、钢材棒料等货物的车辆。

12.20 两轮摩托车和边三轮摩托车主车的客座应设坐垫、扶手（或拉带）和脚蹬。

12.21 三轮汽车按产品使用说明书正常起动和运行过程中可能触及的，且在环境温度为（23±3）℃下测定温度大于80℃的热表面应有永久性连接或固定（不使用工具无法拆卸）的防护装置或挡板。

12.22 三轮汽车和拖拉机运输机组的传动皮带、风扇、起动爪和动力输出轴等外露旋转件应加防护罩，并应符合 GB 10395.1 的规定。三轮汽车的踏板、脚踏板必要时应采取防滑措施。

13. 消防车、救护车、工程救险车和警车的附加要求

13.1 消防车的车身颜色应为符合 GB/T 3181 规定的 R03 大红色。

13.2 救护车的车身颜色应为白色，左、右侧及车后正中应喷符合规定的图案。

13.3 工程救险车的车身颜色应为符合 GB/T 3181 规定的 Y07 中黄色，其车身两侧应喷工程救险字样。

13.4 警车的车身颜色应符合有关规定。

13.5 消防车、救护车、工程救险车和警车应装备与其功能相适应的装置，各装置应布局合理、固定可靠。

13.6 消防车、救护车、工程救险车和警车安装使用的警报器应符合 GB 8108 的规定，安装使用的标志灯具应符合 GB 13954 的规定，警报器和标志灯具应固定可靠。

14. 机动车环保要求

14.1 机动车排气污染物排放应符合相关标准的规定。

14.2 机动车车外噪声应符合相关标准的规定。

14.3 汽车（三轮汽车和低速货车除外）驾驶员耳旁噪声声级不应大于 90 dB（A），其检验方法见附录Γ。

14.4 三轮汽车和低速货车的驾驶员耳旁噪声声级应符合相关标准的规定。

14.5 客车以 50 km/h 的速度匀速行驶时，客车车内噪声不应大于 79 dB（A），其检验方法按 GB/T 18697—2002 的规定执行。

附录 A
（规范性附录）
车速表指示误差检验方法

A1 车速表指示误差的检验宜在滚筒式车速表检验台上进行。对于无法在车速表检验台上检验车速表指示误差的机动车（如全时四轮驱动汽车、具有驱动防滑控制装置的汽车等）可路试检验车速表指示误差。

A2 将被测机动车的车轮驶上车速表检验台的滚筒上使之旋转，当该机动车车速表的指示值（V_1）为 40 km/h 时，车速表检验台速度指示仪表的指示值（V_2）为 32.8～40 km/h 时为合格。

当车速表检验台速度指示仪表的指示值（V_2）为 40 km/h 时，读取该机动车车速表的指示值（V_1），当 V_1 的读数为 40～48 km/h 时为合格。

附录 B
（规范性附录）
转向轮横向侧滑量检验方法

B1　转向轮横向侧滑量的检验应在侧滑检验台上进行。
B2　将汽车对正侧滑检验台，并使方向盘处于正中位置。
B3　使汽车沿台板上的指示线以 3～5 km/h 车速平稳前行，在行进过程中，不允许转动方向盘。
B4　转向轮通过台板时，测取横向侧滑量。

附录 C
（规范性附录）
制动性能检验方法

C1　路试制动性能检验方法
C1.1　路试检验制动性能应在平坦（坡度不应大于 1%）、干燥和清洁的硬路面（轮胎与路面之间的附着系数不应小于 0.7）上进行。
C1.2　在试验路面上画出表 3 规定宽度的试验通道的边线，被测机动车沿着试验车道的中线行驶至高于规定的初速度后，置变速器于空挡（自动变速的机动车可置变速器于 D 挡），当滑行到规定的初速度时，急踩制动，使机动车停止。
C1.3　用制动距离检验行车制动性能时，采用速度计、第五轮仪或用其他测试方法测量机动车的制动距离，对除气压制动外的机动车还应同时测取踏板力（或手操纵力）。
C1.4　用充分发出的平均减速度检验行车制动性能时，采用能够测取充分发出的平均减速度（MFDD）和制动协调时间的仪器测量机动车充分发出的平均减速度（MFDD）和制动协调时间，对除气压制动外的机动车还应同时测取踏板力（或手操纵力）。
C2　台试制动性能检验方法
C2.1　用滚筒式制动检验台检验
滚筒式制动检验台滚筒表面应干燥，没有松散物质及油污，滚筒表面当量附着系数不应小于 0.75。
驾驶员将机动车驶上滚筒，位置摆正，置变速器于空挡。启动滚筒，在 2 s 后测取车轮阻滞力；使用制动，测取制动力增长全过程中的左右轮制动力差和各轮制动力的最大值，并记录左右车轮是否抱死。
在测量制动时，为了获得足够的附着力，允许在机动车上增加足够的附加质量或施加相当于附加质量的作用力（附加质量或作用力不计入轴荷）。

在测量制动时,可以采取防止机动车移动的措施(例如加三角垫块或采取牵引等方法)。当采取上述方法之后,仍出现车轮抱死并在滚筒上打滑或整车随滚筒向后移出的现象,而制动力仍未达到合格要求时,应改用本标准中规定的其他方法进行检验。

C2.2 用平板制动检验台检验

制动检验台平板表面应干燥,没有松散物质及油污,平板表面附着系数不应小于 0.75。

驾驶员将机动车对正平板制动检验台,以 5~10 km/h 的速度(或制动检验台制造厂家推荐的速度)行驶,置变速器于空挡(自动变速的机动车可置变速器于 D 挡),急踩制动,使机动车停止,测取 7.14 所要求的参数值。

C3 检验方法的选择

机动车安全技术检验时机动车制动性能的检验宜采用滚筒反力式制动检验台或平板制动检验台检验制动性能,其中前轴驱动的乘用车更适合采用平板制动检验台检验制动性能。

不宜采用制动检验台检验制动性能的机动车及对台试制动性能检验结果有质疑的机动车应路试检验制动性能。

对满载/空载两种状态时后轴轴荷之比大于 2.0 的货车和半挂牵引车,宜加载(或满载)检验制动性能,此时所加载荷应计入轴荷和整车重量。加载至满载时,整车制动力百分比应按满载检验考核;若未加载至满载,则整车制动力百分比应根据轴荷按满载检验和空载检验的加权值考核。

附录 D
(规范性附录)
前照灯光束照射位置检验方法

D1 屏幕法:在屏幕上检查

检查用场地应平整,屏幕与场地应垂直。被检验的机动车应空载、轮胎气压正常、乘坐一名驾驶员的条件下进行。将机动车停置于屏幕前,并与屏幕垂直,使前照灯基准中心距屏幕 10 m,在屏幕上确定与前照灯基准中心离地面距离 H 等高的水平基准线及以机动车纵向中心平面在屏幕上的投影线为基准确定的左右前照灯基准中心位置线。分别测量左右远近光束的水平和垂直照射方位的偏移值。

D2 用前照灯检测仪检验

将被检验的机动车按规定距离与前照灯检测仪对正(宜使用车辆摆正装置),从前照灯检测仪的显示屏上分别测量左右远、近光束水平和垂直照射方位的偏移值。

D3 检验方法的选择

机动车安全技术检验时宜采用前照灯检测仪检验前照灯光束照射位置。

附录 E
（规范性附录）
气密性检验方法

E1　压缩天然气汽车和汽油/压缩天然气两用燃料汽车气密性检验

E1.1　检验内容

储气系统的气密性检验包括（3～5）MPa 天然气低压检漏检验和 20 MPa 天然气高压气密性检验。

E1.2　（3～5）MPa 天然气低压检漏检验

可任选下列两种方法之一进行低压检漏检验：

1. 检漏液检验

用肥皂泡沫或其他非腐蚀性的发泡水涂于所有管路接头上，待消除附着的表面气体后，观察有无气泡发生。

2. 气体检漏仪检验

使用气体检漏仪检查所有管路接头，不应出现漏气现象。

在气体检漏仪发现泄漏后，应采用检漏液检验法证实泄漏的存在和确定泄漏的地方。

E1.3　20 MPa 天然气高压气密性检验

低压检漏检验确认无泄漏后，进行 20 MPa 天然气高压气密性检验，5 min 内不允许有气体泄漏现象。

如发现管路有气体泄漏，应关闭集成阀，待管路中的气体排出后，再拧紧卡套或接头。不许带压紧固。

E2　液化石油气汽车和汽油/液化石油气两用燃料汽车气密性检验

储气系统的气密性检验可任选检漏液检验、气体检漏仪检验和压力计检验三种方法之一进行。

压力计检验的方法为：将压力计与管路连接，当在额定工作压力 2.2 MPa 下，观察 1 min，压力表不允许有降压现象。

检漏液检验法和气体检漏仪检验法见 E1.2。

附录 F
（规范性附录）
驾驶员耳旁噪声检验方法

测量驾驶员耳旁噪声时：

F1　汽车空载，处于静止状态且置变速器于空档，发动机应处于额定转速状态，门窗紧闭。

F2　测量位置应符合 GB/T 18697—2002 的规定。

F3　环境噪声应低于被测噪声值至少 10 dB（A）。

F4　声级计置于"A"计权、"快"挡。

附录 G
（资料性附录）
四种类型机动车技术条件要求对应一览表

四种类型机动车技术条件要求见附表 G1。

附表 G1 四种类型机动车技术条件要求对应一览表

标准条款编号	三轮汽车	其他汽车汽车列车	摩托车及轻便摩托车	拖拉机运输机组
4.1.1～4.1.4	√	√	√	√
4.1.5	—	√	—	—
4.2	√	√	√	√
4.3	—	√	—	√
4.4.1	√	√	—	√
4.4.2	√	√	√	√
4.4.3	—	—	√	—
4.5～4.7	√	√	√	√
4.8.1	—	√	√	—
4.8.2	√	√	√	√
4.8.3	√	√	√	√
4.8.4，4.8.5	—	√	—	—
4.8.6	√	√	√	√
4.9.1，4.9.2	√	√	√	√
4.9.3	—	—	√	—
4.10，4.11	√	√	√	√
4.12	—	√	—	—
4.13	—	√	—	√
4.14	—	√	—	—
5.1，5.2	√	√	√	√
5.3	√	√	—	√
5.4	√	√	√	√
6.1，6.2	√	√	√	√
6.3	—	√	—	√
6.4	√	√	√	√
6.5	—	√	—	—
6.6	√	—	√	—
6.7	√	√	—	√
6.8	√	√	—	—
6.9	—	√	—	—
6.10	√	√	—	—
6.11	—	√	—	—
6.12	—	√	√	√
6.13	√	—	√	—

续表

标准条款编号	三轮汽车	其他汽车汽车列车	摩托车及轻便摩托车	拖拉机运输机组
7.1.1	√	√	√	√
7.1.2	—	√	—	—
7.1.3~7.1.8	√	√	√	√
7.2.1~7.2.3	—	√	√	√
7.2.4~7.2.10	√	√	√	√
7.2.11，7.2.12，7.3	—	√	—	√
7.4，7.5	√	√	√	√
7.6~7.8	—	√	—	√
7.9	—	√	—	—
7.10	√	√	√	√
7.11	—	√	—	—
7.12.1	√	√	√	√
7.12.2	—	√	—	—
7.12.3	—	√	—	√
7.12.4	—	√	—	—
7.13.1	√	√	√	√
7.13.2	—	√	√	—
7.13.3	√	√	√	√
7.14	√	√	√	—
7.15	√	√	√	√
7.16	√	√	—	—
8.1	√	√	√	√
8.2.1	—	√	—	—
8.2.2	—	—	√	—
8.2.3	√	√	√	√
8.2.4	—	—	—	—
8.2.5	√	√	√	√
8.2.6	—	√	—	√
8.2.7~8.2.9	—	√	—	—
8.2.10，8.3.1~8.3.6	√	√	√	√
8.3.7	—	√	—	—
8.3.8	—	√	—	—
8.3.9	—	√	—	—
8.4.1，8.4.2	√	√	√	√
8.4.3	—	√	—	—
8.4.4	√	√	√	√
8.4.5	—	√	√	—
8.4.6，8.4.7	√	√	√	√
8.5.1~8.5.3	√	√	√	√
8.5.4~8.5.6	—	√	—	—

续表

标准条款编号	三轮汽车	其他汽车汽车列车	摩托车及轻便摩托车	拖拉机运输机组
9.1～9.3	√	√	√	√
9.4	—	√	—	—
9.5～9.7	√	√	√	√
9.8	—	√	—	—
9.9～9.11	√	√	√	√
10.1，10.2.1，10.2.2	√	√	√	√
10.2.3，10.2.4	—	√	—	—
10.3，10.4	√	√	√	√
10.5	√	√	—	—
11.1～11.2	√	√	√	√
11.3	—	√	—	—
11.4	√	√	√	√
11.5	—	√	—	—
11.6.1	√	√	√	√
11.6.2	—	√	—	—
11.6.3，11.6.4	√	√	√	√
11.6.5，11.6.6	—	√	—	—
11.7	√	√	√	√
11.8～11.12	—	√	—	—
11.13	√	√	√	√
11.14	—	—	√	—
11.15，11.16	√	√	√	√
12.1	—	√	—	—
12.2	√	√	√	√
12.3	√	√	√	√
12.4～12.6	—	√	—	—
12.7.1，12.7.2	√	√	√	√
12.7.3	√	√	—	√
12.7.4	√	√	—	√
12.7.5	—	√	—	—
12.7.6	—	√	—	√
12.8	—	√	—	—
12.9	√	√	√	√
12.10～12.13	—	√	—	—
12.14	√	√	√	√
12.15	√	√	√	—
12.16	√	—	—	—
12.17	—	√	—	—
12.18，12.19	—	√	—	√
12.20	—	—	√	—
12.21	√	—	—	—
12.22	√	—	—	√

续表

标准条款编号	三轮汽车	其他汽车汽车列车	摩托车及轻便摩托车	拖拉机运输机组
13.1	—	√	√	—
13.2，13.3	—	√	—	—
13.4～13.6	—	√	√	—
14.1，14.2	√	√	√	√
14.3	—	√	—	—
14.4	√	√	—	—
14.5	—	√	—	—

注：表中"√"表示这一类型机动车应符合该项条款的要求；"—"表示这一条款不适用于该类机动车。

参考文献

（1）美国联邦机动车安全法规 49CFR393—Parts And Accessories Necessary For Safe Operation

（2）美国联邦机动车安全法规 49CFR570—Vehicle In Use Inspection Standards

（3）日本《机动车安全标准》

（4）俄联邦国家标准《汽车安全行驶对技术状况的要求 检测方法》（гост25478-91）

（5）欧盟指令《on the approximation of the laws of the member States relating to roadworthiness tests for motor vehicles and their trailers》（96/96/EC）

（6）GB/T 3730.1—2001 汽车和挂车类型的术语和定义

（7）GB 12676—1999《汽车制动系统结构、性能和试验方法》

（8）GB 13094—1997《客车结构安全要求》

（9）GB/T 15089—2001《机动车辆及挂车分类》

（10）GB 18320—2001《农用运输车 安全技术要求》

（11）GB/T 18437.1—2001《燃气汽车改装技术要求 压缩天然气汽车》

（12）GB/T 18437.2—2001《燃气汽车改装技术要求 液化石油气汽车》

（13）JT/T 426—2000 《汽车列车性能要求及试验方法》

（14）中华人民共和国公安部文件《公安部关于印发〈机动车登记工作规范〉的通知》（公通字［2001］37号）

（15）国家质量技术监督局国家标准统一宣贯教材 GB 7258—1997《机动车运行安全技术条件》宣贯材料（试用）

附录二 汽车技术等级评定的检测方法

1. 主要内容与适用范围

本标准规定了汽车技术等级评定的检测方法。

本标准适用于公路及城市道路上行驶的总质量 26 t 以下（含 26 t）的汽车和总质量 45 t 以下（含 45 t）的汽车列车。

2. 引用标准

GB 3798   汽车大修竣工出厂技术条件

GB/T 3845   汽油车排放污染物的测量   试怠速法

GB/T 3846   柴油车自由加速烟度的测量   滤纸烟度法

GB 4599   汽车前照灯配光性能

GB 5624   汽车维修术语

GB 7258   机动车运行安全技术条件

GB 7454   机动车前照灯使用和光束调整技术规定

GB/T 12480   客车防雨密封性试验方法

3. 检测方法

3.1　动力性

3.1.1　检测项目

（1）发动机功率；

（2）底盘输出功率；

（3）汽车直接挡加速时间。

3.1.2　检测方法

3.1.2.1　用发动机无外载测功仪（以下简称测功仪）检测发动机功率。

（1）起动发动机，并预热至正常热状态，与此同时接通测功仪电源，连接传感器；

（2）按仪器使用说明书进行操作；

（3）从测功仪上读取（或换算成）发动机的功率值。

3.1.2.2　用汽车底盘测功机检测底盘输出功率。

（1）起动发动机，变速器顺序换至直接挡（无直接挡的用最高挡），使汽车预热至正常热状态；

（2）测量时，使变速器在直接挡，逐渐加大节气门开度，同时对测功机加载，直到节气门全开，发动机达到额定转速；

（3）车速稳定后，读取车速值及测功机显示的功率值；

（4）换算成发动机功率。

3.1.2.3　用装有模拟质量的底盘测功机检测汽车直接挡加速时间。

测量规定车速段的加速时间，再换算成发动机功率。

3.2 燃料经济性

3.2.1 检测项目

汽车等速百公里油耗。

3.2.2 检测方法

用底盘测功机检测等速百公里油耗。

起动发动机，使汽车运转至正常热状态。在测功机上变速置直接挡（无直接挡的用最高挡），测功机加载至限定条件，使汽车稳定在测试车，测量燃料消耗量，并换算成百公里燃料消耗量。

3.3 制动性

3.3.1 检测项目

（1）制动力；

（2）制动力平衡；

（3）车轮阻滞力；

（4）制动系统协调时间；

（5）驻车制动力。

3.3.2 检测方法

用滚筒反力式制动检验台及轮重仪检测制动力、制动力平衡、车轮阻滞力、制动系统协调时间、驻车制动力。

（1）在轮重仪上测汽车轮质量；

（2）在滚筒反力式检验台上按操作规程，测各轮（轴）制动力、阻滞力；

（3）在配有测量制动系统协调时间的制动检验台上测制系统协调时间；

（4）在滚筒反力式试验台上测驻车制动器的制动力。

3.4 转向操纵性

3.4.1 检测项目

（1）转向轮的侧滑量；

（2）转向盘操纵力及最大自由转动量。

3.4.2 检测方法

3.4.2.1 在侧滑检验台上测转向轮侧滑量。

汽车以不大于 4 km/h 的车速垂直侧滑检验台匀速驶过，读取转向轮的侧滑量。

3.4.2.2 用转向力—角仪测转向盘操纵力及最大自由转动量。

（1）汽车置于平坦硬实干燥清洁的水泥或沥青地面上；

（2）将仪器安装在转向盘上；

（3）转动转向盘，分别测出操纵力及自由转动量。

3.5 废气排放

3.5.1 检测项目

（1）汽油车怠速污染物排放；

（2）柴油车自由加速烟度排放。

3.5.2 检测方法

3.5.2.1 用汽车排放气体测试仪测汽油车怠速污染物排放。
(1) 发机由怠速加速 到中等转速，维持 5 s 以上，再降至怠速状态；
(2) 此时将取样管插入排气管中，深度不小于 300 mm；
(3) 读数取最大值；
(4) 若为多排气管时，则取各管测值的算术平均值。

3.5.2.2 用烟度计测柴油车自由加速度排放。
(1) 取样探头逆气流固定于排气管内，并使其中心线与排气管轴线平行；
(2) 将踏板开关固定于加速踏板上端，并使检测仪表上的转换开关位于与踏板结合的位置；
(3) 由怠速工况将加速踏板急速踏到底，约 4 s 迅速松开，如此重复三次后即可开始测量；
(4) 在完成滤纸走位、清洗取样管、调整零位后，将加速踏板与踏板开关一并迅速踏到底，至 4 s 时迅速松开加速踏板和踏板开关，并由表头读数，下一次踏加速踏板距前一次间隔 15 s。如此重复三次，取三次读数的算术平均值为所测烟度。

3.6 照灯及喇叭

3.6.1 检测项目
(1) 前照灯的发光强度及前照灯光束照射方位偏移量；
(2) 喇叭的噪声。

3.6.2 检测方法

3.6.2.1 用前照灯检测检测前照灯发光强度及前照灯光束照射方位偏移量。
(1) 将汽车驶至检测位置，前照灯与检测仪受光器之间的距离，按仪使用说明书规定确定；
(2) 汽车应与检测仪对正；
(3) 按检测仪操作规程规定测量前照灯的发光强度及光束照射方位偏移量。

3.6.2.2 用声级计检测喇叭噪声。
在汽车前 2 m、离地高 1.2 m 处，用声级计测喇叭的声强。

3.7 密封性

3.7.1 检测项目
(1) 汽车防雨密封性；
(2) 连接件密封性。

3.7.2 检测方法
(1) 按 GB/T 12480 进行；
(2) 检视各部连接件密封情况。

3.8 整车与外观

3.8.1 检测项目
(1) 整车装备；
(2) 发动机起动性与异响；
(3) 传动系、悬挂与车架；
(4) 转向与制动装置；

(5) 车身与内饰；

(6) 门窗；

(7) 仪表与信号装置；

(8) 润滑；

(9) 轮胎。

3.8.2 检测方法

3.8.2.1 检视整车设备。

(1) 检视车体是否周正；

(2) 检视轮胎螺母、骑马螺栓、总成连接是否紧固；

(3) 用钢卷尺测量车体左右高度差；

(4) 用皮尺测量左右轴距差；

(5) 检视车牌照是否齐全完好；

(6) 检视刮水器工作是否正常；

(7) 检视后视镜、下视镜是否齐全、完好；

(8) 检视备胎、拖钩是否齐全完好。

3.8.2.2 检视发动机起动性，并用异响诊断仪检查发动机异响

(1) 发动机在正常热状态下检视发动机易起动程度；

(2) 用发动机异响诊断仪检测发动机异响，按仪器操作规程规定进行测量。

3.8.2.3 检视传动系、悬挂与车架，并用异响诊断仪检查传动系异响。

(1) 用异响诊断仪检测传动系异响，按仪器操作规程规定进行测量；

(2) 检视离合顺接合是否平稳、分离是否彻底，不得有异响、抖动和打滑现象；

(3) 检视变速换挡时齿轮啮合是否灵便，不得有乱挡、自行跳挡现象；

(4) 检视传动轴、中间轴承、万向节是否有裂纹和松动现象；

(5) 检视主减速器、差速器工作是否正常；

(6) 检视汽车悬挂弹簧是否有裂纹、断裂现象，中心螺栓是否紧因，减震器是否齐全；

(7) 检视车架变形、锈蚀、弯曲、裂纹情况及螺栓、铆灯缺少或松动情况。

3.8.2.4 检视转向与制装置。

(1) 检视转向器安装是否牢固；

(2) 检视转向节臂、转向垂臂、横直拉杆及球头销有无裂纹、损伤及松旷情况；

(3) 测量制动踏板自由行程。

3.8.2.5 检视车身与内饰。

(1) 检视车身骨架有无变形、断裂；

(2) 检视车身表面涂层是否完好；

(3) 检视车身外部是否有使人致伤的尖锐突起物；

(4) 检视车内座椅是否齐全完好；

(5) 检视安全带齐全、完好状况。

3.8.2.6 检视门窗

(1) 检视门窗开关是否灵活；

(2) 检视车铰链是否完好；

（3）检视玻璃升降器是否完好；

（4）检视门锁是否完好；

（5）检视门窗玻璃是否完好。

3.8.2.7 检视仪表与信号装置。

（1）检视车速里程表、水温表、机油压力表、电压表、电流表是否齐全有效；

（2）检视转向信号灯、制动灯、牌照灯、雾灯、示宽灯、倒车灯、故障信号灯是否齐全、完好、有效。

3.8.2.8 检视润滑。

检视各部润滑点的润滑状况及发动机机油压力。

3.8.2.9 检视轮胎。

（1）检视轮胎气压是否符合使用说明书规定；

（2）测量轮胎花纹深度；

（3）检视轮胎破损情况。

4. 标准的实施监督

本标准由各级交通运输行政主管部门统一监督实施。

附加说明：

本标准由中华人民共和国交通部公路管理司提出。

本标准由中华人民共和国交通部公路管理司归口。

本标准由吉林工业大学、江苏省交厅、黑龙江省交通厅负责起草。

本标准主要起草人：王安顺、金俊武、王凤岐、耿存喜、施兴成、朱四观、孟庆恩、刘革。

附录三　汽车维护、检测、诊断技术规范
GB/T 18344—2001

前　言

为规范在用汽车维护、检测、诊断作业，使汽车保持良好的技术状况，减少汽车故障，保证行车安全，延长车辆使用寿命，有效地控制汽车排放污染物，特制定本标准。

本标准是在总结了行业标准 JT/T 201—1995《汽车维护工艺规范》经验的基础上，扩大了适用范围，使标准更加完善。

本标准的附录 A 为提示的附录。

本标准由中华人民共和国交通部提出。

本标准由全国汽车维修标准化技术委员会归口。

本标准主要起草单位：交通部公路科学研究所、南京市汽车维修管理处、天津市交通局、北京市汽车维修管理处、云南省交通厅、辽宁省交通厅公路运输管理局。

本标准主要起草人：冯桂芹、韩国庆、谢素华、孟秋、蔡团结、徐通法、刘亚平、刘林、金诚仁。

本标准由全国汽车维修标准化技术委员会负责解释。

1. 范围

本标准规定了汽车日常维护、一级维护、二级维护的周期，作业内容和技术规范。

本标准适用于所有在用汽车。

2. 引用标准

下列标准所包含的条文，通过在本标准中引用而构成为本标准的条文。本标准出版时，所示版本均为有效。所有标准都会被修订，使用本标准的各方应探讨使用下列标准最新版本的可能性。

GB 7258—1997《机动车运行安全技术条件》。

3. 定义

本标准采用下列定义

3.1　日常维护　routine maintenance

以清洁、补给和安全检视为作业中心内容，由驾驶员负责执行的车辆维护作业。

3.2　一级维护　elementary maintenance

除日常维护作业外，以清洁、润滑、紧固为作业中心内容。并检查有关制度、操纵等安全部件，由维修企业负责执行的车辆维护作业。

3.3　二级维护　complete maintenance

除一级维护作业外。以检查、调整转向节、转向摇臂、制动蹄片、悬架等经过一定时间的使用容易磨损或变形的安全部件为主,并拆检轮胎,进行轮胎换位,检查调整发动机工作状况和排气污染控制装置等,由维修企业负责执行的车辆维护作业。

4. 汽车维护分级和周期

4.1 汽车维护的分级

日常维护,一级维护,二级维护。

4.2 汽车维护的周期

4.2.1 日常维护的周期

出车前,行车中,收车后。

4.2.2 一级维护、二级维护的周期

4.2.2.1 汽车一、二级维护周期的确定,应以汽车行驶里程为基本依据。

汽车一、二级维护行驶里程依据车辆使用说明书的有关规定,同时依据汽车使用条件的不同,由省级交通行政主管部门。

4.2.2.2 一、二级维护时间间隔。对于不便用行程里程统计、考核的汽车,可用行驶时间间隔确定一、二级维护周期。其时间(天)间隔可依据汽车使用强度和条件的不同。参照汽车一、二级维护里程周期确定。

5. 日常维护

5.1 对汽车外观、发动机外表进行清洁,保持车容整洁。

5.2 对汽车各部润滑油(脂)、燃油、冷却液、制动液、各种工作介质、轮胎气压进行检视补给。

5.3 对汽车制动、转向、传动、悬挂、灯光、信号等安全部位和位置以及发动机运转状态进行检视、校紧,确保行程安全。

6. 一级维护

一级维护作业内容见附表3.1。

附表3.1 一级维护作业内容

序号	项 目	作 业 内 容	技 术 要 求
1	点火系	检查、调整	工作正常
2	发动机空气滤清器、空压机空气滤清器、曲轴箱通风系空气滤清器、机油滤清器和燃油滤清器	清洁或更换	各滤芯应清洁无破损,上下衬垫无残缺,密封良好;滤清器应清洁,安装牢固
3	曲轴箱油面、化油器油面、冷却液液面、制动液液面高度	检查	符合规定
4	曲轴箱通风装置、三效催化转化装置	外观检查	齐全、无损坏

续表

序号	项目	作业内容	技术要求
5	散热器、油底壳、发动机前后支垫、水泵、空压机、进排气歧管、化油器、输油泵、喷油泵连接螺栓	检查校紧	各连接部位螺栓、螺母应紧固,锁销、垫圈及胶垫应完好有效
6	空压机、发电机、空调机皮带	检查皮带磨损、老化程度,调整皮带松紧度	符合规定
7	转向器	检查转向器液面及密封状况,润滑万向节十字轴、横直拉杆、球头销、转向节等部位	符合规定
8	离合器	检查调整离合器	操纵机构应灵敏可靠;踏板自由行程应符合规定
9	变速器、差速器	检查变速器、差速器液面及密封状况,润滑传动轴万向节十字轴、中间承,校紧各部连接螺栓,清洁各通气塞	符合规定
10	制动系	检查紧固各制动管路、检查调整制动踏板自由行程	制动管路接头应不漏气,支架螺栓紧固可靠。制动联动机构应灵敏可靠,储气筒无积水、制动踏板自由行程符合规定
11	车架、车身及各附件	检查、紧固	各部螺栓及拖钩、挂钩应紧固可靠,无裂损,无窜动,齐全有效
12	轮胎	检查轮辋及压条挡圈;检查轮胎气压(包括备胎),并视情况补气;检查轮毂轴承间隙	轮辋及压条挡圈应无裂损、变形;轮胎气压应符合规定,气门嘴帽齐全;轮轴承间隙无明显松旷
13	悬架机构	检查	无损坏、连接可靠
14	蓄电池	检查	电解液液面高度应符合规定,通气孔畅通,电桩夹头清洁、牢固
15	灯光、仪表、信号装置	检查	齐全有效,安装牢固
16	全车润滑点	润滑	各润滑安装正确,齐全有效
17	全车	检查	全车不漏油、不漏水、不漏气、不漏电、不漏尘,各种防尘罩齐全有效

注:技术要求栏中的"符合规定"指符合实际使用中的有关规定。

7. 二级维护

7.1 二级维护作业过程

汽车二级维护首先要进行检测,汽车进厂后,根据汽车技术档案的记录资料(包括车辆运行记录，维修记录，检测记录，总成修理记录等）和驾驶员反映的车辆使用技术状况（包括汽车动力性，异响，转向，制动及燃、润料消耗等）确定所需检测项目，依据检测结果及车辆实际技术状况进行故障诊断，从而确定附加作业。附加作业项目确定后与基本作业项目一并进行二级维护作业。二级维护过程中要进行过程检验，过程检验项目的技术要求应满足有关的技术标准或规范；二级维护作业完成后，应经维护企业进行竣工检验，竣工检验合格的车辆，由维护企业填写《汽车维护竣工出厂合格证》后方可出厂。

7.2 二级维护工艺过程图（如附图3.1所示）

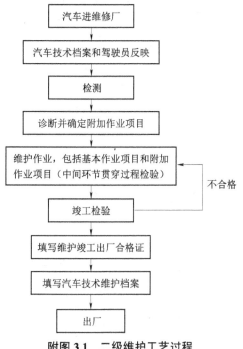

附图3.1 二级维护工艺过程

7.3 汽车二级维护检测、诊断

7.3.1 对汽车二级维护检测项目进行检测时，应随用该检测项目的专用检测仪器，仪器精度须满足有关规定。

7.3.2 汽车二级维护检测项目的技术要求应参照国家有关的技术标准，或原厂要求。

7.3.3 汽车二级维护检测项目见附表3.2。

附表3.2 汽车二级维护检测项目

序号	检 测 项 目
1	发动机功率，汽缸压力
2	汽车排气污染物，三效催化转化装置的作用
3	电控燃油喷射系统
4	柴油车检查供油提前角、供油间隔角和喷油泵供油压力
5	制动性能、检查制动力

续表

序号	检测项目
6	转向轮定位,主要检查前轮定位角和转向盘自由转动量
7	车轮动平衡
8	前照灯
9	操纵稳定性,有无跑偏、发抖、摆头
10	变速器,有无泄漏、异响、松脱、裂纹等现象,换挡是否轻便灵活
11	离合器。有无打滑、发抖现象,分离是否彻底,接合是否平稳
12	传动轴。有无泄漏、异响、松脱、裂纹现象
13	后桥,主减速器有无泄漏、异响、松动、过热等现象

7.3.4 汽车二级维护附加作业项目的确定,根据检测结果进行汽车故障诊断,确定以消除汽车故障为目的的二级维护附加作业项目和作业内容,恢复汽车的正常技术状况。附加作业项目确定后与基本作业项目一并进行二级维护作业。

7.4 二级维护过程检验

二级维护过程中,要始终贯穿过程检验,并作检验记录。过程检验中各维护项目的技术要求,需满足相应的有关技术标准或出厂说明书的有关规定。

7.5 二级维护基本作业项目

二级维护作业内容包含一级维护作业内容,二级维护基本作业项目见附表3.3。

附表3.3 二级维护基本作业项目

序号	维护项目	作业内容	技术要求
1	发动机润滑油、机油滤清器	(1)更换润滑油; (2)视情更换机油滤清器	(1)润滑油规格性能指标符合规定; (2)液面高度符合规定; (3)机油滤清器密封良好,无堵塞,完好有效
2	检查润滑油油面高度	检查转向器、变速器、主减速器等润滑油规格和液面高度,不足时按要求补给	符合出厂规定
3	空气滤清器	清洁空气滤清器	空气滤清器清洁有效,安装可靠恒温进气装置真空软管安装可靠。进气转换阀工作灵敏、准确
4	(1)油箱及油管 (2)燃油滤清器 (3)燃油泵	(1)检查接头及密封情况; (2)清洁燃油滤清器,并视情更换; (3)检查燃油泵,必要时更换	(1)接头无破损、渗漏,紧固可靠; (2)燃油滤清器工作正常; (3)燃油泵工作正常、油压符合规定
5	燃油蒸发控制装置	检查清洁,必要时更换	工作正常
6	曲箱箱通风装置	检查、清洁	清洁畅通。连接可靠,不漏气,各阀门无堵塞、卡滞现象,灵敏有效,符合规定

续表

序号	维护项目	作业内容	技术要求
7	散热器、膨胀箱、百叶窗、水泵、节温器、传动皮带	（1）检查密封情况、箱盖压力阀、液面高度、水泵； （2）检视皮带外观，调整皮带松紧度	（1）散热器及软管无变形、破损及渗漏；箱盖接合表面良好。胶垫不老化、箱盖压力阀开启压力符合要求；水泵不漏水，无异响；节温器工作性能符合规定； （2）皮带应无裂痕和过量磨损，表面无油污、皮带松紧度符合规定
8	（1）进、排气歧管、消声器、排气管； （2）汽缸盖	（1）检查、紧固，视情补焊或更换； （2）按规定次序和扭紧力矩校紧汽缸盖	（1）无裂痕、漏气、消声器性能良好； （2）扭紧力矩符合规定
9	增压器、中冷器	检查、清洁	符合规定
10	发动机支架	检查、紧固	连接牢固、无变形和裂缝
11	化油器及联动机构	清洁、检查、紧固	联动机构运动灵活，连接牢固；无漏油、漏气现象，工作系统和附加装置工作正常
12	油器、喷油器	检查喷油器和喷油泵的作用，必要时检测喷油压力和喷油状况，视情调整供油提前角	（1）喷油器雾化良好，无滴油、漏油现象，喷油压力符合规定； （2）供油提前角符合规定
13	分电器、高压线	清洁、检查	分电器无油污，调整触点间隙在规定范围内，无松旷、漏电现象，高压线性能符合规定
14	火花塞	清洁、检查或更换火花塞，调整电极间隙	电极表面清洁，间隙符合规定
15	气门间隙	检查调查	符合规定
16	电控燃油喷射系统供油管路	检查密封状况	密封良好，作用正常
17	三效催化装置	检查三效催化装置的作用，如有必要则进行更换	作用正常
18	离合器	检查调整离合器踏板自由行程	离合器踏板自由行程符合规定
19	前轮制动	（1）检查前轮制动器调整臂的作用	作用正常
		（2）拆卸前轮毂总成、制动蹄、支承销；清洗转向节、轴承、支承销；清洁制动底板等零件	清洁，无油污
		（3）检查制动盘、制动凸轮轴，校紧装置螺栓	（1）制动底板不变形，按规定力矩扭紧装置螺栓； （2）凸轮轴转动灵活、无卡滞，转向间隙符合规定

续表

序号	维护项目	作业内容	技术要求
19	前轮制动	（4）检查转向节及螺母、保险片及油封、转向节臂、校紧装置螺栓	（1）转向节无裂纹，螺纹完好，与螺母配合应无径向松旷，保险片作用良好，油封完好不漏油； （2）转向节轴径与轴承的配合间隙符合要求，转向节臂装置螺栓扭紧力矩符合规定
		（5）检查内外轴承	液柱保持架无断裂，滚柱无脱落、无裂损和烧蚀，轴承内圈无裂损和烧蚀
		（6）检查制动蹄及支承销	（1）制动蹄无裂损及明显变形，摩擦片不破裂，铆接可靠，摩擦片厚度符合规定； （2）支承销无过量磨损，支承销与制动蹄承孔衬套配合间隙符合规定
		（7）检查制动蹄复位弹簧	复位弹簧应无明显变形，自由长度、拉力符合规定
		（8）检查前轮毂、制动鼓及轴承外座圈，校紧轮胎螺栓内螺母	（1）轮毂无裂损； （2）轴承外座圈无裂纹，无麻点，无烧蚀； （3）制动鼓无裂纹，外边缘不得高出工作表面；检视孔完整，内径尺寸、圆度误差、左右内径差符合规定； （4）轮胎螺栓齐全完好，规格一致、按规定力矩钮紧
		（9）装复前轮毂，调整前轮轴承松紧度及制动间隙	（1）装复支承销，制动蹄支承销孔均应涂润滑脂，开口销或卡簧齐全有效； （2）润滑轴承； （3）制动鼓、制动片表面清洁，无油污； （4）制动片与制动鼓的间隙应符合规定，转动无碰擦现象或声响，检视孔挡板齐全； （5）轮毂转动灵活，用拉力计测量时可转动且无轴向间隙； （6）保险可靠，防尘罩、衬垫完好，螺栓垫圈齐全紧固（螺栓规格一致）
20	后轮制动	（1）拆半轴、轮毂总成、制动蹄、支承销，清洗各零件及制动底板、半轴套管	（1）轮毂通气孔畅通； （2）各零件及制动盘、后桥套管清洁无油污
		（2）检查制动底板、制动凸轮轴，校紧连接螺栓	（1）制动底板不变形，连接栓按规定力矩紧固； （2）凸轮轴转动灵活，无卡滞，轴向间隙和径向间隙符合规定
		（3）检查后桥半轴套管、螺母及油封	（1）套管无裂纹及明显松动，与螺母配合无径向松旷； （2）油封完好，无损坏，不漏油； （3）套管颈与轴承配合间隙符合规定

续表

序号	维护项目	作业内容	技术要求
20	后轮制动	（4）检查内外轴承	（1）轴承保持架无断裂，滚柱不脱落，无裂损和烧蚀； （2）轴承内座圈无裂纹、烧蚀
		（5）检查制动蹄急支承销	（1）制动蹄无裂纹及变形，摩擦片不破损，铆接可靠，摩擦片厚度符合规定； （2）支承销与制动蹄承孔衬套配合间隙符合规定； （3）支承销无过量磨损
		（6）检查制动蹄复位弹簧	复位弹簧无变形，自由长度符合规定，拉力良好
		（7）检查后轮毂、制动鼓急轴承外座圈，检查扭紧半轴螺栓，检查轮胎螺栓，校紧内螺母	（1）轴毂无裂损； （2）轴承外座圈不松动、无损坏； （3）制动鼓无裂纹，内径、圆度误差、左右内径差符合规定，外边缘不得高出工作表面，制动鼓检视孔完整； （4）半轴螺栓齐全有效
		（8）检查半轴	半轴无明显变曲，不磨套管，无裂纹，花键无过量磨损或扭曲变形
		（9）装复后轮毂，调整制动间隙	（1）装复支承销、制动蹄片时，轴承孔均应涂润滑脂，开口销或卡簧齐全可靠； （2）润滑轴承； （3）套管轴颈表面应涂机油后再装上轴承； （4）制动蹄片、制动鼓面应清洁、无油污； （5）制动蹄片与制动鼓的间隙应符合规定，转动物碰擦现象和声响，检视孔挡板齐全紧固； （6）轮毂转动灵活，拉力符合规定； （7）锁紧螺母按规定力矩扭紧
21	转向器、转向传动机构	（1）检查转向器传动机构的工作状况和密封性，校紧各部螺栓； （2）检查调整转向盘自由转动量	转向盘自由转动量符合规定，转向轻便、灵活，无卡滞和漏油现象。垂臂及转向节臂无弯曲及裂损，各部螺栓连接可靠
22	前束	调整	符合规定
23	变速器、差速器	检查密封状况和操纵机构，清洁通气孔	密封良好，通气孔畅通，操纵机构作用正常，无异响、跳动、乱挡现象
24	传动轴、传动轴承支架、中间轴承	（1）检查防尘罩； （2）检查传动轴万向节工作状况； （3）检查传动轴承支架； （4）检查中间轴承间隙	（1）防尘罩不得有裂纹、损坏，卡箍可靠，支架无松动； （2）万向节不松旷，无卡滞，无异响； （3）传动轴承支架无松动； （4）中间轴承间隙符合规定

续表

序号	维护项目	作业内容	技术要求
25	空气压缩机、储气筒	清洁，校紧	清洁、连接可靠，无漏气，安全阀工作正常
26	制动阀、制动管路、制动踏板	(1) 检查制动踏板自由行程； (2) 检查紧圆制动阀和管路接头； (3) 液压制动检查制动管路内是否有气	(1) 制动踏板自由行程符合规定； (2) 制动阀和管路接头连接可靠，无漏气； (3) 液压制动管路内无气
27	驻车制动	检查驻车制动性能，检查驻车制动器自由行程	符合规定、作用正常
28	悬架	检查、紧固、视情补焊、校正	不松动，无裂纹，无断片，按规定扭紧力矩紧固螺栓
29	轮胎（包括备胎）	检查紧固，补气，进行轮胎换位、磨损严重时更换轮胎	气压符合规定，清洁，无裂损、老化、变形，气门嘴完好，轮胎螺栓紧固，轮胎的装用符合规定
30	发电机、发电机调节器、起动机	清洁、润滑	符合规定
	蓄电池	检查，清洁，补给	清洁、安装牢固，电解液液面符合规定
31	前照灯、仪表、喇叭、刮水器、全车电器线路	检查、调整，必要时修理或更换	(1) 前照灯、喇叭、各仪表及信号装置功能齐全、有效，符合规定； (2) 刮水器电动机运转无异常，连动杆连接可靠； (3) 全车线路整齐，连接可靠，绝缘良好
32	车身、车架、安全带	检查、紧固	性能可靠，工作良好无变形、断裂、脱焊，连续螺栓、铆钉紧固
33	内装饰	检查、紧固	设备完好，无松动
34	空调装置	检查空调系统工作状况、密封状态	(1) 制冷系统密封，制冷效果良好； (2) 暖气装置工作正常
35	润滑	全车加注润滑脂的部位全部润滑	润滑脂嘴齐全有效，润滑良好

注：技术要求栏中的"符合规定"指符合实际应用中在有关技术规定或技术要求。

7.6 二级维护竣工检验

汽车在维修企业进行二级维护后，必须进行竣工检验；各项目参数符合国家或行业及地方标准；竣工检验合格的车辆填写维护竣工进厂合格证后方可出厂。检验不合格的车辆应进行进一步的检验、诊断和维护，直到达到维护竣工技术要求为止。

二级维护竣工技术要求见附表3.4。

附表3.4 二级维护竣工要求

序号	检测部位	检测项目	技术要求	备注
1	整车	（1）清洁	汽车外部、各总成外部、三滤应清洁	检视
		（2）面漆	车身面漆、腻子无脱落现象，补漆颜色应与原色基本一致	检视
		（3）对称	车体应周正，左右对称	汽车平置检查
		（4）紧固	各总成外部螺栓、螺母按规定力矩扭紧，锁销齐全有效	检查
		（5）润滑	发动机、变速器、转向器、减速器润滑符合规定，各通气孔畅通。各部润滑点润滑脂加注符合要求。润滑脂嘴齐全有效，安装位置正确	检视
		（6）封及电器	全车无油、水、气泄漏，密封良好，电器装置工作可靠，绝缘良好	检视
		（7）前照灯、信号、仪表、刮水器、后视镜等装置	稳固，齐全有效，符合有关规定	检视
2	发动机	（1）发动机工作状况	发动机能正常启动，低、中、高速运转均匀及稳定，水温正常，加速性能良好，无断裂、回火、放炮等现象，发动机运转稳定后应无异响	路试
		（2）发动机功率	无负荷功率不小于额定值的80%	检测
		（3）发动机装置	齐全有效	检视
3	离合器	（1）踏板自由行程	符合原厂规定	检测
		（2）离合情况	接合平稳，分离彻底，无打滑、抖动及异响	路试
4	转向系	（1）转向盘最大转动量	符合规定	检查
		（2）横直拉杆装置	球头销不松旷，各部螺栓螺母紧固，锁止可靠	检查
		（3）转向机构	操作轻便、转动灵活，无摆振、跑偏等现象。车轮转到极限位置时，不得与其他部件有碰擦现象	检测
		（4）前束及最大转向角	符合规定	检测
		（5）侧滑	符合GB 7258中的有关规定	检测
5	传动系	变速器、传动轴、主减速器	变速器操纵灵活，不跳挡，不乱挡。变速器传动轴、主减速器各部无异响，传动轴装配正确	路试

续表

序号	检测部位	检测项目	技术要求	备注
6	行驶系	（1）轮胎	轮胎磨损应在规定范围内、同轴轮胎应为相同的规格和花纹，转向轮不得使用翻新轮胎，轮胎气压符合规定，后轮辋孔与制动鼓观察孔对齐	检查
		（2）钢板弹簧	钢板弹簧无断裂、位移、缺片，U形螺栓紧固，前后钢板支架无裂纹及变形	检查
		（3）减震器	稳固有效	路试
		（4）车架	车架无变形；纵横梁无裂纹；铆钉无松动；拖车钩、备胎架齐全，无裂损变形，连接牢固	检查
		（5）前后轴	无变形及裂纹	检查
7	制动系	（1）制动性能	应符合 GB 7258 中的有关规定	路试或检测
		（2）制动踏板自由行程	符合规定	
		（3）驻车制动性能	应符合 GB 7258 中的有关规定	路试和检测
8	滑行	滑行性能	符合规定	路试或检测
9	车身、车厢	车身	驾驶室装置紧固，门锁链灵活无松旷，限动装置齐全有效，驾驶室门关闭牢靠、无松动，挡风玻璃完好，窗框严密，门把、门锁、玻璃升降器齐全有效。发动机罩锁扣有效，暖风装置工作正常	检查
10	排放	尾气排放测量	符合有关标准的规定	检测

附录 A
（提示的附录）
各类车型汽车维护、检测、诊断技术规范导则

A1 对于不同车型中汽车维护、检测、诊断技术规范相同作业内容部分，依据本标准中相应的条款执行。

A2 对于不同车型中汽车维护、检测、诊断技术规范不同作业内容部分，参照本标准中相对应的条款，依据车型的使用说明和维护手册中的有关条款执行。

附录四 汽车运输业车辆综合性能检测站管理办法

【颁布部门】交通部
【颁布日期】1991 年 4 月 23 日

第一章 总 则

第一条 为掌握汽车运输业车辆技术状况，保障在用运输车辆完好和维修质量，健全车辆质量监控体系，加强车辆综合性能检测站的管理，制定本办法。

第二条 本办法适用于从事汽车运输业车辆综合性能检测的检测站（以下简称检测站）。

第三条 各省、自治区、直辖市交通厅（局）为本地区车辆综合性能检测站的主管部门。交通厅（局）对检测站的建立，应统筹规划，合理布局，避免重复建设。

第四条 经认定的检测站，是运输车辆技术状况监督检测和技术服务机构。检测站对运输车辆进行技术状况监督检测，不以营利为目的。

第二章 检测站的职责

第五条 检测站的主要任务：

（一）对在用运输车辆的技术状况进行检测诊断；

（二）对汽车维修行业的维修车辆进行质量检测；

（三）接受委托，对车辆改装、改造、报废及其有关新工艺、技术、新产品、科研成果等项目进行检测，提供检测结果；

（四）接受公安、环保、商检、计量和保险等部门的委托，为其进行有关项目的检测，提供检测结果。

第六条 检测站应根据国家和行业标准进行检测，确保检测质量。尚未制定国家、行业标准的项目，可根据地方标准进行检测；没有国家、行业、地方标准的项目，可根据委托单位提供的资料进行检测。

第七条 检测站使用的计量检测仪具应按技术监督部门的有关规定，组织周期检定，保证检测结果准确可靠。

第八条 对经过综合性能检测的车辆，经认定的检测站应出具检测结果证明。检测结果证明可作为交通运输管理部门发放或吊扣营运证依据之一和维修车辆的出厂凭证。

第九条 检测站应建立检测档案，并定期向交通运输管理部门提供统计资料；检测结果证明和检测档案的格式，由各省、自治区、直辖市交通厅（局）制定。

第三章 检测站分级和基本条件

第十条 根据检测站的职能，检测站分为A、B、C三级。

A级站：能承担本办法第五条规定的检测任务，即能检测车辆的制动、侧滑、灯光、转向、前轮定位、车速、车轮动平衡、底盘输出功率、燃料消耗、发动机功率和点火系状况，及异响、磨损、变形、裂纹、噪声、废气排放等状况。

B级站：能承担在用车辆技术状况和车辆维修质量的检测，即能检验车辆的制动、侧滑、灯光、转向、车轮动平衡、燃料消耗、发动机功率和点火系状况，及异响、变形、噪声、废气排放等状况。

C级站：能承担在用车辆技术状况的检测，即能检测车辆的制动、侧滑、灯光、转向、车轮动平衡、燃料消耗、发动机功率及异响、噪声、废气排放等状况。

A级站和B级站出具的检测结果证明，可以作为维修单位维修质量的凭证。

第十一条 检测站的基本条件：

（一）设备：检测站根据级别和承担的任务，配备相应的检测设备，也可配备具有相应功能的检测车。检测设备或检测车，由交通部汽车保修设备质量监督检验测试中心进行型式认定，定期公布。

（二）人员：检测站应配备站长、技术负责人、质量负责人和检测员。站长应具有大专以上文化水平或中级以上技术职称；技术、质量负责人应具有相应专业中级以上技术职称；检测员须经当地交通厅（局）组织的专门培训、考核，取得合格证后，方能上岗。

（三）场地：检测站车辆出口不得妨碍道路交通；检测间应宽敞、明亮、整洁、通风、排水、照明设备良好，工艺布局合理，安全防护设施齐全；检测站停车场地，不得小于检测间面积。

（四）管理制度：检测站必须建立检测设备管理制度、检测设备操作规程、工作人员岗位责任制、工作人员守则和档案管理制度等与质量监督要求相适应的各种规章制度。

第四章 检测站的认定

第十二条 凡按交通厅（局）规划建立，具备本办法第十条和第十一条规定条件的检测站，经该站上级主管部门同意，可向当地省、自治区、直辖市交通厅（局）提出认定申请。交通厅（局）会同当地有关部门对申报站的装备设施、工艺布置、计量仪具、人员组成和管理制度进行审查认定。

第十三条 对认定合格后的检测站，由当地交通厅（局）发给"检测许可证"，并根据运输车辆检测制度组织运输和维修车辆进行检测。

第十四条 各省、自治区、直辖市交通厅（局）可指定一个A级站作为本地区的中心站，直接管理。该中心站应经交通部汽车保修设备质量监督检验测试中心的认定，并接受其业务指导。认定后的中心站可对本地区其他各级检测站进行业务指导。

第十五条 检测站如发生迁址、业务范围变更或停业等，应报当地交通厅（局）批准。

第十六条 对不严格执行检测标准，弄虚作假、滥用职权、徇私舞弊的检测站，交通厅

（局）或其授权的当地交通运输管理部门可根据《道路运输违章处罚规定（试行）》的有关规定处理。

第五章 附 则

第十七条 各省、自治区、直辖市交通厅（局）可根据本办法制定实施细则，报交通部备案。

第十八条 本办法由中华人民共和国交通部负责解释。

第十九条 本办法自一九九一年十月一日起施行。交通部一九八七年十二月二十一日发布的《公路运输汽车综合性能检测站管理暂行办法》同时废止。

参 考 文 献

[1] 党宝英. 汽车性能检测技术 [M]. 上海：同济大学出版社，2000.
[2] 杨柳青. 汽车检测与诊断技术 [M]. 上海：同济大学出版社，2008.
[3] 邹小明. 汽车检测诊断技术 [M]. 北京：人民交通出版社，2005.
[4] 陈焕江. 汽车检测与诊断 [M]. 北京：机械工业出版社，2001.

汽车检测技术（工作单）

主　编　丁在明
副主编　王浩伟　肖　尧　许子阳
参　编　张世军　刘建群
主　审　王国林

北京理工大学出版社
BEIJING INSTITUTE OF TECHNOLOGY PRESS

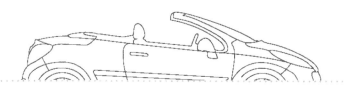

目 录
CONTENTS

学习评价 1
汽车外检及资料输入

一、理论部分··1
二、技能部分··3

学习评价 2
汽车发动机检测

一、理论部分··5
二、技能部分··7

学习评价 3
制动、侧滑及悬架检测

一、理论部分··10
二、技能部分··12

学习评价 4
底盘测功及车速表检测

一、理论部分··13
二、技能部分··15

学习评价 5
灯光、尾气及喇叭检测

一、理论部分··17

　　二、技能部分 ··· 20

学习评价 6
车底检测

　　一、理论部分 ··· 22
　　二、技能部分 ··· 24

学习评价 7
转向系及车轮平衡检测

　　一、理论部分 ··· 25
　　二、技能部分 ··· 27

学习评价 1

汽车外检及资料输入

一、理论部分

1. 元件识别

标注出下列元件、标志符号的含义。

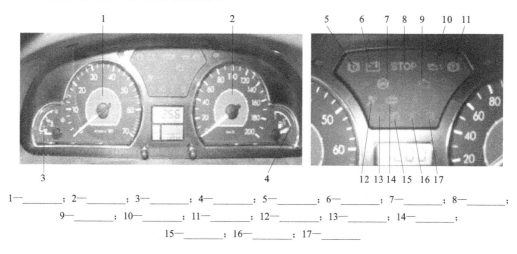

1—_____；2—_____；3—_____；4—_____；5—_____；6—_____；7—_____；8—_____；
9—_____；10—_____；11—_____；12—_____；13—_____；14—_____；
15—_____；16—_____；17—_____

2. 选择题

（1）车辆标志包括车辆的（　　）、铭牌、发动机型号及出厂编号、底盘型号及出厂编号。

A. 商标　　　　　　B. 排量　　　　　　C. 驱动形式

（2）车辆的铭牌应标明厂牌型号、（　　）、总质量、载质量或载客人数、出厂编号及出厂年、月、日和厂名等。

A. 驱动轮驱动力　　B. 发动机功率　　C. 底盘功率

（3）车辆唯一性认定内容包括核对（　　）、车辆类型、厂牌型号、颜色、发动机号码、VIN 代码/车架号。

A. 发动机功率　　　B. 底盘功率　　　C. 车辆的号牌号码

（4）汽车的前部灯光包括（　　）、前位灯、前转向信号灯、前部危险警告信号灯、示廓灯、前雾灯等。

A. 前照灯　　　　B. 牌照灯　　　C. 发动机照明灯

（5）汽车的后部灯光包括后位灯、后转向信号灯、后部危险警告信号灯、示廓灯、制动灯、后雾灯、（　　）、倒车灯等。

A. 后备厢灯　　　B. 后牌照灯　　C. 反射灯

（6）客车（　　）的数量必须与机动车行驶证记载内容一致，座椅间距符合规定，座椅扶手和卧铺护栏安装牢固。

A. 仪表　　　　　B. 灯光　　　　C. 座椅/卧铺

3. 判断题

（1）汽车车身（车厢）后部无须喷涂放大牌号。（　　）

（2）车体外缘左右对称部位高度差不大于40 mm。（　　）

（3）汽车车身（或车厢）外部喷涂的图形和文字标志没有统一的规定。（　　）

（4）气体燃料汽车、两用燃料汽车和双燃料汽车，其车身必须按照规定标注其使用的燃料类型。（　　）

（5）汽车后部、侧面的车身反光标识的粘贴没有统一的技术规范标准。（　　）

（6）汽车粘贴的遮阳膜越不透光越好。（　　）

（7）制动灯的发光强度要大于后位灯的发光强度。（　　）

（8）对称设置、功能相同的灯具的光色和亮度不能有明显的差异。（　　）

（9）卧铺客车每个铺位的安全带必须齐全有效。（　　）

（10）汽车钢板弹簧的形式、片数可以更换。（　　）

（11）总质量大于3 500 kg的货车，其侧面及后下部必须装备完好有效的防护装置。（　　）

（12）汽车同轴两侧的轮胎无须同一型号、同一规格。（　　）

（13）转向轮可以安装翻新轮胎。（　　）

4. 简答题

（1）车辆铭牌的内容有哪些？

（2）车辆唯一性认定的内容包括哪些项目？

（3）汽车有哪些前部灯光？

（4）汽车有哪些后部灯光？

二、技能部分

检查车辆标志、车辆唯一性,见学习评价表 1.1。

学习评价表 1.1 检查车辆标志、车辆唯一性

基本信息	姓名		学号		班级		组别	
	规定时间	20 min	完成时间		考核日期		总评成绩	

任务工单	序号	步骤	完成情况		标准分	评分
			完成	未完成		
	1	考核准备: 材料: 工具: 设备:			10	
	2	车辆准备			5	
	3	外检记录单准备			5	
	4	车辆的商标、铭牌			5	
	5	发动机型号及出厂编号、底盘型号及出厂编号			10	
	6	车辆号牌			5	
	7	VIN 代码、厂牌型号、颜色			15	
	8	车辆外廓尺寸主要参数			10	
	9	最后检查			5	
	10	清洁及整理			5	
安全					5	
5S					5	
团队协作					5	
沟通表达					5	
工单填写					5	

检查全车灯光、仪表及仪表报警指示灯,见学习评价表1.2。

学习评价表1.2 检查全车灯光、仪表及仪表报警指示灯

基本信息	姓名		学号		班级		组别	
	规定时间	20 min	完成时间		考核日期		总评成绩	

	序号	步骤	完成情况		标准分	评分
			完成	未完成		
任务工单	1	考核准备: 材料: 工具: 设备:			10	
	2	车辆准备			5	
	3	外检记录单准备			5	
	4	车辆前部灯光			5	
	5	车辆后部灯光			10	
	6	仪表			5	
	7	仪表报警指示灯			15	
	8	开启灯光指挥手势			10	
	9	最后检查			5	
	10	清洁及整理			5	
安全					5	
5S					5	
团队协作					5	
沟通表达					5	
工单填写					5	

学习评价 2

汽车发动机检测

一、理论部分

1. 选择题

（1）用汽缸压力表检测汽缸压缩压力时节气门置于（　　）位置。
A. 全闭　　　　　　　　B. 半开　　　　　　　　C. 全开

（2）用汽缸压力表检测汽缸压缩压力时，应用（　　）转动曲轴3～5 s（不少于四个压缩行程），待压力表头指针指示并保持最大压力后停止转动。
A. 手摇柄　　　　　　　B. 起动机　　　　　　　C. 其他车辆拖动

（3）用汽缸压力表检测汽缸压缩压力时，测得压力如高于原设计规定，可能的原因是（　　）。
A. 燃烧室内积炭过多　　B. 汽缸磨损过大　　　　C. 气门关闭不严

（4）每单缸汽缸压力值与测得的平均值相比，汽油机应不大于（　　），柴油机不大于（　　）。
A. 10%，8%　　　　　　B. 10%，12%　　　　　　C. 8%，10%

（5）下面不是检测汽缸密封性常用方法的（　　）。
A. 汽缸压缩压力的检测　　B. 曲轴箱强制通风装置的检查
C. 汽缸漏气量的检测

（6）大修竣工的四行程汽油机转速在500～600 r/min 时，以海平面为准，进气管负压应为（　　）。
A. 20～30 kPa　　　　　B. 57～70 kPa　　　　　C. 90～100 kPa

（7）进气管负压随海拔升高而（　　）。
A. 增高　　　　　　　　B. 降低　　　　　　　　C. 不变

（8）用示波器检测汽油机高压波形时，发现某一个汽缸的点火高压过高，说明故障可能发生在（　　）。
A. 点火器　　　　　　　B. 点火线圈　　　　　　C. 火花塞

（9）用示波器检查点火波形，发现各缸均出现次级电压过低，说明故障可能为（　　）。

A．混合气较稀　　　　　　B．混合气较浓　　　　　　C．火花塞间隙较大

（10）在用车发动机功率不得低于原额定功率的（　　）。

A．75%　　　　　　　　　B．90%　　　　　　　　　C．50%

2．判断题

（1）汽缸压缩压力越高越好。（　　）

（2）汽缸压缩压力可以表征汽缸密封性。（　　）

（3）进气管负压与汽缸密封性无关。（　　）

（4）用汽缸压力表测量汽缸压力，必须先把火花塞全部拆下，一缸一缸地进行。（　　）

（5）检测进气管负压时需要预热发动机。（　　）

（6）示波器可以将测得的波形与标准波形同时显示，进行比较，可获得故障部位信息。（　　）

（7）点火系统次级并列波形显示个别汽缸点火电压过低，可能原因为该缸的火花塞间隙小。（　　）

（8）稳态测功是指在发动机试验台上由测功器测试功率的方法。（　　）

（9）发动机的无负荷测功无须拆卸发动机，可以快速测定。（　　）

（10）测定单缸功率时应注意断火试验不宜长时间进行。（　　）

3．简答题

（1）检测发动机汽缸密封性的方法有哪些？

（2）汽缸压力过高或过低的原因是什么？

（3）单缸次级点火波形分哪几段？

（4）电喷发动机怠速不稳的原因有哪些？

二、技能部分

汽缸压力测量考核标准见学习评价表2.1。

学习评价表2.1　汽缸压力测量考核标准

<table>
<tr><td rowspan="2">基本信息</td><td colspan="2">姓名</td><td colspan="2">学号</td><td colspan="2">班级</td><td colspan="2">组别</td><td></td></tr>
<tr><td colspan="2">规定时间</td><td>20 min</td><td>完成时间</td><td></td><td colspan="2">考核日期</td><td>总评成绩</td><td></td></tr>
<tr><td rowspan="12">任务工单</td><td rowspan="2">序号</td><td colspan="3" rowspan="2">步　骤</td><td colspan="3">完成情况</td><td rowspan="2">标准分</td><td rowspan="2">评分</td></tr>
<tr><td colspan="2">完成</td><td>未完成</td></tr>
<tr><td>1</td><td colspan="3">考核准备：
材料：
工具：
设备：</td><td colspan="2"></td><td></td><td>10</td><td></td></tr>
<tr><td>2</td><td colspan="3">发动机预热</td><td colspan="2"></td><td></td><td>5</td><td></td></tr>
<tr><td>3</td><td colspan="3">点火线圈的拆卸</td><td colspan="2"></td><td></td><td>5</td><td></td></tr>
<tr><td>4</td><td colspan="3">火花塞的拆卸</td><td colspan="2"></td><td></td><td>5</td><td></td></tr>
<tr><td>5</td><td colspan="3">喷油器插接器的拆卸</td><td colspan="2"></td><td></td><td>5</td><td></td></tr>
<tr><td>6</td><td colspan="3">汽缸压力表的安装</td><td colspan="2"></td><td></td><td>5</td><td></td></tr>
<tr><td>7</td><td colspan="3">发动机的起动时间</td><td colspan="2"></td><td></td><td>5</td><td></td></tr>
<tr><td>8</td><td colspan="3">读数</td><td colspan="2"></td><td></td><td>5</td><td></td></tr>
<tr><td>9</td><td colspan="3">结果分析</td><td colspan="2"></td><td></td><td>10</td><td></td></tr>
<tr><td>10</td><td colspan="3">车辆、工量具的恢复</td><td colspan="2"></td><td></td><td>20</td><td></td></tr>
<tr><td colspan="2">安全</td><td colspan="5"></td><td>5</td><td></td></tr>
<tr><td colspan="2">5S</td><td colspan="5"></td><td>5</td><td></td></tr>
<tr><td colspan="2">团队协作</td><td colspan="5"></td><td>5</td><td></td></tr>
<tr><td colspan="2">沟通表达</td><td colspan="5"></td><td>5</td><td></td></tr>
<tr><td colspan="2">工单填写</td><td colspan="5"></td><td>5</td><td></td></tr>
</table>

进气歧管真空度测量考核标准见学习评价表2.2。

学习评价表2.2 进气歧管真空度测量考核标准

基本信息	姓名		学号		班级		组别	
	规定时间	20 min	完成时间		考核日期		总评成绩	

	序号	步骤	完成情况		标准分	评分
			完成	未完成		
任务工单	1	考核准备： 材料： 工具： 设备：			10	
	2	发动机预热			5	
	3	真空表的安装			5	
	4	发动机的起动			5	
	5	各种工况下真空表的读数			20	
	6	结果分析			20	
	7	车辆、工量具的恢复			10	
安全					5	
5S					5	
团队协作					5	
沟通表达					5	
工单填写					5	

点火性能的检测考核标准见学习评价表 2.3。

学习评价表 2.3　点火性能的检测考核标准

基本信息	姓名		学号		班级		组别	
	规定时间	20 min	完成时间		考核日期		总评成绩	

	序号	步骤	完成情况		标准分	评分
			完成	未完成		
任务工单	1	考核准备： 材料： 工具： 设备：			10	
	2	发动机综合分析仪与车辆的连接			15	
	3	汽车识别中标准的选择			5	
	4	次级点火波形的检测			20	
	5	结果分析			15	
	6	车辆、仪器的恢复			10	
安全					5	
5S					5	
团队协作					5	
沟通表达					5	
工单填写					5	

学习评价 3

制动、侧滑及悬架检测

一、理论部分

1. 选择题

（1）转向轮的横向侧滑量，用侧滑仪检测时，其值不得超过（　　）。
A. 5 m/km　　　　　B. 10 m/km　　　　　C. 15 m/km

（2）汽车前轮的侧滑量主要受（　　）的影响。
A. 转向轮外倾角　　B. 转向轮前束值　　C. 转向轮外倾角及转向轮前束值

（3）用侧滑试验台测汽车侧滑量时，汽车应（　　）。
A. 高速驶过试验台　B. 低速驶过试验台　C. 停在试验台上

（4）利用侧滑试验台检测侧滑量是一种（　　）检测法。
A. 动态　　　　　　B. 静态　　　　　　C. 动静结合

（5）过大侧滑量的形成是由于（　　）和前轮前束配合不当引起的。
A. 主销内倾　　　　B. 主销后倾　　　　C. 前轮外倾

（6）汽车通过侧滑试验台时，应以（　　）km/h 的速度（　　）通过侧滑板。
A. 3~5，垂直　　　B. 5~10，正直　　　C. 3~5，正直

（7）《机动车运行安全技术条件》规定，机动车可以用（　　）、制动减速度和制动力检测制动性能。
A. 制动距离　　　　B. 制动时间　　　　C. 制动踏板力

（8）检测制动力时，应注意将车辆变速器杆挂入（　　）挡位。
A. 前进挡　　　　　B. 超速挡　　　　　C. 空挡

（9）侧滑试验台锁止装置有保护（　　）的作用。
A. 试验台架　　　　B. 位移传感器　　　C. 回位装置

（10）在反力式制动试验台的第二滚筒上装置了（　　），可防止车轮制动抱死时剥伤轮胎。
A. 转速传感器　　　B. 测力传感器　　　C. 测位移传感器

（11）测力式制动试验台中由测力杠杆、测力传感器等组成的是（　　）。
A. 滚筒装置　　　　B. 测量装置　　　　C. 指示与控制装置

（12）用悬架检测台检测悬架特性时，车辆空载，（　　）。
A. 乘核定人数　　　　B. 仅乘驾驶员　　　　C. 不乘人
（13）车轮的接地性指数应不小于（　　），同轴左右轮吸收率之差不得大于（　　）。
A. 40%，15%　　　　B. 60%，15%　　　　C. 40%，20%

2. 判断题

（1）机动车转向轮的横向侧滑量，用侧滑仪检测时，其值不得超过 5 m/km。（　　）
（2）转向轮前束会引起侧滑试验台侧滑板向外侧滑移。（　　）
（3）车轮外倾角会引起侧滑试验台侧滑板向外侧滑移。（　　）
（4）按照测量原理的不同，制动试验台可分为滚筒式和平板式两类。（　　）
（5）在制动力增长全过程中，左右轮制动力差与该轴左右轮中制动力大者之比对前轴应≤20%，对后轴应≤24%。（　　）
（6）汽车各车轮的阻滞力不得大于该轴轴荷的 5%。（　　）
（7）驻车制动力的总和应不小于该车在测试状态下整车质量的 20%；对总质量为整备质量 1.2 倍以下的汽车，此值应为 15%。（　　）
（8）侧滑试验台的指示装置由框架、左右两块滑动板、杠杆机构、回位装置、滚轮装置、导向装置、锁止装置、位移传感器及信号传递装置等组成。（　　）
（9）液压行车制动在达到规定的制动效能时，踏板行程不得超过踏板全行程的 3/4，制动器装有自动调整间隙装置的车辆的踏板行程不得超过全行程的 4/5。（　　）
（10）共振式悬架装置检测台一般由机械部分和电子电器控制部分组成。（　　）
（11）共振式悬架装置检测台是先通过举升装置将汽车升起一定高度，然后突然松开支撑机构，车辆落下产生自由振动。（　　）
（12）跌落式悬架装置检测台是通过试验台的电动机、偏心轮、蓄能飞轮和弹簧组成的激振器，迫使试验台台面及其上被检汽车悬架装置产生振动。（　　）
（13）评价悬架装置性能的好坏是以车轮的接地性指标为标准的，其中接地性指数等于车轮与地面之间最小动态车轮垂直载荷/该车轮的静态垂直载荷。（　　）

3. 简答题

（1）用单轴反力滚筒式制动试验台检测汽车制动性能时有哪些检测项目和检测标准？

（2）单轴反力滚筒式制动试验台主要由哪些装置组成？各起什么作用？

（3）滑板式侧滑试验台主要由哪些装置组成？检测标准是多少？

（4）什么是车轮接地性指数？检测标准是多少？

二、技能部分

用平板式检测台检测汽车的制动性能、侧滑性能及悬架性能,见学习评价表 3.1。

学习评价表 3.1 用平板式检测台检测汽车的制动性能、侧滑性能及悬架性能

基本信息	姓名		学号		班级		组别	
	规定时间	20 min	完成时间		考核日期		总评成绩	
任务工单	序号	步骤		完成情况		标准分	评分	
				完成	未完成			
	1	考核准备: 材料: 工具: 设备:				10		
	2	车辆准备				5		
	3	记录单准备				5		
	4	车辆以 5~10 km/h 的速度驶上测试台,至四个车轮都在测试板上				15		
	5	踩急刹车,测制动力				10		
	6	松开刹车,称轴重				5		
	7	继续前进,测后轮侧滑量				5		
	8	当后轮至前测试版时,急拉手制动装置,测驻车制动力				10		
	9	最后检查				5		
	10	清洁及整理				5		
安全						5		
5S						5		
团队协作						5		
沟通表达						5		
工单填写						5		

学习评价 4

底盘测功及车速表检测

一、理论部分

1. 选择题

（1）车速表的最大误差为-5%～20%，若试验台指示的车速值为 40 km/h，则车速表的值应该为（　　）。
A. 38～48 km/h　　　　　B. 32.8～40 km/h　　　　　C. 32.8～48 km/h

（2）电涡流测功器主要起制动作用的部件是（　　）。
A. 激磁绕组　　　　　　B. 铁芯　　　　　　　　　C. 涡流环

（3）一般来说，具有汽车底盘测功试验台的综合检测站是（　　）。
A. A 级站　　　　　　　B. B 级站　　　　　　　　C. C 级站

（4）汽车动力性的评价指标一般包括汽车最高车速、汽车加速性能及（　　）。
A. 汽车加速时间　　　　B. 汽车爬坡能力　　　　　C. 汽车最大行驶加速度

（5）底盘测功试验台的功率吸收装置常用（　　）测功器。
A. 水力式　　　　　　　B. 电力式　　　　　　　　C. 电涡流式

（6）路试法可以测汽车动力性，在室内测量时一般采用（　　）测量。
A. 测力式底盘测功试验台　B. 惯性式底盘测功试验台　C. 两者皆可

（7）汽车底盘测功试验台中（　　）相当于连续移动的路面。
A. 滚筒装置　　　　　　B. 功率吸收装置　　　　　C. 测量装置

（8）汽车底盘测功试验台中（　　）用来模拟车辆在道路上行驶所受的各种阻力。
A. 滚筒装置　　　　　　B. 功率吸收装置　　　　　C. 测量装置

（9）汽车底盘测功试验台中测力装置有机械式、液压式和电测式三种形式，目前应用较多的是（　　）。
A. 机械式　　　　　　　B. 液压式　　　　　　　　C. 电测式

（10）传动系功率消耗可在（　　）上进行检测。
A. 惯性式底盘测功试验台　B. 离合器打滑频闪测定仪
C. 传动系游动角度检测仪

2. 判断题

（1）无驱动装置的标准型车速表试验台依靠被测车轮带动滚筒旋转，有驱动装置的驱动型车速表试验台由电动机驱动滚筒旋转。（　　）

（2）汽车最高车速指的是车辆空载条件下在良好的水平路面上所能达到的最大行驶速度。（　　）

（3）检测最高车速一般要求用路试法进行，且测试路面的长度为 200 m，不需要有加速区域。（　　）

（4）单滚筒底盘测功试验台安装方便，测试精度高，适合于要求测量结果精确的场合。（　　）

（5）汽车底盘测功试验台可以测试汽车驱动轮输出功率。（　　）

（6）汽车底盘测功试验台可以测试汽车的加速性能。（　　）

（7）在底盘测功试验台的从动滚筒上安装测速装置，该试验台可成为一个无驱动型的车速表试验台。（　　）

（8）在测量驱动轮输出功率时，须对传动系加以必要的紧固和润滑。（　　）

（9）传动系统功率消耗试验不可在底盘测功试验台上进行。（　　）

（10）底盘测功试验台中，滚筒装置用来模拟车辆在道路上行驶所受的各种阻力。（　　）

（11）底盘测功试验台中的测力装置，目前应用较多的是电测式。（　　）

（12）在底盘测功试验台上，当发动机发出额定功率，挂直接挡时，可测得驱动车轮的额定输出功率。（　　）

（13）在底盘测功试验台上，当发动机发出最大转矩，挂直接挡时，可测得驱动车轮的最大驱动力。（　　）

（14）走合期间的新车和大修车不宜进行底盘测功。（　　）

（15）走合期的新车及大修出厂的车辆也可以进行底盘测功。（　　）

（16）将测得的同一转速下的驱动车轮输出功率与传动系消耗功率相加，就可求得这一转速下的发动机有效功率。（　　）

（17）在进行底盘测功之前，一般会称取静态轴重或轮重，对于超过试验台允许重量的车辆一律不允许上试验台。（　　）

（18）汽车燃油经济性指标是指完成单位里程或单位运输工作量的燃油消耗量。（　　）

（19）用油耗计测量燃油经济性时，应注意测量前自校仪器。（　　）

（20）在油耗传感器的进口处串接气体分离器，可避免出现误差，提高测量精度。（　　）

3. 简答题

（1）底盘测功的意义是什么？

（2）底盘测功的注意事项有哪些？

（3）车速表出现的误差原因有哪些？

二、技能部分

汽车底盘输出功率检测考核标准见学习评价表 4.1。

学习评价表 4.1　汽车底盘输出功率检测考核标准

<table>
<tr><td rowspan="2">基本信息</td><td colspan="2">姓名</td><td colspan="2">学号</td><td colspan="2">班级</td><td colspan="2">组别</td><td></td></tr>
<tr><td colspan="2">规定时间</td><td colspan="2">40 min</td><td colspan="2">完成时间</td><td colspan="2">考核日期</td><td>总评成绩</td></tr>
<tr><td rowspan="9">任务工单</td><td rowspan="2">序号</td><td rowspan="2" colspan="3">步　骤</td><td colspan="2">完成情况</td><td colspan="2" rowspan="2">标准分</td><td rowspan="2">评分</td></tr>
<tr><td>完成</td><td>未完成</td></tr>
<tr><td>1</td><td colspan="3">考核准备：
　材料：
　工具：
　设备：</td><td></td><td></td><td colspan="2">10</td><td></td></tr>
<tr><td>2</td><td colspan="3">设备的检查和维护：
润滑：
运转测试：</td><td></td><td></td><td colspan="2">10</td><td></td></tr>
<tr><td>3</td><td colspan="3">车辆的检查和调整：
　车轮轴承：
　制动系统：
　点火系统：
　燃油系统：
　传动系统（螺栓及润滑油）：</td><td></td><td></td><td colspan="2">20</td><td></td></tr>
<tr><td>4</td><td colspan="3">安全防护</td><td></td><td></td><td colspan="2">10</td><td></td></tr>
<tr><td>5</td><td colspan="3">功率检测</td><td></td><td></td><td colspan="2">10</td><td></td></tr>
<tr><td>6</td><td colspan="3">结果分析</td><td></td><td></td><td colspan="2">10</td><td></td></tr>
<tr><td colspan="2">安全</td><td colspan="5"></td><td colspan="2">5</td><td></td></tr>
<tr><td colspan="2">5S</td><td colspan="5"></td><td colspan="2">5</td><td></td></tr>
<tr><td colspan="2">团队协作</td><td colspan="5"></td><td colspan="2">10</td><td></td></tr>
<tr><td colspan="2">沟通表达</td><td colspan="5"></td><td colspan="2">5</td><td></td></tr>
<tr><td colspan="2">工单填写</td><td colspan="5"></td><td colspan="2">5</td><td></td></tr>
</table>

车速表检测考核标准见学习评价表 4.2。

学习评价表 4.2　车速表检测考核标准

<table>
<tr><td rowspan="2">基本信息</td><td>姓名</td><td></td><td>学号</td><td colspan="2"></td><td>班级</td><td></td><td>组别</td><td></td></tr>
<tr><td>规定时间</td><td>30 min</td><td>完成时间</td><td colspan="2"></td><td>考核日期</td><td></td><td>总评成绩</td><td></td></tr>
<tr><td rowspan="6">任务工单</td><td rowspan="2">序号</td><td rowspan="2" colspan="3">步　　骤</td><td colspan="2">完成情况</td><td rowspan="2" colspan="2">标准分</td><td rowspan="2">评分</td></tr>
<tr><td>完成</td><td>未完成</td></tr>
<tr><td>1</td><td colspan="3">考核准备：
材料：
工具：
设备：</td><td></td><td></td><td colspan="2">10</td><td></td></tr>
<tr><td>2</td><td colspan="3">设备检查和维护：
润滑：
运转测试：</td><td></td><td></td><td colspan="2">10</td><td></td></tr>
<tr><td>3</td><td colspan="3">车辆的检查和调整：
车轮轴承：
制动系统：
传动系统（螺栓及润滑油）：</td><td></td><td></td><td colspan="2">20</td><td></td></tr>
<tr><td>4</td><td colspan="3">安全防护</td><td></td><td></td><td colspan="2">20</td><td></td></tr>
<tr><td colspan="2"></td><td>5</td><td colspan="3">车速表检测</td><td></td><td></td><td colspan="2">10</td><td></td></tr>
<tr><td colspan="6">安全</td><td colspan="2">5</td><td></td></tr>
<tr><td colspan="6">5S</td><td colspan="2">5</td><td></td></tr>
<tr><td colspan="6">团队协作</td><td colspan="2">10</td><td></td></tr>
<tr><td colspan="6">沟通表达</td><td colspan="2">5</td><td></td></tr>
<tr><td colspan="6">工单填写</td><td colspan="2">5</td><td></td></tr>
</table>

学习评价 5

灯光、尾气及喇叭检测

一、理论部分

1. 选择题

（1）根据《机动车运行安全技术条件》的规定，汽车前照灯的检验指标为（　　）。
A. 光束照射位置　　　B. 发光强度　　　C. 光束照射位置和发光强度

（2）功率低、发光强度高、寿命长且无灯丝的汽车前照灯是（　　）。
A. 投射式前照灯　　　B. 封闭式前照灯　　　C. 氙灯

（3）四灯制前照灯的内侧两灯一般使用（　　）。
A. 双丝灯泡　　　B. 单丝灯泡　　　C. 两者皆可

（4）更换卤素灯泡时，甲认为可以用手指接触灯泡的玻璃部位，乙认为不能。你认为（　　）。
A. 甲对　　　B. 乙对　　　C. 甲乙都对

（5）前照灯灯泡中的近光灯丝应安装在（　　）。
A. 反光镜的焦点处　　　B. 反光镜的焦点上方　　　C. 反光镜的焦点下方

（6）按照《点燃式发动机汽车排气污染物限值及测量方法（双怠速法和简易工况法）》的规定进行怠速排放测量时，应将排气分析仪取样探头插入排气管深度不少于（　　）mm。
A. 300　　　B. 400　　　C. 500

（7）对装有三效催化器和（　　）的汽车，《点燃式发动机汽车排气污染物限值及测量方法（双怠速法和简易工况法）》GB 18285—2005 规定要进行过量空气系数的测定。
A. 使用闭环控制电子燃油喷射系统　　　B. 使用开环控制电子燃油喷射系统
C. 污染严重超标

（8）使用不分光红外线气体分析仪测量汽油车排放污染时，是在汽油机（　　）工况下测量的。
A. 双怠速　　　B. 自由怠速　　　C. 全负荷

（9）当测试的 CO、HC 高，CO_2、O_2 低时，表明发动机工作混合气（　　）。
A. 很稀　　　B. 很浓　　　C. 很不均匀

（10）（　　）是指某点的声压 P 与基准声压（听阈声压）P_0 的比值取常用对数再乘以

20 的值，单位为分贝（dB）。

A. 声压　　　　　　B. 声压级　　　　　C. 噪声的频谱

（11）目前普遍采用（　　）网络对噪声进行测量和评价。

A. "A"计权　　　　B. "B"计权　　　　C. "C"计权

（12）车外噪声测量要求测量场地平坦而空旷，在测试中心以（　　）为半径的范围内，不应有大的反射物，如建筑物、围墙等。

A. 15 m　　　　　　B. 25 m　　　　　　C. 35 m

（13）车外噪声测量要求测试传声器位于 20 m 跑道中心点 O 两侧，各距中线 7.5 m，距地面高度（　　）。

A. 0.5 m　　　　　B. 0.8 m　　　　　C. 1.2 m

（14）车外噪声测量时，声级计用（　　）网络、"快"挡进行测量，读取车辆驶过时声级计表头的最大读数。

A. "A"计权　　　　B. "B"计权　　　　C. "C"计权

2. 判断题

（1）汽车前照灯的检验指标为光束照射位置的偏移值和发光强度。（　　）

（2）无论使用何种型号的前照灯检测仪，检测时，检测仪均放在距前照灯前方 3 m 处。（　　）

（3）在调整光束位置时，对具有双丝灯泡的前照灯，应该以调整近光光束为主。（　　）

（4）无论使用何种型号的前照灯检测仪，检测时，检测仪均放在距前照灯前方 1 m 处。（　　）

（5）我国交通法规规定，夜间会车时，须距对面来车 150 m 以外互闭远光灯，改用防炫目近光灯。（　　）

（6）当混合气处于比理想空燃比浓的范围时，随着空燃比的提高，CO 和 HC 浓度增加，NO_x 浓度下降。（　　）

（7）点火时刻对 NO_x、HC 浓度影响很大，无论在任何转速和负荷条件下，增加点火提前角均会使 NO 的排放浓度增加。（　　）

（8）取样探头插入排气管中的浓度对尾气分析仪测量的排气浓度值影响很大。（　　）

（9）发动机开始暖机后就可以使用尾气分析仪进行尾气检测。（　　）

（10）汽油机在怠速小负荷时，充气量少，混合气浓，温度低，燃烧速度慢，易引起不完全燃烧，使排气中的 CO、HC 含量增多。（　　）

（11）在发动机处于冷态或预热不够充分，发动机没有达到正常工作温度的状态下测得的尾气参数对故障没有分析价值。（　　）

（12）车内噪声的检测方法是车辆以常用挡位、50 km/h 以上的不同车速均匀行驶，分别用声级计"慢"挡测量"A""C"计权声级。（　　）

（13）汽车喇叭声级在距车前 2 m、高 1.2 m 处用声级计测量时，其值应为 90～115 dB。（　　）

（14）根据《营运车辆综合性能要求和检测方法》（GB 18565—2001）中规定，对于在用汽车，从驾驶人耳旁噪声和喇叭声级两个方面对汽车噪声进行控制，并规定了噪声的限值和测量方法。（　　）

（15）目前普遍采用"A"计权网络对噪声进行测量和评价，记作 dB（A）。（   ）

（16）传声器是将声波的压力转换成电压信号的装置，也称话筒，是声级计的传感器。（   ）

3. 简答题

（1）汽车前照灯检测的项目及标准是什么？

（2）为什么水平方向上左灯、右灯的偏移量标准不一样？

（3）简述投影式前照灯检测仪工作过程。

（4）简述汽油车排气污染物的双怠速检测法。

（5）影响汽车排放污染物的使用因素有哪些？

（6）简述 BOSCH 740 综合分析仪的操作流程及测试方法。

（7）什么是汽车噪声？汽车噪声源如何分类？

（8）简述汽车噪声检测设备、检测方法及检测标准。

二、技能部分

前照灯检测考核见学习评价表 5.1。

学习评价表 5.1 前照灯检测考核

基本信息	姓名		学号		班级		组别	
	规定时间	20 min	完成时间		考核日期		总评成绩	
任务工单	序号	步骤		完成情况		标准分	评分	
				完成	未完成			
	1	考核准备： 材料： 工具： 设备：				10		
	2	检查光度计是否对准机械零点并调整				5		
	3	检查光轴偏斜量指示计是否对准机械零点并调整				5		
	4	检查聚光透镜和反射镜的镜面上有无污物。若有，则用柔软的布料或镜头纸擦拭干净				5		
	5	检查水准器的技术状况。若水准器无气泡，则应进行修理或更换。若气泡不在红线框内时，则可用水准器调节器或垫片进行调整				10		
	6	检查导轨是否沾有泥土等杂物。若有，应扫除干净				5		
	7	被检车辆的准备：清除前照灯上的污垢；轮胎气压应符合汽车制造厂的规定；前照灯开关和变光器应处于良好状态；汽车蓄电池和充电系统应处于良好状态				15		
	8	测量方法				10		
	9	读数				5		
	10	清洁及整理				5		
安全						5		
5S						5		
团队协作						5		
沟通表达						5		
工单填写						5		

在用汽油车尾气排放检测考核见学习评价表5.2。

学习评价表5.2 在用汽油车尾气排放检测考核

基本信息	姓名		学号		班级		组别	
	规定时间	20 min	完成时间		考核日期		总评成绩	

	序号	步骤	完成情况		标准分	评分
			完成	未完成		
任务工单	1	考核准备： 材料： 工具： 设备：			10	
	2	电源的连接			5	
	3	设备连接和调试			5	
	4	采样探头的安装（安装提示）			5	
	5	设备的操作步骤			10	
	6	不同工况下尾气排放参数读取			5	
	7	参数的记录情况			5	
	8	检测结果分析情况及车辆故障所在			20	
	9	工具及设备的收集			5	
	10	清洁及整理			5	
安全					5	
5S					5	
团队协作					5	
沟通表达					5	
工单填写					5	

学习评价 6

车底检测

一、理论部分

1. 选择题

(1) 轻型汽车与重型汽车车底检查的标准是（　　）的。
A. 完全一样　　　　B. 完全不一样　　　　C. 因车而异

(2) 轻型汽车悬架跟重型汽车底盘悬架从机构上是（　　）的。
A. 完全一样　　　　B. 完全不一样　　　　C. 各有不同　　　　D. 完全不同

(3) 轻型汽车悬架跟重型汽车传动机构上是（　　）的。
A. 完全一样　　　　B. 完全不一样　　　　C. 各有不同　　　　D. 完全不同

(4) 蓄电池固定检查是否是车底检查的项目内容（　　）。
A. 不是　　　　B. 是　　　　C. 因车而异

(5) 车辆上检测线检车，车底检查是否都是用设备检查的（　　）。
A. 是　　　　B. 不是　　　　C. 不一定

2. 判断题

(1) 发动机托架是车底检查的必检项目，其紧固扭矩因车型不同而不同。（　　）
(2) 冷却液下水软管以及空调接头、软管漏水不属于车底检查的内容。（　　）
(3) 车底检查主要是以紧固检查和密封检查为主。（　　）
(4) 车底检查的侧重点是转向系统、制动系统以及悬架。（　　）
(5) 轻型汽车转向横拉杆球头的紧固一般为 35 N·m。（　　）
(6) 后减震器只检查紧固状况，其他无须检查。（　　）
(7) 排气管检查只检查紧固状况，其他无须检查。（　　）
(8) 重型汽车和轻型汽车相比，车底检查项目都是完全一样的，没什么区别。（　　）
(9) 车辆上检测线检车，不需要对车底检查。（　　）
(10) 在检查线上检车时，车底检查一般在地沟上而不用举升机。（　　）

3. 简答题

（1）转向横拉杆球头松旷会造成什么危害？转向器及平衡稳定杆球头防尘套破损或老化对使用寿命有何影响？

（2）对前后制动软管应检查哪些内容？软管的走向对错对行车安全有什么影响？

（3）简述重型汽车车底检查与轻型汽车车底检查的区别。

（4）简述盘式制动器的检查内容和方法。

二、技能部分

车底检测考核标准见学习评价表 6.1。

学习评价表 6.1　车底检测考核标准

基本信息	姓名		学号		班级		组别	
	规定时间	20 min	完成时间		考核日期		总评成绩	
任务工单	序号	步骤		完成情况		标准分	评分	
			完成	未完成				
	1	考核准备： 材料： 工具： 设备：				5		
	2	举升机升降车辆				10		
	3	散热器、暖风、空调接头及管路密封检查				6		
	4	转向器紧固与密封检查				6		
	5	前后制动分泵软管接口走向、密封、老化检查				10		
	6	三角臂及连接杆紧固与密封检查				8		
	7	前、后减震器紧固与密封检查				8		
	8	元宝梁、平衡稳定杆紧固与密封检查				6		
	9	驻车制动器拉索、制动管路、燃油管路、油箱固定与密封检查				6		
	10	排气管及三元催化器固定检查				6		
安全						5		
5S						5		
团队协作						5		
沟通表达						5		
工单填写						5		

学习评价 7

转向系及车轮平衡检测

一、理论部分

1. 选择题

（1）转向系的齿轮啮合间隙调整不当会造成（　　）故障。
A. 转向盘自由转动量过大　　B. 自动跑偏　　C. 前轮摆振

（2）转向轮轮胎气压不足容易引起（　　）故障。
A. 自动跑偏　　B. 转向沉重　　C. 前轮摆振

（3）转向器齿轮箱安装不良容易引起（　　）故障。
A. 转向阻力过大　　B. 转向轮摆振　　C. 转向盘自由行程

（4）转向系转向拉杆的球头销与球头座配合过紧会造成（　　）故障。
A. 转向盘自由转动量过大　　B. 转向沉重　　C. 前轮摆振

（5）汽车前左、前右减震器弹簧刚度不一致会造成（　　）故障。
A. 转向盘自由转动量过大　　B. 自动跑偏　　C. 转向沉重

（6）转向轮轮胎气压不一致容易引起（　　）故障。
A. 自动跑偏　　B. 转向沉重　　C. 前轮摆振

（7）转向轮单边制动或单边制动拖滞会造成（　　）故障。
A. 转向盘自由转动量过大　　B. 转向沉重　　C. 自动跑偏

（8）转向轮某一侧的前稳定杆、下摆臂变形会造成（　　）故障。
A. 转向盘自由转动量过大　　B. 转向沉重　　C. 自动跑偏

（9）车轮不平衡会造成（　　）故障。
A. 转向盘自由转动量过大　　B. 转向沉重　　C. 转向轮摆振

（10）四轮定位仪不具备（　　）特点。
A. 升级方便　　B. 提示调整　　C. 自动调整

（11）硬式车轮动平衡机是通过（　　）来确定不平衡量的。
A. 测转轴的振动　　B. 传感器获得不平衡点产生的离心力
C. 两者都不对

（12）离车式的车轮动平衡机专用卡尺用于测量（　　）。

A. 轮辋直径　　　　　　B. 轮辋宽度　　　　　　C. 轮辋边缘至右支承的距离

（13）静不平衡的车轮的旋转中心与质量中心（　　）。

A. 重合　　　　　　　　B. 不重合　　　　　　　C. 两者都不对

2. 判断题

（1）《机动车运行安全技术条件》规定农用车转向盘自由行程最大转动量不得大于 30°（　　）。

（2）最大设计车速大于等于 100 km/h 的机动车，其转向盘的最大自由转动量不得大于 10°（　　）。

（3）转向系的齿轮啮合间隙过小会造成转向盘自由转动量过大。（　　）

（4）左、右横拉杆连接处磨损会造成转向盘自由转动量过大。（　　）

（5）转向系的齿轮啮合间隙过大会造成转向沉重。（　　）

（6）转向拉杆的球头销与球头座配合过紧会造成转向盘自由转动量过大。（　　）

（7）前稳定杆变形会造成转向沉重。（　　）

（8）转向轮摆振故障的形成与转向轮定位参数有关。（　　）

（9）车轮定位参数包括前轮外倾角、前轮前束角、主销内倾角和主销外倾角。（　　）

（10）自动跑偏故障的形成与转向轮定位参数有关。（　　）

（11）适当加大主销内倾角可以使转向轻便，但主销内倾角不宜过大，否则会造成轮胎过度磨损。（　　）

（12）检测车轮定位时，汽车轮胎及气压应符合规定。（　　）

（13）转向参数测量仪是用来检测转向轮定位的专用仪器。（　　）

（14）动平衡的车轮肯定是静平衡的。（　　）

（15）轮胎螺栓质量不等、轮辋质量分布不均或径向圆跳动、端面圆跳动太大会引起车轮静不平衡，但不会引起动不平衡。（　　）

（16）对车轮进行动平衡检测时，不必将轮胎气压充至规定值。（　　）

（17）在校正车轮不平衡量的过程中，最好采用就车式车轮动平衡机。（　　）

3. 简答题

（1）汽车前轮摆振的主要原因有哪些？

（2）四轮定位仪可检测的项目有哪些？

（3）何时需对车轮进行平衡？车轮不平衡的影响因素有哪些？

（4）何时需对车轮进行定位检测调整？检测前应进行哪些检查调整？

（5）简述车轮定位参数不准确对汽车的影响。

二、技能部分

车轮动平衡检测考核标准见学习评价表 7.1。

学习评价表 7.1　车轮动平衡检测考核标准

基本信息	姓名		学号		班级		组别	
	规定时间	10 min	完成时间		考核日期		总评成绩	

任务工单	序号	步骤	完成情况 完成	完成情况 未完成	标准分	评分
	1	考核准备： 材料： 工具： 设备：			10	
	2	设备检查和维护			10	
	3	车辆及车轮的检查和调整： 轮毂轴承： 轮辋： 车身： 悬架： 转向传动机构：			10	
	4	安全防护			10	
	5	车轮动平衡检测			20	
	6	检测结果分析			10	
安全					5	
5S					5	
团队协作					10	
沟通表达					5	
工单填写					5	

车轮定位检测考核标准见学习评价表 7.2。

学习评价表 7.2 车轮定位检测考核标准

基本信息	姓名		学号		班级		组别	
	规定时间	30 min	完成时间		考核日期		总评成绩	
任务工单	序号	步骤	完成情况		标准分	评分
			完成	未完成		
	1	考核准备： 材料： 工具： 设备：			10	
	2	设备检查和维护			10	
	3	车辆的检查和调整： 轮毂轴承： 轮辋： 车身高度： 悬架： 转向传动机构：			20	
	4	安全防护			10	
	5	车轮定位检测及调整			10	
	6	检测结果分析			10	
安全					5	
5S					5	
团队协作					10	
沟通表达					5	
工单填写					5	